U0740622

技术出口管制研究

韩爽　著

中国商务出版社
·北京·

图书在版编目（CIP）数据

技术出口管制研究 ／ 韩爽著. -- 北京 ： 中国商务
出版社，2025. -- ISBN 978-7-5103-5731-2

Ⅰ. F752.67

中国国家版本馆CIP数据核字第2025TX0002号

技术出口管制研究

JISHU CHUKOU GUANZHI YANJIU

韩爽　著

出版发行：中国商务出版社有限公司

地　　址：北京市东城区安定门外大街东后巷 28 号　　邮编：100710

网　　址：http://www.cctpress.com

联系电话：010-64515150（发行部）　010-64212247（总编室）

　　　　　010-64243016（事业部）　010-64248236（印制部）

策划编辑：刘姝辰

责任编辑：韩冰

排　　版：德州华朔广告有限公司

印　　刷：北京建宏印刷有限公司

开　　本：710 毫米 ×1000 毫米　1/16

印　　张：16.5　　　　　　　　　　　字　　数：253 千字

版　　次：2025 年 6 月第 1 版　　　　印　　次：2025 年 6 月第 1 次印刷

书　　号：ISBN 978-7-5103-5731-2

定　　价：88.00 元

凡所购本版图书如有印装质量问题，请与本社印制部联系

版权所有　翻印必究（盗版侵权举报请与本社总编室联系）

总 序

商务部国际贸易经济合作研究院（以下简称研究院）自1948年8月创始于中国香港的中国国际经济研究所肇始，历经多次机构整合，已经走过七十多年的辉煌岁月，并于2015年入选第一批国家高端智库建设试点单位。作为商务部直属研究机构，研究院致力于中国国内贸易和国际贸易、对外投资和国内引资、全球经济治理和市场体系建设、多双边经贸关系和国际经济合作等商务领域的理论、政策和实务研究。

近年来，研究院在商务部党组的领导下，聚焦商务中心工作，不断推进高端智库建设，取得了一系列有重要影响力的政策和学术研究成果。为支持研究院重大集体研究成果和个人学术研究成果的落地转化，2021年研究院与中国商务出版社合作推出研究院"国家高端智库丛书"和"学术文丛"两个系列出版项目。三年多来，研究院共出版"国家高端智库丛书"8本，"学术文丛"17本，展现了研究院作为国家高端智库的学术实力；在品牌架构方面，增加"国家高端智库年度报告/发展报告"系列，并出版智库报告两本，充分展示研究院学术成果的实用特点；《出口管制合规理论与实践》《美国"长臂管辖"研究》《中国出口管制制度研究》聚焦前沿课题，形成出口管制研究系列丛书，突出了研究院学术研究的前瞻性。三年多来，这个集结研究院众多专家学者科研成果的出版项目为系统梳理商务领域前沿问题，汇聚高水平研究成果，助力学界与实务界对话作出了积极贡献。

当前，世界正处百年未有之大变局，国际经贸格局发生深刻变化。经贸体系更趋多元，全球南方力量快速崛起；传统贸易增速放缓，新兴贸易逆势增长；全球性机制受到冲击，区域协作日渐增多；跨境投资波动下行，产业链供应链碎片化风险上升。与此同时，中国经济进入高质量发展阶段，构建以国内大循环为主体、国内国际双循环相互促进的新发展格局，对经贸领域的制度型开放、规则对接、风险防控提出了更高要求。面对这些实践挑战，既需要基于中国经验的总结提炼，也需要对全球经贸发展规律的深入探索；既需要回应"是什么""为什么"的理论追问，也需要破解"怎么办"的政策难题。

商务部国际贸易经济合作研究院作为首批入选国家高端智库的研究机构，始终以服务国家商务工作大局、推动经贸理论创新与实践进步为宗旨，聚焦经贸领域的热点、难点与焦点问题，通过实证研究、比较分析与政策模拟，力求为决策提供科学依据，为学术提供创新素材，为企业提供实践参考。

"知者行之始，行者知之成。"商务研究的终极目标是通过知识的生产与传播，推动实践的进步。"国家高端智库丛书""学术文丛""国家高端智库年度报告/发展报告"既是对研究院过往科研成果的系统梳理，也是对未来研究方向的展望。我们期待，这套丛书能够：

——为政策制定者提供一份有价值的参考手册，助力科学决策与制度设计；

——为学术界提供一个新的观察窗口，激发更多关于中国经贸发展的理论争鸣与创新；

——为企业界提供一本实践指南，帮助市场主体把握全球经贸趋势与机遇；

——为国际社会提供一个理解中国的视角，传递中国参与全球经济治理的真诚意愿与务实主张。

　　"路虽远，行则将至；事虽难，做则必成。"全球经贸合作的浪潮奔涌向前，中国发展的故事仍在续写。商务部国际贸易经济合作研究院将继续深耕国际经贸研究领域，推出更多高质量研究成果，为中国商务事业的高质量发展、为全球经济治理的完善贡献智慧与力量！

商务部国际贸易经济合作研究院

党委书记、院长

王雪坤

2025 年 6 月

前　言

技术出口管制是一国（地区）出于政治、经济、外交或军事需要，通过政府干预对技术以及高技术产品出口进行管控的对外贸易管理制度。基于制度目标的安全属性以及制度对象的战略属性，技术出口管制在统筹开放与安全、平衡发展与安全实践中发挥着越来越重要的作用，不仅能有效地保障一国（地区）产业竞争优势，更能有力地维护一国（地区）安全利益。

随着科学技术的更迭进步，技术对人类社会发展的重要性不断凸显。近年来，全球科技研发增长远远快于经济、贸易与投资增长，原因在于科技作为大国综合国力驱动力的底层逻辑。面对第四次科技革命浪潮，各主要经济体都将科技变革视为维护国家安全的基础核心能力，并以此发展逻辑为起点，重新构建国家安全战略。技术竞争已经成为大国之间军事、政治、经济博弈的重要工具。

改革开放以来，中国综合国力不断提升，在科技领域与发达国家的差距不断缩小，近年来更是在航空航天、5G以及人工智能等高科技领域取得显著的技术优势，引起发达经济体的密切关注，也对美国等发达经济体的科技霸权构成实质威胁。大国之间的战略竞争开始聚焦于经济实力与安全能力的科技之争，技术出口管制成为大国实施科技遏制的重要"脱钩"手段，美国等国家频频通过出口管制限制技术转移或者高技术中间品贸易，使用"卡脖子"手段精准打压中国战略新兴产业发展。在此背景下，研究发达经济体技术出口管制的演变历史，预判技术出口管制的未来政策目标，全面掌握技术出口管制的政策效应，对中国主动应对他国技术遏制、补齐产业发展短板、全面参与全球技术合作来说十分必要。

与此同时，中国自身的科技安全也需要保障。习近平总书记多次强调科技领域安全是国家安全的重要组成部分。随着中国工业化体系的完善和发展，中国经济社会发展进入新的历史阶段，科技实力逐渐增强，科技发展进入快车道，许多科技成果奠定了全球范围内的领跑地位。在此背景下，本书立足我国的产业规模优势、配套优势和部分领域先发优势，深入研究技术出口管制理论，总结他国技术出口管制的先进经验，锻造中国技术发展长板，结合中国在新发展阶段的新发展理念要求，提出中国完善技术出口管制体系的政策建议。

本书共有六章，分为三部分。第一部分为技术出口管制的研究范畴和理论基础，包括第一章和第二章，围绕"为什么要管"，明确技术出口管制统筹发展和安全的制度目标。第二部分为技术出口管制的一般性研究，包括第三章到第五章，围绕"怎么去管""管了会怎样"的问题，开展了技术出口管制的实践研究及效应分析。贯穿从个性到共性的研究思路，在多边、单边（国别）管制实践研究的基础上，总结技术出口管制的发展规律；应用定性与定量相结合的研究方法，以美对华技术出口管制为案例，评估技术出口管制实施对目标国的多重效应。第三部分为中国技术出口管制研究，包括第六章，围绕"中国怎么管"的问题，通过分析中国技术出口管制的演变和现状，在借鉴发展规律的基础上，明确新发展阶段的技术出口管制目标，提出完善中国技术出口管制的政策建议。

技术出口管制具有制度目标的特殊性和管制对象的复杂性，制度实施统筹发展和安全，研究领域兼顾贸易与技术，在理论和实践研究中具有重要意义。

第一，有助于进一步丰富安全与发展理论。安全和发展是社会经济发展的两大主题，对于安全和发展的关系研究也是学术关注的重点。既往研究多从安全促进发展的角度，分析安全形势下的经济发展政策以及安全环境对经济发展的促进作用。技术出口管制统筹发展和安全，制度设计的出发点就是通过贸易措施维护国家安全利益，保障产业发展利益。基于管制制度目标的特殊性，技术出口管制研究将经济发展与经济安全高度关联，通过调整经济政策保障安全利益。同时，技术出口管制研究丰富了经济领域的安全概念，从发展的视角解释贸易安全、技术安全与产业安全，在开放经济体制下拓展了经济安全的领域。

第二，有助于丰富国际贸易政策研究。国际贸易政策包括促进型贸易政策和限制型贸易政策，技术出口管制属于限制型贸易政策。但与传统的贸易政策相比，技术出口管制的对象更复杂，贸易和投资的联动效应也更明显。基于管制对象的复杂性，技术出口管制政策不仅直接影响高技术产业的发展与安全，还会对产业的技术创新模式以及全球分工地位产生影响。同时，技术出口管制适用于货物贸易和技术贸易，政策执行不仅包括产品限制，还包括投资审查，形成贸易与投资的联动效应，拓展了传统贸易政策原本仅作用于货物进出口的领域。

第三，有助于增强我国高技术产业应对他国管制的能力。梳理美国、欧盟、日本等发达国家或地区技术出口管制的演变历史，总结技术出口管制不同阶段的发展特点，发现技术出口管制发展规律，有助于帮助我国高科技产业了解大国科技竞争策略，全面了解技术打压手段，分析未来技术管制趋势，预判未来管制重点，防患于未然，做好关键技术以及高技术中间品管制应对准备，将"卡脖子"风险降到最低。

第四，有助于完善总体国家安全观下的技术出口管制体系。中国技术出口管制起步较晚，源自应对他国管制以及扩大技术引进的需要，后来逐渐建立自身的技术出口管制体系。借鉴他国先进的技术出口管制经验，分析中国技术出口管制的发展、现状以及问题，为中国完善技术出口管制体系提供合理建议。在高质量发展和高水平开放的新发展阶段，坚持开放服务于改革，统筹发展和安全，建立与中国大国形象匹配的、服务于总体国家安全观的技术出口管制体系。

本书主要基于作者博士论文以及近年研究积累。囿于技术管制数据获取、研究能力、研究期限等限制，研究存在诸多不足之处，欢迎读者给与宝贵意见。在本书的出版过程中，作者欣喜的看到，第六章节部分建议正在成为中国技术出口管制体系的调整举措。展望未来研究，本书作者愿与各领域学者、读者一道，开展跨领域技术物项研究，深化管制政策效果研究，不断完善技术出口管制的学术研究和实践认知。

作者

2025 年 1 月

目 录

第一章

技术出口管制的研究范畴

part 1

技术出口管制是一国或多国政府（地区）基于安全利益、经济利益以及科技利益考量，对技术以及高技术产品的出口实施控制的贸易管理制度。虽然技术出口管制是经济领域的进出口管理政策，但由于其政策目标的安全属性以及管制对象的特殊性，技术出口管制的对外工具属性凸显。国内外学者对出口管制的研究为确认技术出口管制的研究范畴提供了许多有益的帮助和启发，本章梳理主要研究成果，在此基础上提出本书技术出口管制的研究目标和研究思路。

第一节 技术出口管制文献综述

出口管制是一国依据其法律对本国进出口贸易进行管理和控制的制度，是政府统筹发展和安全，实现宏观经济管理的重要手段。技术出口管制作为出口管制的重要内容，在出口管制的研究中占很大比重。结合本书的研究目的，对国内外研究评述将从两个方面展开：一方面，从安全与发展的角度出发，关注国内外安全与发展的相关研究，总结出口管制服务安全与发展目的的研究基础；另一方面，从出口管制的角度出发，关注出口管制中对技术出口管制的研究，为深入分析技术出口管制的实施和效应提供研究基础。

一、出口管制与安全和发展的相关研究

安全、发展以及二者关系有非常丰富的内涵，随着经济社会的发展，在不同的历史阶段，学术界对安全和发展的关系有不同的解读。本节按照历史发展脉络，梳理国内外安全与发展关系的相关研究；按照出口管制实现安全

与发展目的的不同路径，梳理国内外相关研究，为技术出口管制统筹发展和安全提供研究基础。

（一）国内外安全和发展的相关研究

1. 国外安全和发展制度的相关研究

从概念上来说，学术界将国家安全界定为具备一定能力从而实现的一种状态，也就是具有维护自身领土完整、不受外来侵犯的能力（Brown，1983），从而实现可以得到连续保障、不危险的状态。冷战时期，由于两大阵营的军事对立，国家安全更加强调以军事能力为支撑的国防安全利益。冷战结束后，随着全球经济一体化的不断深入，以经济发展水平以及技术领先优势为支撑的经济安全成为国家安全的重要内涵（Neu，1994）。美国智库兰德在1994年发布的《国家安全的经济维度》中提出，国家安全应该建立在绝对领先的经济规模上，同时确保关键产业的绝对优势，从而保障国家在经济全球化进程中的既得地位，应对他国可能的各种挑战。

安全与发展关系理论研究同样得到了国外学者的关注。在西方学者的观点中，安全通常与和平、秩序、稳定、干预等词相联系或等同，而发展通常与进步、财富、工业化等词相联系或等同，学者和政策制定者对安全与发展关系理论的看法通常受其所处的历史背景影响，因此，对于国外安全与发展的制度研究将以历史发展的不同阶段划分。

16世纪到18世纪，重商主义理论认为"财富积累"能够保障国家的安全和强大，而对外贸易是带来财富积累的重要路径。以英国斯塔福德为代表的早期重商主义学派认为，一国应该采取必要的对外手段，干预对外贸易活动，保持贸易顺差，从而增加国家的财富积累，维护一国的强大①。晚期重商主义尽管不再强调纯粹金银的净流入，但还是对货物实施进出口管制，"奖出限入""奖入限出"，这样有助于建立本国工业体系，推动本国生产规模的扩大，

---

① 王迎.新贸易保护主义对转轨国家经济影响研究[D].大连：东北财经大学，2015.

实现国家利益至上的目的[①]。从这个角度来看，在这个时期，安全和发展是同步出现、相互支持的[②]。

19世纪，随着工业化的发展，重工业被视为增强国家实力和保障国家安全的手段，"发展问题"受到经济和军事竞争的影响，建立强有力的干预主义国家势在必行。在这个时期，新重商主义的安全逻辑已经被亚历山大·汉密尔顿（Alexander Hamilton）在新独立的美利坚合众国的愿景中表达出来："不仅财富，而且一个国家的独立和安全似乎在物质上与制造业的繁荣联系在一起。"[③] 50年后，德国经济学家弗里德里希·李斯特（Friedrich List）也附和了这句话："德国保护贸易制度的发展决定了德国民族的存在、独立和未来。"[④] 在这个阶段，保护贸易制度强调国家经济和政治的独立地位，认为生产力是决定国家兴衰存亡的关键。

20世纪，第二次世界大战的爆发使世界经济政治格局发生重大变化。战时经济的特殊性影响主要国家的经济贸易发展体制，日益增加的贸易壁垒和萎缩的经济都与自由国际主义相矛盾。在德国，经济体制的规划目的是进行对外侵略。在苏联，最初更多是为了自卫。发展和安全在战时状态下形成了新的关系，一国的经济发展将带来更多的财富积累，而财富积累将有助于更快地恢复社会安全秩序，或者建立新的国际安全秩序[⑤]。在这个阶段，促进国内就业成为保障一国经济社会秩序的重要路径。而凯恩斯以及后来的汉森、萨缪尔森等人，以贸易顺差论、外贸乘数论强调国家对经济活动的干预，实施贸易保护制度保障一国的国际收支安全以及投资安全。如凯恩斯的超贸易保护主张认为，保证绝对的贸易顺差能够扩大一国的有效需求，从而促进本国经济增长，保证一国的国际地位。

---

① 托马斯·孟.英国得自对外贸易的财富 [M].北京：商务印书馆，1959.
② NISBET, ROBERT. History of the Idea of Progress[M]. London：Heinemann, 1980.
③ CARR, EDWARD HALLETT. The twenty years' crisis 1919–1939[M]. 2nd ed. London：Macmillan, 1984.
④ 同③
⑤ HETTNE B. Development and security: Origins and future[J]. Security Dialogue, 2010, 41（1）：31-52.

20世纪80年代至今,随着新技术的广泛应用,国际分工不断细化,发展在一定程度上成为全球化的同义词。在此背景下,国外对安全与发展的制度研究建立在跨国公司发展与经济安全、自由贸易与贸易安全以及资本流动与金融安全等基础上。作为全球经济治理的重要主体,Hymers认为,由于跨国公司全球经营的扩张以及发展,跨国公司在东道国国内政策制定上拥有更多的话语权,甚至其行为可能影响东道国的国家利益以及经济安全[1]。Gillpin从经济力量与国家政策互动的角度出发,认为跨国公司的发展已经给发展中国家经济安全带来了不同程度的影响[2]。与此同时,自由贸易与贸易安全也成为发展中国家关注的焦点,学者认为经济全球化导致了发展中国家贸易条件恶化,提出经济全球化的发展导致的"比较优势陷阱"直接损害了发展中国家的贸易安全,发展中国家应该主动实施贸易保护政策,提升其产业国际竞争力,从而保护其民族产业发展,维护其国家经济安全[3]。

2. 国内统筹发展和安全关系的相关研究

从总体安全与发展的角度来看,《习近平谈治国理政》第四卷中专门就统筹发展与安全提出了一系列重大新论断和新观点。习近平总书记强调"坚持统筹发展和安全,坚持发展和安全并重,实现高质量发展和高水平安全的良性互动"[4],为新时代实现高质量发展和高水平安全指明了方向,提供了根本遵循。党的二十大报告强调"以新安全格局保障新发展格局",提出了统筹发展与安全的新理念。李颖、陈翔(2023)认为安全与发展的关系可以分为三种基本类型:一是安全与发展之间结构性的张力关系,以"二元主义"式眼光看待两者的关系,国家治理的重心以及由此产生的资源分配问题只是强调

---

① HYMERS S.H. The multinational corporation: a radical approach[M]. Cambridge University Press, 1979.

② GILLPIN ROBERT. U.S. power and the multinational corporation: The political economy of foreign direct investment[M]. New York: New York Basic Books, 1975.

③ SAMIR AMIN. Unequal development: an essay on the social formations of peripheral capitalism[M]. New York: Monthly Review Press, 1976.

④ 中央宣传部(国务院新闻办公室),中央党史和文献研究院,中国外文局.习近平谈治国理政(第四卷)[M].北京:外文出版社,2022.

发展而不是护持安全根基，或者仅强调安全建设而不是重视发展提振；二是安全与发展的联结关系，安全与发展相互影响带来安全发展化与发展安全化；三是安全与发展的统筹关系，二者相互促进、互为表里，即"统筹发展和安全"范式，真正强调安全与发展深度融合，根源于我国的"统筹发展和安全"理论①。徐明运用辩证唯物主义、历史唯物主义的方法，从马克思主义社会时空观的视角出发，对社会时空中统筹发展和安全这一主题进行深刻的探讨和分析，阐释统筹发展和安全的时代内涵，指出应当在基本矛盾分析的基础上，科学统筹发展和安全的资源，明确安全与发展的重大意义以及动态平衡的发展模式②。刘跃进在梳理不同时期我国处理统筹发展和安全关系不同表现形式的基础上，指出进入新时代，我国"统筹发展和安全"恰当形式是"发展和安全并重"，即在总体上把发展和安全置于同等重要的地位，只有这样，才会有全面持续的发展和全面持久的安全，才会有发展和安全的双赢，为此我国需要制定出台统筹发展和安全、融国家发展和国家安全为一体的国家大战略文本③。刘文祥、胡建宇指出，发展是国家安全的基础，而安全则是发展的重要保障，在实际工作中，需要把握发展与安全的辩证关系，营造有利于经济社会发展的安全环境，同时在发展中更多考虑安全因素，实现两者的动态平衡④。

从各领域中安全与发展的角度看，国家安全的概念包括多个子领域，如政治安全、国土安全、军事安全、经济安全、文化安全、社会安全、科技安全、信息安全、生态安全、资源安全、核安全等⑤。其中，贸易安全、投资安

---

① 李颖，陈翔."统筹发展和安全"与亚太命运共同体建设[J].亚太经济，2023，238（3）：1-12.
② 徐明.统筹发展和安全的时代阐释：基于马克思主义社会时空观视角[J].人民论坛·学术前沿，2022，250（18）：80-91.
③ 刘跃进.安全领域"传统""非传统"相关概念与理论辨析[J].学术论坛，2021，44（1）：27-48.
④ 刘文祥，胡建宇.改革开放以来我国安全与发展关系的演变及动因[J].党政干部论坛，2021（4）：5.
⑤ 中央国家安全委员会第一次会议召开 习近平发表重要讲话.中央政府门户网站.（2014-04-15）[2020-01-13].

全以及产业安全是经济安全的重要组成部分①。本书重点关注外贸领域的安全和发展，属于学术界经济安全的研究范畴。已有研究认为，贸易安全通过"脱钩"风险、规则博弈风险以及贸易通道风险三个方面影响一国对外贸易的开展②；增强产业链供应链自主可控能力是产业安全的重要目标，强化创新能力、提升产业链供应链弹性以及提升产业链韧性是统筹产业安全与发展的重要路径③；投资安全包括外商投资安全与对外投资安全，其中外商投资安全审查能够提升引进外资的规范性、透明性以及准确性，通过制度优势吸引外资，维护国家安全利益④，而对外投资安全风险评估是保障企业境外投资安全的重要机制，投资安全保障机制的完善是保障企业境外可持续发展的重要工具⑤。

（二）出口管制实现安全和发展目标的相关研究

国内外学者对出口管制的研究主要围绕其制度总体目标，也就是国家安全利益和产业发展利益展开。

1. 国外出口管制实现安全和发展的目标研究

出口管制的实施目标是维护国家安全利益，其限制性手段不可避免地对产业发展产生影响，因此出口管制的实施始终需要平衡安全与发展的关系。出口管制通过学者们从不同的角度分析出口管制的实施与国家安全与发展的关系。

出口管制通过限制关键产品的出口，实现军事安全利益。Sumner Benson⑥（1987）指出，出口管制能够通过限制高技术产品以及可能用于提升苏联军事实力的技术和产品流向苏联，从而保障西方阵营军事技术的领先地位。美国

① 苏国辉.东亚经济合作视角下中国经济安全研究[D].沈阳：辽宁大学[2024-07-15].DOI：CNKI：CDMD：1.1011.208937.
② 刘瑞，郑霖豪，陈哲昂.新质生产力保障国家经济安全的内在逻辑和战略构想[J].上海经济研究，2024（1）：40-47.
③ 张学俊，尹训飞，马甜.着力提升供应链弹性与产业链韧性[J].中国经济评论，2021（2）：46-49.
④ 陈喆，钟艺玮.新发展格局下我国外商投资安全审查制度的进步、局限与完善[J].国际商务研究，2021，42（4）：87-97.
⑤ 孔庆江."一带一路"投资安全保障机制体系研究[J],上海政法学院学报（法治论坛），2022（5）.
⑥ SUMNER BENSON. Defence-Related Export Controls and US Foreign Trade, International Marketing Review, 1987（4）1: 65-72.

科学院出口管制的报告里也提到，冷战时期，西方国家通过实施多边联合出口管制阻碍苏联获取先进技术，发展国防工业体系，出口管制成为保障军事安全的重要手段[①]。

出口管制通过阻断技术产品交流合作，实现科技安全利益。冷战结束后，世界两极化格局更加明显，美国的霸权地位不仅体现在经济发展中，也体现在技术发展中，发达国家和发展中国家之间的技术差距越来越大，出口管制成为一国实施高技术产业技术垄断的工具。2021年，美国卡内基国际和平研究院发布的《美中技术"脱钩"：战略和政策框架》认为，美国担心中国可能引领或主导未来最具重要战略和经济意义的产业，而美国失去主要行业的技术优势将会导致美国国内就业机会减少、GDP下降、税收减少及其他宏观经济挫折，还将削弱美国从其技术领先地位中获得的全球影响力。中国的主导地位可能还会影响美国在重要市场的发展。由此，自奥巴马政府以来，美国三届政府采用进攻性和防御性措施，包括加强技术出口管制以及投资审查，来遏制中国技术领域的崛起，甚至不惜导致中美技术脱钩[②]。

出口管制通过调整对象和国别政策，实现外交安全利益。Richard（2000）通过对杜鲁门、艾森豪威尔、布什和克林顿四个时期的出口管制政策进行分析，认为在不同的阶段美国政府出台服务于特定的外交目的以及利益集团诉求的管制政策，以平衡安全目标和产业发展。Cupitt（2002）认为，第二次世界大战后美国出口管制政策的调整始终遵循美国国家战略的调整，服务于美国外交政策，同时受到美国利益集团的很大影响；美国为维护其霸权地位，也在多边出口管制机制中不断输出美国出口管制的标准和规则，试图将出口管制的单边政策扩大到伙伴国家以及更大范围，服务于其全球战略地位[③]。

---

① NATIONAL ACADEMY OF SCIENCES. Balancing the national interest[M/OL]. Washing ton D. C.：National Academy press. 1987.https://nap.nationalacademies.org/read/987/chapter/1.

② 同①

③ CUPITT R T. Reluctant champions：US presidential policy and strategic export controls，Truman，Eisenhower，Bush and Clinton[M]. London：Routledge，2002.

2. 国内出口管制实现安全和发展的目标研究

作为发展中国家，中国出口管制体系相较于西方国家建立较晚，国内学者对出口管制实现安全与发展的目标研究多是从评述西方主要国家出口管制政策的角度开展的。

部分学者研究认为，在安全与发展平衡中，出口管制的工具属性表现显著，不仅体现在经济安全领域，维护产业发展安全，还作为一国外交战略遏制的手段，实现其政治目的。余万里（2000）认为，出口管制通常不是单纯的"卖与不卖"问题，而是与国家安全、外交以及战略考量息息相关[1]。彭爽、曾国安总结了第二次世界大战以来美国出口管制政策演变的四大阶段，认为出口管制作为一国的政策工具，主要服务于维护自身政治和经济利益，以及阻止他国提升自身政治和经济实力的目标。[2]黄军英（2009）认为，出口管制有助于维护美国的霸权地位，保持对战略竞争对手中国的科技优势尤其是军事技术优势，兼顾安全属性以及发展属性。殷杏玲（2009）认为，发达国家将其技术优势转化为政治力量，通过技术出口管制对需要引进高新技术进行产业升级的发展中国家施加压力，实现它们的外交目的[3]。李广建、张庆芝（2021）认为，科技发达国家的技术管制目的就是通过对技术及其产品的出口管制，阻止因本国关键核心技术外流丧失竞争优势[4]。

部分学者研究认为，出口管制服务安全与发展的属性体现在不同历史阶段出口管制政策的调整中。余万里[5]（2000）系统地梳理了美国出口管制体系，从美对华出口管制的演变过程中分析，随着国际形势的变化和不同时期中美关系的博弈需要，出口管制作为美国维护霸权实力、保障国家安全、推进外交政策的手段，在1979年后经历了先松后紧，到1994年巴黎统筹委员会（以下简称"巴统"）结束后的再次有所松动的历程。宫旭平（2005）认为，约翰

---

① 余万里.美国对华技术出口：管制及其限制[J].国际经济评论，2000（4）：5.

② 彭爽，曾国安.美国出口管制政策的演变与启示[J].理论月刊，2014（1）：185-188.

③ 殷杏玲.美国技术出口管制制度研究[D].重庆：西南政法大学，2009.

④ 李广建，张庆芝.国外技术出口管制及其特点[J].国际贸易，2021（10）：10.

⑤ 余万里.美国对华技术出口：管制及其限制[J].国际经济评论，2000（4）：5.

逊政府基于扩大东西方贸易的考虑，禁运政策已经向出口管制转变，而其外交政策也从直接压制其军事实力的增长转变为瓦解其内部政治体系[①]。李恒阳（2006）指出，2000年后，保护本国国家安全、防止杀伤性武器扩散以及防止技术被恐怖分子利用是美国实施出口管制的重要目的[②]。赵婉云[③]（2015）研究了奥巴马时期对华出口管制的政策动向和政策调整，其认为在奥巴马时期的出口管制改革中，由于贸易逆差的不断扩大，奥巴马明确表示将放松对华高技术产品出口管制，以及建立更有针对性的管制清单政策。随着中美高技术贸易逆差的不断扩大，尤其是通信领域贸易逆差占总逆差的111.53%，刘斌、李秋静（2019）认为，为保障贸易安全利益，特朗普政府时期不仅出台《出口管制改革法案》，对通信行业等重点行业的管制趋严；而且加大了对中兴、华为等通信类龙头企业的制裁打压，以保障美国半导体产业的发展安全以及技术安全[④]。赵明昊（2021），程慧、刘立菲（2022）以及李鹏等（2023）评述拜登政府出口管制政策认为，拜登政府将中国视为美国"最严峻竞争者"，多次宣扬与中国开展"战略性竞争"以保障美国国家安全[⑤]，在出口管制方面，拜登为形成对中国经济发展、科技发展以及军事发展的有效压制，强化各种出口管制手段，呈现出打压重点突出、重视制裁工具联动以及加强多边合作的特点[⑥]，对人工智能等新兴产业尤为关注，出口管制也成为美国捍卫"国家安全"利益的重要手段[⑦]。

———————

[①] 宫旭平.约翰逊政府时期美国的东西方贸易管制政策[J].吉林师范大学学报（人文社会科学版），2005，33（4）：3.

[②] 李恒阳.美国不扩散出口管制政策分析[D].北京：外交学院，2006.

[③] 赵婉云.奥巴马政府对华技术出口管制的国会因素[D].北京：外交学院，2015.

[④] 刘斌，李秋静.特朗普时期美国对华出口管制的最新趋势与应对策略[J].国际贸易，2019（3）：33-42.

[⑤] 赵明昊.拜登执政与美国对华战略竞争走向[J].和平与发展，2021（3）：14-36，135-136.

[⑥] 程慧，刘立菲.拜登政府对华出口管制政策分析与应对[J].国际贸易，2022（8）：34-42.

[⑦] 李鹏，赵书韬，戚凯.拜登政府对华人工智能产业的打压与中国因应[J].情报杂志，2023，42（6）：62-67.

二、出口管制中对技术出口管制的相关研究

随着科学技术的不断发展，技术作为生产要素对社会生产关系的影响不断扩大，在经济活动中的作用也越发凸显。在贸易领域，技术以及高技术产品的流动也成为研究重点，国内外学者也开始关注出口管制中的高技术产品限制以及技术转移限制，形成了相关研究成果，主要包括管制体制研究以及管制效应研究。

（一）技术出口管制体制的相关研究

1. 多边体制的相关研究

学术界对出口管制多边机制的研究主要从国际法的角度开展。国际条约和联合国决议提出了对技术以及货物出口予以监管的要求，具有法律约束力，成员方或者缔约方必须遵照执行。联合国主持制定的《武器贸易条约》专门规范常规武器以及技术的国际贸易活动，其管制的活动包括出口、进口、过境、转运和中介活动（统称"转让"）[①]。汪玮敏（2012）在评述出口管制的国际协调时认为，冷战结束后，大规模杀伤性武器扩散被认为是对国家安全的重要威胁，国际社会先后签订了《不扩散核武器条约》、《生物和毒素武器公约》以及《化学武器公约》。上述公约对其缔约方管制本国核能源以及技术、生物武器以及技术、化学武器以及技术出口有法律约束力[②]。联合国安理会发布的第1540号决议要求，各会员国应建立有效管制机制约束核武器等武器的出口以及转运，包括管制规定以及执法规定，若违反将受到民事或者刑事处罚。世界贸易组织（WTO）法律框架下对出口管制也有相关规定，包括出口许可证、配额等数量限制措施以及出口税两种，《关税与贸易总协定》（GATT）第20条"一般例外"以及第21条"安全例外"为成员方采取出口管制提供依据[③]。

---

① 李维维，曹慧.联合国《武器贸易条约》及其对中国的影响[J].现代国际关系，2014（2）：8.
② 汪玮敏.出口管制法律问题研究[D].合肥：安徽大学，2012.
③ 汪玮敏.出口管制法律问题研究[D].合肥：安徽大学，2012.

由成员方自发形成的，致力于具体领域管制的出口管制多边机制也会颁布本领域出口管制指南，指导成员方的相关物项以及技术出口。黄名海（2018）认为，相比于国际公约原则性的规定，多边机制管制目录（指南）规则更加明确，有详细的管制清单以及技术指标，但对成员方并不具有法律约束力[1]。孙渤（2004）指出，冷战结束后巴统也随之解体，但是其多边管制的机制还是延续在后续的多边管制机构中，包括核领域的核供应国集团、生物和化学领域的澳大利亚集团以及针对两用和常规武器管制的瓦森纳安排等[2]。

此外，在多边贸易协定、技术转让规则以及双边投资协定中，也提到对国际技术转移进行监管，但由于多为原则性规定，在实施中仍需要细则约束。吴鹏杰（2019）提出，20世纪70年代初联合国贸易和发展会议出台的《国际技术转让行动守则（草案）》为今后各国缔结双边、多边技术转让协定提供了积极指导；1994年世界贸易组织缔结的《与贸易有关的知识产权协定》强调知识产权的进步，并不妨碍技术转让。彭爽（2012）认为，WTO作为一个国际性的多边贸易组织，能够推动提高各成员进出口管制的透明度和效率以消除隐形保护主义[3]，在GATT、《农产品协议》、《装运前检验协议》、《原产地规则协议》、《贸易技术壁垒协议》等中均有涉及出口管制的规定，但是由于其关于出口管制的描述并不明确清晰，关于出口管制的条款比较缺乏以及安全例外条款的规定容易形成漏洞，因此出口管制的相关规定仍待完善[4]。此外，在双边投资协定中有反对向发展中国家技术转让的规定，如《北美自由贸易协定》等多双边协定规定了技术转让需要履行要求禁止规则[5]。

近年来，随着全球价值链与技术链的深度捆绑，以及中国在其中"嵌入"式的存在，美国的单边管制很难实现其技术遏制，甚至技术脱钩的目标[6]，由

---

① 黄名海. 出口管制制度国际比较及中国立法完善研究 [D]. 北京：对外经济贸易大学，2018.

② 孙渤. 武器禁运与出口管制 [J]. 时事：时事报告大学生版，2005（2）：3.

③ 彭爽. 出口管制研究 [D]. 武汉：武汉大学，2012.

④ 彭爽. 出口管制研究 [D]. 武汉：武汉大学，2012.

⑤ 吴鹏杰. 国际技术转让与美国政府管制有何玄机？[J]. 中国经济周刊，2019（14）：3.

⑥ 谢琛，潘锐. 美国主导的多边出口管制合作：以对华芯片封锁为例 [J]. 美国研究，2023，37（6）：126-157.

此美国主导的技术联盟式的出口管制小多边机制逐渐成为多边体制的新样式。其中，美国、日本、荷兰的半导体技术出口管制联盟具有一定的代表性，并且这种方式对特定第三方的施压也已经取得一定成效①。

2. 单边体制的相关研究

单边出口管制体制主要包括管制依据、管制机构、管制手段、管制对象，从现有研究来看，学术界关注的重点是技术出口管制依据的发展完善以及技术出口管制手段的更新与评价。

作为出口管制制度体系的主要组成部分，对技术以及高技术产品出口管制的国内法律依据集中在贸易和技术管理领域。发达国家基于其技术的先进性和国际贸易的规模性，管制法律制度发展得较为完善，管制依据也较为系统清晰。Genevieve J. Knezo（2004）分析美国国内出口管制法律基础包括《出口管制法》《国防安全法》以及《武器出口控制法》等。根据涉及用途的区别，彭爽、张晓东（2015）将美国出口管制法律体系按照民品和军品分为民用出口管制法律体系以及军品出口管制法律体系②。程晓光（2021）认为，美国技术出口管制法律法规融合在一般商品的出口管制法律体系中，包括《出口管制改革法案》《出口管理条例》的民品出口管制法律体系以及《武器出口管制法》《国际武器贸易条例》的军品出口管制法律法规③。杨宁（2016）认为，英国作为瓦森纳安排的成员国之一，脱欧之前受欧盟出口管制法规的影响，战略货物出口、技术跨境转让以及国际技术援助仍与联盟层面一致；管制重点以及管制趋势与瓦森纳成员国（美国等）保持一致，包括对特定国家和特定目标的技术封锁与打压。日本的出口管制法律包括国家法令—内阁政令—经产省④令三个层级，其中《外汇令》是其管制技术出口的法律基础，省令是其具体实施管制的制度依据。技术出口管制也包含在出口管制法律体

---

① 谢珺，潘锐.美国主导的多边出口管制合作：以对华芯片封锁为例[J].美国研究，2023，37（6）：8，126-157.

② 彭爽，张晓东.论美国的出口管制体制[J].经济资料译丛，2015（2）：18.

③ 程晓光.美国的技术出口管制体系、影响及对我国建议[J].全球科技经济瞭望，2022：1-8，13.

④ 全称"经济贸易产业省"（Ministry of Economy，Trade and Industry），后文简称"经产省"。

系中①。尽管缺乏对中国技术出口管制的专项研究，仍有学者在技术管理以及出口管制研究中提到了中国技术管理以及出口管制的管制依据。胡充寒、黄爱萍（2002）评述了我国技术引进法律的发展过程，1979年以前技术引进的管理依据是《进出口管理法》，之后逐步完善对技术进出口的管理，2001年的《中华人民共和国技术进出口管理条例》将技术分为禁止、限制和自由进口三种。李根信、孙晋忠（2007）认为，以1994年出台的《中华人民共和国对外贸易法》为标志，中国着手构建出口管制管理体制，逐步加强出口管制法规建设，满足防扩散需求以及维护国家安全的需要。

技术出口管制最主要的实施手段是出口许可和出口审查。近年来，为实施对特定国家、特定产业甚至特定实体技术转让以及高技术产品的精准管制，发达国家的管制手段不断丰富。殷杏玲（2009）全面介绍了美国出口管制的实施手段，许可管理、国别政策以及清单管理是其主要管制手段②。靳风（2018）特别提出了美国出口管制中的"全面控制原则"，也就是除了管制清单，相关部门还会对需要关注的外国最终用户实体进行具体审查，如果出口物项或者技术可能存在扩散风险，则不能予以出口③。黄明海（2018）分析了近年来美国、欧盟以及日本的出口管制改革，认为美国2018年出口管制改革意在加强出口管制，遏制其战略竞争对手，通过扩充管制物项分类加强对新兴技术的管制；欧盟出口管制改革意在提升联盟内部的规则统一性、信息分享透明度以及管制物项的协调性，加强与多边出口管制机制的咨询和信息交换，加强对出口商的指导等④。丁昊（2019）系统地梳理了欧盟高新技术出口管制的管制手段，管制许可包括欧盟一般许可、成员国一般许可、成员国全球许可以及成员国个别许可⑤。陈友骏（2021）指出日本已经建立了较为完备的出口管制制度，包括采取名单管制与全面管制并行的实施手段，区分对象

① 陈友骏, 赵磊, 王星澳. 日本出口管制政策及其对华影响[J]. 现代国际关系, 2021（6）: 11.
② 殷杏玲. 美国技术出口管制制度研究[D]. 重庆: 西南政法大学, 2009.
③ 靳风. 美国出口管制体系概览[J]. 当代美国评论, 2018, 2（2）: 4.
④ 黄名海. 出口管制制度国际比较及中国立法完善研究[D]. 北京: 对外经济贸易大学, 2018.
⑤ 丁昊. 欧盟高新技术出口管制问题研究[D]. 南京: 南京财经大学, 2019.

以及国别，呈现出日益精细化、动态化的特点；针对技术限制，日本政府重视事前预防，关注核生物、航空航天、精密工程和信息工程的科研院所的监管审查工作。李广建、张庆芝（2021）认为，随着技术重要性不断凸显，各国将技术出口管制作为一项国家行为，管制手段包括黑名单管理、清单管理、出口管制执法、对高技术产品的出口许可证管理、对投资的审查以及电子化系统的应用等[①]。

技术作为关键生产要素，其流动转移不仅体现在技术贸易中，还包含在以获取技术或者关键中间品为目的的直接投资中。为防止关键核心技术通过并购投资转移到他国，近年来，多国对高技术产业投资安审不断收紧。杨长湧（2014）认为，2007年后美国对外国投资安全审查趋严，其审查突出对国家安全的关注，并提出关键基础设施（Critical Infrastructure）和关键技术（Critical Technology）两个国家安全新概念，体现了其与出口管制出现共同考虑的交叉性因素，并在此基础上与美国商务部公布的商业管制清单技术进行比对[②]。徐程锦（2018）认为，2018年颁布实施的美国《外国投资风险审查现代化法》重点旨在加大对关键技术企业，尤其是新兴和基础技术投资的审查力度，无论投资方是否可能获取实际控制权，交易都需要通过审查才能进行，直接传达了美国严控对未来产业发展具有基础性作用的技术外流的意图[③]。刘瑛、孙冰（2020）认为，美国2018年《外国投资风险审查现代化法》与《出口管制改革法》呼应，建立了关键技术管制的贸易与投资联动安排，成为美国国内法的重大调整和突破，为其他国家提供了借鉴参考，也引起了对现有贸易体制的冲击和调整。邢政君、程慧（2021）提到近年来欧盟成员国投资安审关注领域出现显著趋同的态势，审查的重点领域包括关键技术以及信息数据，尤其是对关键和新兴技术的保护，体现出与其技术出口管制趋同一致

---

① 李广建，张庆芝.国外技术出口管制及其特点[J].国际贸易，2021（10）：10.

② 杨长湧.美国外国投资国家安全审查制度的启示及我国的应对策略[J].宏观经济研究，2014.

③ 徐程锦.欧盟及其成员国外资安全审查制度改革与中国的应对策略[J].区域与全球发展，2019，3（6）：21.

的特点[①]。

（二）技术出口管制效应的相关研究

技术出口管制的政策目的是遏制目标国相关产业的发展，包括限制贸易规模、影响技术创新以及打压产业合作，从而保护实施国的产业安全利益以及军事安全利益。针对其政策设置出发点，目前研究主要聚焦于技术出口管制对产业竞争优势、贸易平衡条件以及技术领先优势的影响。

1. 对实施国影响的相关研究

技术出口管制政策限制高技术产品贸易以及技术跨境转移，对实施国相关产业贸易、技术以及产业发展产生影响。

技术出口管制有助于维护实施国技术领先优势。技术出口管制限制先进技术的转让以及高技术中间品的出口，其实施旨在维护本国技术领先优势。于阳等（2006）利用垂直创新的理论框架分析出口管制对实施国技术优势的影响，认为出口管制政策的影响不能一概而论，如果收紧宽松的出口管制，确实有利于保障美国的技术优势；但是，如果收紧已经严格的出口管制，反而会对技术优势有负面影响[②]。张群卉[③]（2011）以南北贸易模型为基础，构建模型对管制的影响实证分析，证实存在最佳管制强度，否则就会影响实施国的技术优势。美国卡内基研究院发布的报告认为，美国对中国的技术限制减少了美国对中国的销售，也减少了可重新投入研发的收入，影响本国新兴产业的发展，因此技术管制不应该涵盖所有至关重要的技术以及高技术产品[④]。

技术出口管制影响实施国高技术产业发展规模效应。技术出口管制主要

---

① 邢政君，程慧. 欧盟外资安全审查制度改革与中国的战略应对[J]. 国际经济合作，2022（1）：8.

② 于阳，韩玉雄，李怀祖. 出口管制政策能保持美国的技术领先优势吗?[J]. 世界经济，2006，29（4）：7.

③ 张群卉. 出口管制对一国技术领先优势的影响[J]. 科技进步与对策，2011，28（11）：4.

④ JON BATEMAN. U.S.-China technological "Decoupling"：a strategy and policy framework, carnegie endowment for international peace[D/OL]. New York：Carnegie（2022-04-25）. https://carnegieendowment.org/2022/04/25/u.s.-china-technological-decoupling-strategy-and-policy-framework-pub-86897.

用于管理高技术产业发展，而高技术产业具有典型的规模效应，因此管制可能对高技术产业发展存在显著影响。周宝根[①]（2009）提到，不同于低端制造业，技术出口管制规制的产业具有明显的规模经济效益，不仅具有高投入、回报周期长导致的静态规模效应，而且具有产业链条长、产业分工细导致的动态规模效应。实施国在实施出口管制政策时，需要谨慎平衡战略安全意义与产业潜在经济利益的关系，而零利润点可能是实施国决策是否实施管制的关键点，如图1-1所示。

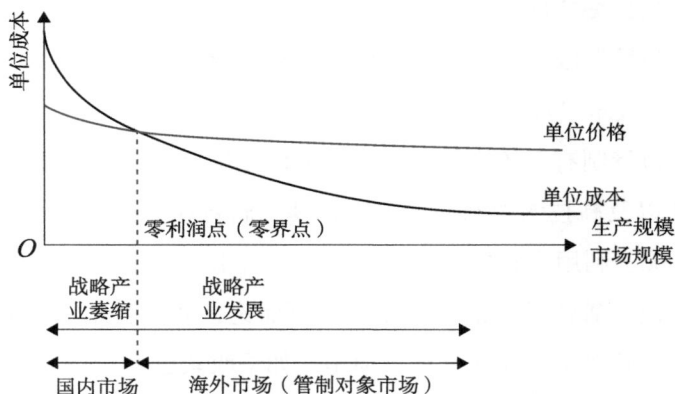

图1-1　技术出口管制的规模增长效应

技术出口管制影响实施国产业的国际竞争力。以美国生物产业为例，姜辉（2017）认为，总体偏严的管制政策影响了科学竞争优势向贸易优势的转变，抑制了实施国在高技术产业的持续创新；国别歧视性管制政策并不能提升实施国的贸易竞争优势，对目标国的贸易竞争优势也并未显著提升。由此，可以认为，严格的歧视性管制政策并不能将原有的技术禀赋优势转化为贸易竞争优势，而是削弱了实施国相关产业的国际市场份额和贸易竞争力[②]。李志军（1999）综合分析1979年中美建交后到1998年中国的技术引进情况，发现美对华技术输出与其科技实力不符，在我国技术引进总额中所占比例不大，

① 周宝根.规模经济效应影响出口管制政策的理论分析[J].国际经贸探索，2009, 25（9）: 19-23.
② 姜辉.美国生物产业出口管制的贸易竞争力效应[J].价格月刊，2017（9）: 2.

对华技术出口管制收紧可能是导致其丧失中国市场份额的主要原因[①]。

技术出口管制直接影响实施国高技术产品贸易。一是管制导致实施国贸易扭曲。多数学者认为之所以出现这种情形，是因为美国维护其技术优势以及产业安全，对技术转让以及高技术产品出口采取了严格的限制措施，导致其在高科技贸易中的比较优势不能发挥，甚至多年处于贸易逆差（强永昌等，2004；郎丽华，2006；沈国兵，2006）。2004—2017年，美对华高技术产品贸易一直存在贸易逆差，且逐年上升，2017年美对华高技术产品贸易逆差高达1 354.15亿美元，占对华总逆差的34.2%，导致中美贸易出现严重扭曲，技术优势国成为技术输入国，而技术落后国却成为技术输出国（冯伟杰，2019）[②]。王孝松、刘元春（2017）以加拿大为参照国，比照论证美对华高科技产品出口管制的影响，由于严格的出口限制，中美之间正常贸易受到抑制，政府行为导致贸易扭曲。二是管制导致实施国贸易失衡。李志军、李邢西（1998）通过计算1990年后美对华技术出口占中国引进技术总额的比例（基本维持在12%～15%，与美国实际科技优势不符），认为对高技术产品的出口管制是造成中美贸易失衡的主要原因[③]。姜辉（2019）认为，由于美国的技术出口管制，美国高技术产业的贸易竞争优势已经逆转为竞争劣势。姜辉将"反事实推理"运用到贸易损失的计算中，也就是按照美国对目前贸易逆差不满意的上行假设，验证美国放松出口管制缓解美国贸易逆差的基本假设。姜辉假设美国对世界所有国家的管制强度放松到信任国家（包括法国、巴西、英国、意大利、韩国）的管制强度标准，那么其贸易逆差每年可以减少55%，年均约3 260.85亿美元。三是管制导致高技术产业内贸易指数下滑、产业内水平分工受限。就技术发展阶段而言，冯伟杰（2019）分析美国与技术发展阶段相似的中国、印度、墨西哥的产业内贸易Anquino指数，发现美国与中国的产业内贸易程

---

① 李志军.敏感地带：美国对华技术出口管制及影响[J].国际贸易，1999（4）：2.

② 冯伟杰.美国高技术中间品出口管制对中国出口贸易的影响[D].北京：对外经济贸易大学，2019.

③ 李志军，李邢西.美国对华技术出口管制及我们应采取的对策[J].中国对外贸易，1998（10）：3.

度最低，十大高技术产业[①]中仅有光学电子处于水平分工（Anquino指数高于0.5），其他都处于高度垂直分工的状态下，航空航天产业内贸易程度甚至不足0.1；与印度和墨西哥有一半以上的高技术产业实现产业内贸易水平分工，美对华严格的高技术出口管制实际影响了产业内贸易以及分工模式。[②]

由于管制对象的特殊性以及实施手段的区别性，技术出口管制对涉及军事安全、经济安全的物项进行政策干预，对实施国的政治外交都会产生影响。与此同时，技术管制的实施效果受多种因素制约，包括平衡政治利益和经济利益、单边管制和国际竞争以及技术水平发展和管制标准之间的冲突。美对华实施严格的出口管制政策的初衷是通过限制高技术产品流出保护美国高技术产业利益，但是单边管制并不能完全达到预期效果，反而促进了其他技术强国与中国之间的高技术贸易规模的扩张，同时可能推动中国本土产业增加研发支出，通过自主创新跨越引进障碍（Blakey，2010；李鑫，2020）。

2. 对目标国效应的相关研究

技术出口管制政策的实施目的就是限制目标国技术的发展和贸易的扩张，现有研究也是从技术引进受限以及贸易发展受限的角度探讨。

技术出口管制限制目标国获取先进技术。管制直接限制先进技术获取，影响目标国创新资源配置，降低目标国创新效率，阻断目标国引进路径，从而降低目标国技术创新能力。以发达国家对华技术出口管制为例，杨宁、耿燕（2016）认为，英国对中国引进必要的产品和技术设置壁垒，运用出口许可证等手段对关键技术进行管制，导致中国技术升级存在障碍，直接体现了中国在某些关键领域与发达国家存在差距[③]。吴桂凤（2007）认为，"9·11"后随着中美战略合作关系的确立，美对华技术限制政策也出现了一定程度的

---

① 高技术产业是指美国商务部产业安全局出口管制中的高技术产业，包括尖端材料、航空航天、生命科学、光学电子、核材料、生物技术、电子技术、柔性制造、武器、信息通信十大产业。

② 冯伟杰. 美国高技术中间品出口管制对中国出口贸易的影响[D]. 北京：对外经济贸易大学，2019.

③ 杨宁，耿燕. 英国技术出口管制体系对我国开展国际科技合作的启示[J]. 中国高校科技，2016（1）：4.

松动，2004年签订的《关于高技术〈最终用户访问换函〉》将逐步改善中美在高科技领域的关系，有助于中国高科技产业的发展[①]。同时，技术出口管制对目标国的创新影响大小与企业规模、企业要素生产率、企业所在地区以及企业产权机制都有关系，从实证研究的结果看，规模越大，生产效率越高、开放程度越高，以及产权灵活的企业受到严格的出口管制后，其创新能力的增强更为显著（李鑫，2020）。

技术出口管制影响目标国的创新模式。将双元性创新理论运用到行业创新理论研究，姜辉（2018）认为，产业创新模式可以分为内部依赖型、外部依赖型，当目标国受到外部严格的技术出口管制时，其创新模式可能向内部依赖型创新模式转变，相对于成熟技术，前沿技术会因为选择自主研发获得更高的技术创新效率。以美对华高科技出口管制为例，李鑫（2020）发现，美对华出口管制程度每上升10%，企业的国内专利数量相应增加23%，国家对企业的创新补贴增加5%[②]。邓俊荣、陈学芬（2022）通过结构方程模型（SEM）研究发现，美对华高技术出口管制对制造业技术创新存在正面影响，不仅可以促进制造业技术创新，还能够倒逼制造业加强内部经费投入，走上自主创新的道路[③]。

技术出口管制影响目标国相关产业的贸易。冯伟杰（2019）利用Heckman两阶段模型，验证了美对华高技术中间品出口管制影响相关企业的出口集约效应，也就是由于关键中间品引进受限，中国企业只能通过"薄利多销"进行国际销售，不利于中国出口二元边际的改善的假设[④]。由于美对华实施了严格的高技术产品，尤其是高技术中间品出口管制，实际降低了相关高技术产业制成品的出口概率，影响企业的出口产品品类以及国际市场份额，关键零

① 吴桂凤. 美国对华技术出口管制以及对中美贸易的影响 [D]. 北京：对外经济贸易大学，2007.
② 李鑫. 美国对华高科技出口管制政策对中国高新技术产品研发及出口的影响 [D]. 重庆：西南财经大学，2020.
③ 邓俊荣，陈学芬. 美国对华高技术出口管制对制造业技术创新的影响分析 [J]. 西安电子科技大学学报（社会科学版），2022，32（1）：9.
④ 冯伟杰. 美国高技术中间品出口管制对中国出口贸易的影响 [D]. 2019.

部件进口受阻实质对企业的出口扩张产生负面影响。

三、研究述评

国内外学者对安全与发展的研究、出口管制中技术管制的研究为本书技术出口管制研究提供了许多有益的帮助和启发。但由于技术出口管制目标的特殊性、管制对象的多样性、管制手段的多样性以及管制效果的复杂性，已有研究还存在某些不足，具体表现在以下几个方面：

从研究内容来看，许多著作致力于对出口管制的研究，尤其是冷战结束后，国外学者对冷战时期出口管制的效果、冷战后出口管制的政策演变方面都进行了持续研究。尽管技术出口管制属于出口管制的组成部分，但是由于其管制对象为无形技术，实施具体管制更为困难，管制效应也更复杂，从而缺乏对技术出口管制制度一般性的学术探讨。此外，国别研究侧重西方发达国别研究，对中国技术出口管制的专项研究匮乏。

从研究视野来看，研究多从法学角度开展出口管制的法律体系开展，大部分研究成果侧重于梳理不同层级的法律规定。实际上，技术出口管制是一项对外贸易管理制度，不仅包括实施依据的梳理，还包括管制目标的权衡、实施机构的确定、实施手段的选择以及实施效果的评估，属于国际贸易政策的研究范畴，而跨学科的综合性研究不足。

从研究方法来看，目前对技术出口管制的研究比较分散，部分研究采用历史研究法和案例分析法，对出口管制实施实践进行描述，对具体行业出口管制影响进行归纳总结。虽然这些成果为以后的进一步研究提供了翔实丰富的素材，但有待于在理论分析方面进一步升华，形成技术出口管制制度实践的一般性总结以及发展的一般性规律。

按照经济学的研究思路，技术出口管制研究应该关注在不同制度条件下的制度目标、制度实施以及制度安排对经济运行和经济发展的效果。由此，在已有文献的研究基础上，本书将开展对技术出口管制的专项研究，包括贸易管制、投资安审以及"视同出口"①等具体领域;全面分析技术出口管制的多双边实践,贯穿从个性到共性的研究思路,提炼技术出口管制实践的一般规律;以典型案例——美对华技术出口管制为研究对象,实证分析技术出口管制的效果,分析技术出口管制政策效应;进一步从一般到个体实践,运用一般规律,丰富符合中国国情的技术出口管制研究,在此全面分析中国技术出口管制发展的基础上,结合技术出口管制的一般规律,提出完善有中国特色、符合高质量发展要求、统筹发展和安全的技术出口管制的建议。

第二节 技术出口管制的基本范畴

一、研究内容与研究目标

技术出口管制是对外贸易管理制度的组成部分,由于其管制对象为技术以及其载体高技术产品,通常会涉及一国政府或部门对国际技术转让、高技术产品出口以及技术国际合作所作出的限制性规定,包括一国在一定时期内对于技术(含高技术产品)贸易的管制或者相关技术产业中外资进入的审查,是政府通过贸易和投资实际干预国际技术转让和高技术产业贸易的直接体现。企业是技术出口管制实施的主体,市场为技术出口管制提供实施环境,而政府作为技术出口管制的制定者,需要评估国家安全利益、经济发展利益、公平贸易利益以及企业市场利益,制定相应的管理制度并根据国际形势变化以及技术更迭要求不断调整。

因此,技术出口管制的研究内容包括以下几个方面:

① 视同出口是指无论何时何地,未经授权不得将本国受控技术传输给外国人。所谓无论何时何地,是指无论是在美国境内还是美国境外,只要是美国人向外国人转移技术即被视为向该外国人的国籍所属国出口技术。所谓"外国人",是指在美国境内的外国留学生、商务人士、技术人员、旅游者、学者等以及在美国境外的非美国国籍人。所谓"出口"则涵盖范围相当广泛,包括但不限于通过演示或口头介绍等方式向外国人提供技术;外国设备在美国修理后归还原产国;通过口头交流、设备查看、电子邮件和电话交流以及现场视觉观察等任何方式传输非公开的数据至美国境外。此外还包括转出口、最终用途和最终用户的国内转移,以及公开发布技术等。

一是技术出口管制理论基础。技术出口管制旨在维护国家安全利益，利用贸易手段限制技术产品。由此，技术出口管制的理论研究涉及贸易、技术创新以及国家安全，制度的制定和调整也是基于国际贸易理论、国际分工理论、技术创新理论以及国家安全理论进行的。其中，比较优势理论和战略贸易理论明确技术优势是一国制定和实施技术出口管制的基础和前提；垂直专业化分工和全球价值链理论明确一国实施技术出口管制可以遏制目标国参与国际分工；技术转移理论、后发优势理论以及波特假说明确一国实施技术出口管制能够维持本国技术优势，影响目标国技术创新；国家安全理论明确维护国家安全利益是技术出口管制的重要目标。

二是技术出口管制的实践总结。技术出口管制实践包括多边管制以及单边管制，多边技术出口管制由出口管制多边组织协调实施，通过历史研究法、案例研究法和比较分析法，梳理不同历史时期出口管制多边机制的技术出口管制的发展，总结多边技术出口管制的实施特点与发展趋势；单边技术出口管制由国家（或者经济体）单独实施，通过历史研究法、案例分析法以及比较研究法，分析不同发展水平的国家的技术出口管制实践，包括管制依据、管制机构、管制手段以及管制技术。在个体研究的基础上，通过归纳演绎的研究方法，发现技术出口管制发展的一般规律。

三是技术出口管制的效应分析。在理论分析和实证分析的基础上，构建技术出口管制对目标国的影响机制，提出对目标国的效应假设。以美对华技术出口管制为例，分析美历届政府对华技术出口管制演变和特点，以2018年《出口管制改革法》的实施为制度调整点，利用双重差分法、回归分析验证技术出口管制的贸易效应、技术效应以及产业效应假设，评估技术出口管制实施对目标国影响的多重效应。

四是中国技术出口管制研究。本书拟将中国技术出口管制分为三个阶段，分别为加入世界贸易组织前、加入世界贸易组织后到2018年以及2019年至今。依据各历史阶段技术出口管理的不同要求，中国逐渐建立并不断调整技术出口管制体系。2019年至今，中国的技术出口管制体系具有鲜明特点，以

《中华人民共和国出口管制法》《中华人民共和国对外贸易法》等基本法为依据规范管制行为，以技术发展水平为标准评估管制范围，以反制和博弈为目标调整管制工具。但是中国现有技术出口管制体系与发达国家相比还存在差距，出口管制治理体系和治理能力有待提升。在前述一般性研究结论的基础上，本书将技术出口管制的发展规律和实践的一般经验运用到中国个体研究实践中，结合新时期中国实施技术出口管制维护国家安全利益、统筹产业发展利益、促进高水平对外开放、推动科学技术创新、参与公平贸易规则制定以及融入经济全球化进程的总体目标，遵循合理管制、双赢管制、链性管制以及发展管制的基本原则，从管制依据、管制机构、管制对象、管制手段四个方面提出完善中国技术出口管制的政策建议。

二、研究思路

在已有研究成果的基础上，本书对技术出口管制的制度研究聚焦于制度目标、制度发展、制度实施以及制度效应，从个体研究中归纳一般规律与一般经验。围绕技术出口管制服务发展和安全的属性，结合中国经济发展与国家安全的实际要求，提出完善中国技术出口管制体制的政策建议。鉴于此，本书的研究将从以下三条主线开展，具体包括：

一是从技术出口管制的建立和发展入手，通过历史分析法、政策分析法以及比较研究法，梳理不同历史时期多边技术出口管制的变化和特点、单边技术出口管制（主要国家）的演变与特点，形成技术出口管制发展的一般性规律。

二是从技术出口管制的实施和成效入手，通过案例研究法、政策分析法以及实证研究法，总结技术出口管制的多边、单边实践案例，关注技术出口管制在不同国家的实施体制，具体包括管制依据、管制机构、管制手段以及管制对象，形成技术出口管制实践的一般性经验。同时，围绕安全与发展的制度目标，以贸易、创新以及国际分工理论为基础，形成技术出口管制对目标国影响的机制，验证技术出口管制实施限制目标国贸易发展、技术创新以及产业合作的多重效应。

三是从一般规律应用和个体实践入手，借鉴技术出口管制国别实践的一般性经验，结合中国现阶段技术、贸易发展要求，以统筹发展和安全为核心，将技术出口管制发展的一般规律应用到中国实践中，从制度目标、制度体制（管制依据、管制机构、管制手段以及管制对象）方面提出在新阶段完善中国技术出口管制体系的政策建议。

第二章

技术出口管制的理论基础

part 2

　　技术出口管制是以高技术产品以及技术为管制对象，对高技术产品出口以及技术跨国转移进行限制的对外贸易管理制度，关系到一国经济、社会、军事发展的核心利益。借鉴国际贸易理论、技术转移与技术创新理论以及国家安全理论，技术出口管制形成制度建立、调整和发展的理论基础。

第一节　国际贸易相关理论

　　技术出口管制属于对外贸易管理制度，其管制对象不仅包括技术，还包括作为载体的高技术产品，其政策实施直接限制技术的跨越国境的转让行为以及高技术产品的出口行为，国际贸易理论和政策是技术出口管制政策制定和调整的主要理论依据。

一、比较优势论与战略性贸易政策

　　传统比较优势论主要包括比较成本贸易理论以及要素禀赋论，是国际贸易理论的核心和基础理论。按照传统比较优势理论，在完全竞争的市场条件下，国际贸易的基础应该是生产和技术的相对差别或生产资源配置、要素禀赋的差别，在自由贸易条件下，一国应该生产和出口具有比较优势的产品，进口具有比较劣势的产品。由此，在不存在任何政府干预（包括进出口管制行为）的国际市场上，技术贸易应该由技术优势明显的国家流向技术处于相对劣势的国家，从而使一国获取对外贸易对生产以及供给的积极效应。因此，技术出口管制的实施将产生如下影响：由于技术出口管制实际限制了正常的技术和商品流动，因此实施技术出口管制政策直接导致实施国与目标国管制产业贸易额的减少，影响双边贸易平衡，具体如图2-1所示。

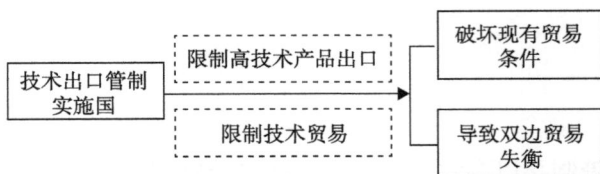

图2-1 技术出口管制对贸易平衡的影响

随着20世纪以来全球经济的飞速发展以及贸易规模的迅速扩大，传统比较优势理论无法解释伴随规模经济、国家博弈、制度差异以及其他外生因素对贸易流向以及贸易规模的影响，以战略贸易理论等为代表的新贸易理论为多外部因素影响下的国际贸易提供了更为合理明确的指导。传统贸易理论假设中只存在完全竞争状态的市场结构，在实际应用中不能解释国际贸易的发展和变化。战略贸易政策理论是各国政府在不完全竞争的市场结构和规模经济的条件下，为获取利益最大化以及提升本国福利水平，而主动干预本国企业市场化，扶持或者保护本国产业发展的行为。战略贸易政策理论内容包括战略性出口政策、战略性进口政策以及用进口保护促进出口政策。其中，战略性出口政策不仅包括政府对产业的出口补贴等鼓励或者促进出口的政策，还包括为保护产业发展采取的限制出口政策。因此，战略性出口政策并非追求贸易的绝对顺差，而是对特定行业采取追求本国发展利益最大化的政策。

战略贸易政策理论为一国实施技术出口管制提供了非常充分的理论依据。技术管制政策的目的之一就是主动限制核心技术转让，限制高技术产品的出口，维护产业的发展利益。因此，技术出口管制可以说是针对技术的战略性出口限制政策。但是，战略性贸易理论有比较理想化的实施前提，即政府实施的战略性出口或者进口政策都是建立在对行业拥有充分信息基础上的，且行业发展具有规模经济效应或者能够取得超额垄断利润以及政府的战略性贸易政策不会受到报复性贸易措施等。在实践过程中，政府的贸易管理政策实施效果往往大打折扣，而竞争对手的反制措施会损害战略性贸易政策的实施效果。

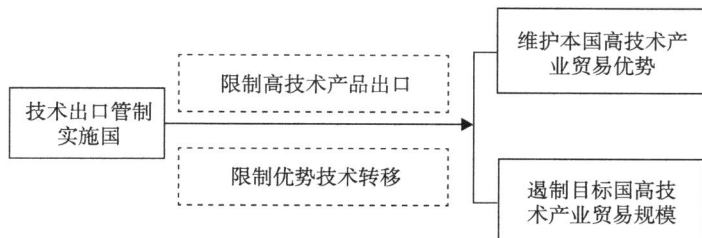

图2-2　技术出口管制对贸易规模的影响

　　理论借鉴与政策应用：比较优势理论和战略贸易理论明确技术优势是一国制定和实施技术出口管制的基础和前提。根据上述理论，其一，技术出口管制的实施国应该具有管制技术的绝对优势或者管制技术（高技术产品）贸易的比较优势，这是实施技术出口管制的前提条件。其二，技术出口管制是一种贸易保护措施，通过政策干预，影响一国高技术产业正常的国际贸易流动，从而达到一国政府特定的产业发展目的以及政治安全考量。其三，作为战略性贸易政策，技术出口管制实施的前提是政策制定者对行业发展信息充分了解且不会被采取报复性贸易措施等，但在实际执行过程中，由于存在实施国、目标国以及第三国之间的技术博弈和贸易考量，其贸易管理的预设效果往往大打折扣。

二、垂直专业化分工与全球价值链

（一）垂直专业化分工

　　国际贸易是商品、服务和生产要素的国际转移，是国际分工的表现形式，反映了世界各国在经济上共存依赖的关系。从某种意义上来说，国际贸易理论发展的过程就是一个解释国际分工的过程。随着技术的发展以及贸易活动的发展，国际分工进一步细化，产品的生产被拆解成不同的阶段，中间品贸易规模不断扩大，通过特定产品不同生产阶段的分工协作，形成全球范围内的生产链条。产品内分工是全球化发展到一定阶段的产物，也是贸易和要素在全球范围内配置发展的结果。

国际分工格局由产业间分工发展成产品间分工（产业内分工），再演变成产品内分工，轨迹不断向前，分工更加专业、细化，不仅分工形式由"水平分工"演变成"垂直专业化"，主要贸易类型也由"最终产品"演变成"中间品贸易"（魏浩，2008）。根据世界贸易组织数据，当前全球范围内超过2/3的贸易以全球价值链分工的中间产品贸易进行。科学技术的创新发展使得产品生产链可以分割成更为精细的环节，同时完美解决了"空间距离"问题，使得地理上的分工成本大幅下降，国际垂直专业化分工效率不断提升。Jones 和 Kierzkowski（2000）认为，生产技术的进步是国际垂直专业化产生的主要动因。Golub（2007）指出，如果国家之间的运输成本降低，那么国际垂直专业化贸易额会更高。正是由于技术进步，制造商可以使用最新的生产方法，将中间投入品进行组合进而生产出最终产品，从而极大地推动国际垂直专业化的发展。

高技术产业的国际垂直化分工应该具有代表性。高技术产业具有生产链条长、阶段附加值高以及生产专业性强的特点，因此在其成品生产中，每一阶段都具有不可替代性。技术出口管制直接影响实施国与目标国之间国际分工的模式，也就是垂直化分工的参与程度。由此可见，对高技术产业的出口管制，也就是对中间环节高技术产品的出口管制，容易导致整个产业链条的中断，进而导致后续生产的停滞，所以其对产业的影响最为显著。

（二）全球价值链理论

在全球价值链分工条件下，各国充分发挥自身比较优势融入国际分工，按照对产品增加值贡献大小获取分工报酬，具体包括人力工资、投资生息以及不动产租金等，而通过对外贸易创造的国内增加值被称为贸易收益。由此可见，一国产品出口后可能表现为三种情形：一是被进口国直接消费，从而直接实现国内增加值；二是进口国再次加工并出口到第三国，从而间接实现国内增加值；三是进口国再次加工并出口回出口国，该部分是通过本国进口实现的，故被称为国内增值折返或复进口。因而，出口产品中的国内增加值部分（Domestic Value-added，DV）又可以分为直接出口国内增加值（direct value-added，dv）、间接出口国内增加值（Indirect value-added，Ⅳ）及国内增值折返（re-import，ri）三部分，即DV=dv+Ⅳ+ri。

全球价值链的研究方法最早应用于产品生产链的微观跟踪。Hummels等（2001）最早构建了后向与前向垂直专业化的框架——垂直专业化测算框架，并以此为基础计算了经合组织国家全球价值链的后向参与度[①]。由企业管理中的价值链分析延伸到全球分工的宏观角度出发，开始应用在产业研究中，并在此基础上评价产业的发展状况和组成产业国际竞争力指标体系。Koopman等（2014）从"贸易增加值"视角出发，搭建了细分行业基础上的贸易数据分解框架，不仅能从整体上考察一国参与全球价值链的程度，还能具体从行业在全球价值链中的地位分析[②]。

按照其在参与产业链的位置，全球价值链参与度可以分为后向参与度与前向参与度，两者相加的结果就是该产业的整体参与度。其中，前向参与度以外国出口产品当中源自本国产出的价值比重来衡量，也就是本国产业向全球市场提供中间品的程度，反映了该国产业在产业链上游位置参与国际分工体系的程度。后向参与度则以一国出口产品价值总额中来自外国形成的价值比重来衡量，主要反映了一国相关产业在产业链上游环节对国外中间产品以及零配件等的依赖程度。整体参与度用于评估一国相关产业对国际分工的参与程度和对国际市场的依赖程度，也是其产业国际布局的主要衡量指标。

根据全球价值链理论，管制国实施相对严格的技术出口管制政策，将直接限制技术转让，影响其高技术产品中间品的出口以及核心技术零部件的出

---

① 冯伟杰. 美国高技术中间品出口管制对中国出口贸易的影响[D]. 北京：对外经济贸易大学，2019.

② KOOPMAN R，WANG Z，WEI S J. Tracing value：added and double counting in gross exports[J].The American Economic Review，2014，104（2）：459-494.

口；目标国进口高技术中间品受到阻碍，其正常的技术合作以及技术引进也会受到影响，可能影响其高技术产业全球价值链的后向参与度、整体参与度以及参与位置，如图2-3所示。

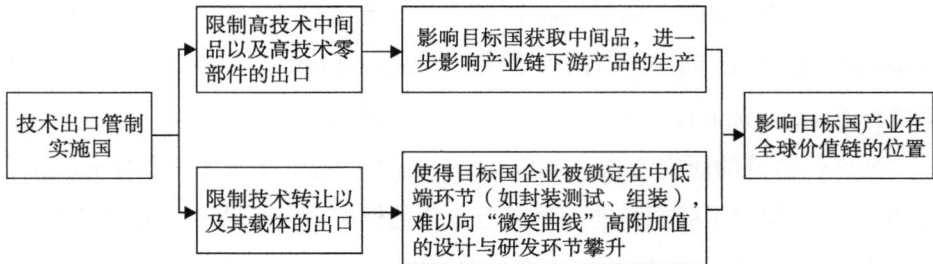

```
┌──────────┐      ┌────────────┐        ┌──────────────────┐
│技术出口管制│  ──→ │限制高技术中间│  ──→   │影响目标国获取中间品，进一│
│实施国     │      │品以及高技术零│        │步影响产业链下游产品的生产│
│          │      │部件的出口   │        └──────────────────┘      ┌──────────────┐
│          │                                                      │影响目标国产业在│
│          │      ┌────────────┐        ┌──────────────────┐      │全球价值链的位置│
│          │  ──→ │限制技术转让以│  ──→   │使得目标国企业被锁定在中低│      └──────────────┘
└──────────┘      │及其载体的出口│        │端环节（如封装测试、组装），│
                  └────────────┘        │难以向"微笑曲线"高附加值│
                                        │的设计与研发环节攀升    │
                                        └──────────────────┘
```

图2-3　技术出口管制对产业参与全球价值链的影响

（三）供应链重组理论

20世纪后半叶，随着国际贸易规模的扩大以及新技术的广泛应用，企业开始将生产和供应链延伸到全球范围。这导致供应链变得更加复杂，需要更有效的管理方法。这对供应链管理理论的发展提出了挑战，促使人们寻求更优化的供应链运营方式。随着信息技术的不断发展，企业获得了更强大的数据分析和沟通工具，从而能够更好地监控和协调供应链各个环节。这一时期见证了供应链管理中数字化和自动化的进步，为供应链重构理论的形成奠定了基础。近年来，全球性的突发事件，如新冠疫情以及俄乌冲突，都凸显了供应链的脆弱性和风险。这些事件促使企业重新审视供应链的弹性和抗风险能力，推动了供应链重构理论的进一步发展。

供应链重构理论涵盖了许多方面，旨在优化和改进整个供应链的运作方式，以适应不断变化的市场环境。其中包括战略重构，也就是重新评估供应链的战略目标和定位，确保其与企业的长期发展目标相一致，涉及产品组合、市场定位、合作伙伴选择等方面的重新思考；流程优化，重新设计和优化供应链中的各个流程，以提高效率、降低成本、减少浪费，并确保及时交付；风险管理，重构供应链以更好地应对各种风险，包括供应中断、市场波动、政策变化等，通过多样化的供应商选择、库存管理和灵活性增强来实现；伙伴合作，重新考虑与供应链伙伴（供应商、制造商、物流公司等）的关系。

供应链重组理论认为，产业的全球化程度和供应链结构会影响国家和企业的竞争力。当一国对外实施高新技术产业出口管制，可能让目标国被影响的高新技术企业重新调整其供应链，寻找替代来源或建立自主的技术能力，以减少对管制实施国高新技术产业的依赖。与此同时，目标国企业也会开始加大对本土供应商和合作伙伴的依赖，推动其国内产业链的完善和升级；目标国政府会加大对高新技术产业的支持力度，鼓励企业进行技术创新和产业升级。

理论借鉴与政策应用：垂直专业化分工、全球价值链理论以及供应链重构理论，明确一国实施技术出口管制的目的是遏制目标国参与国际分工，或者改变目标国高技术产业的全球供应链布局。其一，技术出口管制是针对高技术产业实施的贸易政策，高技术产业链条长、产业技术附加值高、各个环节专业化程度高、中间品以及核心零部件不可替代性强。因此，对高技术产业上游技术设计、零部件或技术中间品实施出口管制，对于链条中企业继续参与国际生产分工将造成显著影响。其二，一国实施相对严格的技术出口管制政策，直接限制对产业链下游企业技术转让，或者切断高技术中间品的供给，导致位于产业链下游的目标国企业无法正常生产，影响目标国产业全球价值链的后向参与度以及整体参与度。其三，技术出口管制对高技术产业中间品的出口限制，直接导致链条中企业改变供应链现有布局以及未来目标定位，进而使实施国以及目标国的企业重新定位其全球供应链结构，避免管制风险并尽量实现企业可持续发展。

第二节　技术转移与技术创新理论

一、技术转移与后发优势理论

20世纪60年代，美国学者波斯纳认为，世界技术领域与世界经济一样存在二元结构，国际技术转移正是由于国家之间的技术差距产生的。技术领先的国家可以凭借生产和出口高技术含量的产品获取贸易利益，并且凭借技术优势获得相关产品的垄断地位。随着该产品国际贸易规模的扩大以及技术发展的日渐成熟，技术先进国可能通过多种方式进行技术转让，技术落后国也会用多种方式追赶，如技术引进或者技术创新，但是存在模仿时滞。

关于国际技术转让的理论还有后发优势理论。美国经济学家亚历山大提出，后发国家利用先进国家的已有技术，在技术上赶超先进国家。亚历山大的理论起源于19世纪德国、意大利等赶超老牌工业强国英国的案例分析。当然，后发优势理论有严格的假设条件，先进国家在技术发展过程中研发出来的先进科学技术可以被认为是公共产品或者准公共产品，且具有很大的外溢效应。也就是说，落后国家不需要投入较大资源重新研究或者开发，只需要花费很低的成本或者很短的时间就可以运用于生产。除此之外，后进国家还有可能开展技术的跨越式发展，也就是说，后进国家在一定条件下跨越技术发展的某些阶段，直接进入技术前沿领域与发达国家展开竞争。

技术转移理论说明了技术差距的扩大使得技术有偿转让成为必然，技术先进国如果希望在一定阶段维持技术垄断优势，就需要采取多种严格管制方式防止技术的转移，包括技术贸易以及直接投资。除此之外，也正是由于发展中国家后发优势的可能性，目前拥有重要领域或者战略行业核心技术的发达国家会针对性地实施严格的技术管制政策，避免其先进技术成为公共产品或者准公共产品，被其他国家以较小成本或者较短时间获得，以致丧失其技术垄断地位，影响其经济利益。

根据国际技术转移理论，在不存在技术管制的情况下，由于不同国家之间技术差距的存在，技术先进国可能通过多种方式进行技术转移，技术落后国也会用多种方式进行追赶，包括技术引进、模仿或者技术创新。而技术落后国的这一行为，又反过来给技术先进国施压，促使其技术不断创新，双方形成一个互相促进的循环。但是技术管制政策改变了技术转移的路径。对于管制目标国，其短期内高技术产品进口受限，技术转移受限，以引进为主的技术创新模式受到压制，技术升级遇到阻碍；但是从长期来看，技术管制以及进口受限倒逼落后国增强自主研发能力，促进技术创新模式改变，也可能对技术升级存在积极影响。美国对中国的技术管制政策就可能形成上述短期负面和长期正面的不同影响。

二、波特假说

波特假说（Porter's Hypothesis）是由美国经济学家迈克尔·波特（Michael Porter）于1991年提出的一个经济学理论。该假说旨在解释环境政策对经济竞争力的影响，提出环境保护和经济竞争可以相互促进，而不是相互冲突。波特假说的核心观点包括创新驱动、增加竞争力、拓展市场以及政策推动等内容。其中，创新驱动是指环境政策的实施会迫使企业寻求更加环保和高效的生产方式。这种压力促使企业进行创新，开发出更节能、更资源高效的生产技术和方法，从而降低成本、提高效率。政策推动是指环境政策可以在一定程度上引导企业朝着环保方向发展，通过法规、税收激励和监管手段，促使企业采取更环保的行动。

总之，波特假说认为，尽管政府的环境规制干扰正常的企业经营活动，但是不一定仅有负面影响，设计合理的政府规制可能会激发企业创新，从而提升其产品质量和竞争力。波特假说为政府监管机制或者外部环境因素的正向效应提供了理论基础。将波特假说应用于技术出口管制对企业的影响，可以看到，技术出口管制作为外部限制性政策（环境规制），直接干扰了企业的正常技术引进，给企业技术创新带来了额外成本，但是适度的管制政策可能激发企业自主创新，改变企业的创新模式和创新路径，对企业创新产生正向效应。

　　尽管技术出口管制在短期内可能直接影响目标国通过技术引进方式取得技术进步，但是从长期来看，适度的技术管制可能倒逼目标国改变技术进步模式，激发自主技术创新活力，真正提升自身产业竞争力。产业层面的技术创新可以分为外部依赖性技术创新以及内部依赖性技术创新。其中，外部依赖性技术创新可以通过转让、模仿等从技术先进国家获取技术来提升技术能力，而内部依赖性技术创新则需要通过自身研发能力的提升来获取技术水平的提升。正常情况下，企业根据自身需要，选择最适合自己的方式来提升技术创新能力。但是技术管制使得外部依赖性技术创新的成本迅速增大，甚至受到限制，而内部自主创新则成为技术落后国提升技术水平的主要模式。根据上述理论，技术出口管制通过管制技术向技术落后国的转移，影响实施国与目标国的技术创新，具体如图2-4所示。

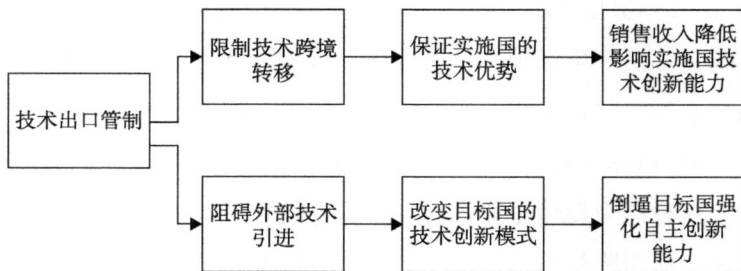

图2-4　　技术出口管制对技术创新的影响

　　理论借鉴与政策应用：借助技术转移理论、后发优势理论以及波特假说明确一国实施技术出口管制能够维持本国技术优势，影响目标国技术创新。一方面，技术优势国实施技术出口管制，旨在防止本国先进技术流入他国，被他国利用技术的"外溢效应"迅速赶超，破坏本国产业在国际贸易中的技术优势。另一方面，技术出口管制导致目标国高技术产品进口受限，技术引进也受限。从短期来看，目标国以引进为主的技术创新模式受到压制，技术升级遇到阻碍；但是从长期来看，技术管制以及进口受限倒逼目标国增强自主研发能力，可能促使其技术创新模式和路径发生变化。

第三节　国家安全理论

1943年，美国作家沃尔特·李普曼（Walter Lippman）在《美国外交政策：共和国之盾》中首次提出了国家安全概念[①]。这一概念随着历史发展衍生出现实主义、自由主义和建构主义三大相对成熟的理论派系。

一、现实主义与自由主义的国家安全理论

现实主义的国家安全理论基础可以追溯到马基雅维利、霍布斯等人的现实主义哲学思想。西方国际政治的现实主义理论的形成标志是汉斯·摩根索（Hans Morgenthau）《国家间政治：权力斗争与和平》一书的问世，该书旨在揭示国际政治的本质——权力斗争，并探索缔造世界和平的途径[②]。现实主义的国家安全理论认为，国家才是单一的理性行为体，在无政府状态的国际社会中，国家需要选择合适的安全战略来增强军事国防实力从而维护安全利益[③]。肯尼思·沃尔兹发展了传统现实主义的国家安全理论，在20世纪70年代出版的新现实主义代表作《国际政治理论》中，提出了"国家最终关心的不是权力而是安全"，每个国家都将安全（生存）作为自身的最高目标，并将追求权力作为实现安全的一种手段。同时，他认为，国家的生存威胁主要来自国家以外，这也为解释大国之间基于国家安全的权力斗争提供了理论基础。[④]在现实主义国家安全理论的影响下，冷战时期主要国家对战略物资、军事技术以及军事装备采取严格的出口管制，甚至对敌对国家采取禁运政策，以此保障自身军事实力，打击对手国家，维护国家的军事安全利益。

自由主义国家安全理论则起源于伊曼努尔·康德（Immanuel Kant）、让-雅克·卢梭（Jean-Jacques Rousseau）等人的哲学理论。进入20世纪70年代，

---

① LIPPMAN W. US foreign policy: shield of the republic [M]. Boston: Little Brown, 1943.

② MORGENTHAU H. Politics among nations: the struggle for power and peace[M]. New York: Alfred A. Knopf, 1948.

③ 张雪嫣. 中国特色国家安全道路研究 [D]. 北京：中共中央党校，2018.

④ 肯尼思·沃尔兹. 国际政治理论 [M]. 信强，译. 上海：上海人民出版社，2003.

人们日益认识到，国家安全并不局限于军事安全，也与资源、经济、生态等关系密切，其含义已经发生重大变化。在《权力与相互依赖》这本书中，新自由主义学者认为，国家安全不仅局限于国家间的冲突和国家单个行为，国际相互依存的新趋势以及国际合作的必然性也不容忽视，相互依存的安全论成为新自由主义国家安全的重要内容。[①]在相互依存安全论的基础上，在《霸权之后》这本书中，新自由主义学者明确提出国际制度安全论，认为多国合作形成的国际制度可以维持安全秩序；建立世界政府能够认同的国际社会存在一个公共权威，从而约束所有国家的行为，保障世界安全。[②]在自由主义安全理论的影响下，各种国际联盟以及联合国成为自由主义国际制度安全论的试验。而冷战结束后，以瓦森纳安排为代表的出口管制多边机制，也是出口管制领域国际安全制度的重要实践。

二、建构主义的国家安全理论

进入20世纪90年代，在跨国公司和对外直接投资的推动下，世界政治经济体系深刻变革。1992年10月24日，时任联合国秘书长加利在"联合国日"的致辞中郑重宣布，第一个真正的全球化时代已经到来。当面临全球性问题的严峻挑战时，受法兰克福学派和后现代哲学影响的建构主义对新自由主义和新现实主义进行了质疑和批判，并引起学术界主流的重视。在国家安全领域，建构主义提出了"安全共同体"的安全观，首次将观念（文化）引入国际体系结构分析的框架，即行为体的安全受国际体系文化的约束，行为体的安全程度与其所处的体系文化类型或角色结构密切相关[③]。随着第三次技术革命的出现，技术成为推动经济发展和社会进步的重要生产要素，高技术产业成为关系一国安全和发展的战略性产业，其发展程度不仅可以展现国家经

---

① HUMMELS D, ISHII J, YI K. "The Nature and growth of vertical specialization in world trade[J]. Journal of International Economics, 2001.

② MORGENTHAU H. Politics among nations: the struggle for power and peace[M]. New York: Alfred A. Knopf, 1948.

③ 张雪嫣. 中国特色国家安全道路研究 [D]. 北京：中共中央党校，2018.

济实力，还关系到国家的安全利益，科技安全、金融安全、生态安全以及能源安全等非传统安全成为国家安全的新议题。同时，技术的发展使得国与国之间的联系更加紧密，国家安全的排他性逐渐减弱，互为条件、互相影响的"共同安全"成为国家安全的主要形态。在此基础上，在传统安全观的变革和调整下以及建构主义"安全共同体"的演变和发展的影响下，形成了全球化不断加深的新安全观。

新安全观的主要内容包括共同安全观、综合安全观和合作安全观[①]。共同安全观区别于之前的国家安全观，强调国家间在国防军事、经济发展、科学技术等方面的共同安全。但是目前共同安全的领域多集中在军备以及防扩散等。综合安全观区别于传统单一的军事安全，在新阶段发展了国防安全、外交安全、经济安全、文化安全以及生态安全等综合安全理念。其中，扩充的经济安全强调经济利益不受到损害、经济秩序不受到威胁，而加强技术创新以及科技升级是实现经济稳定发展的重要手段。合作安全观是通过国家之间、经济体之间合作谋求安全，其宗旨就是互利互信、合作共赢。由此可见，合作安全观的重点不在于界定安全的新内涵，而在于强调实现安全的新途径。这是它区别于共同安全观和综合安全观的一个重要特点[②]。

新安全观的理论对冷战后各国制定技术管制政策具有深刻影响。首先，新安全观强调的共同安全理念直接影响了以防扩散为宗旨的技术管制。各国积极履行国际义务，遵守联合国等多边协议，以出口管制多边机制规定为指导，建立了本国的防扩散技术管制体系。其次，新安全观对经济安全的重视是发达国家制定趋严的技术管制政策的重要依据。在全球化的发展格局中，经济安全不是简单的一国对内安全问题，贸易以及投资领域的对外安全也是重要内容。技术管制的出发点就是保障国家经济利益不受损害、产业技术优势保持领先，是经济安全在高技术产业的集中体现。最后，新安全观关于合作安全观的定义也成为大国试图输出国内规则、主导多边技术出口管制体系

---

① 肯尼思·沃尔兹.国际政治理论[M].信强，译.上海：上海人民出版社，2003.

② 刘胜湘.西方自由主义国际安全理论及其批评[J].太平洋学报，2005（9）：21-28.

的理论基础。

理论借鉴与政策应用：国家安全理论明确，维护国家安全利益是技术出口管制的重要目标。尽管技术出口管制是贸易管理政策，但是由于其管制对象的特殊性，其在实施过程中通过限制高技术流出、切断核心零部件出口、防止核心技术在军事以及战略产业的应用，从而达到遏制竞争对手提升军事实力、维护本国战略产业安全、保证本国基础以及新兴产业优势、维持世界政治格局中的主导地位的目的。

三、总体国家安全观理论

总体国家安全观强调"统筹发展和安全"，提出"安全是发展的前提，发展是安全的保障"。这一辩证关系在技术出口管制领域体现为通过贸易政策设计，实现安全与发展的动态平衡。一方面，技术出口管制被视为维护国家安全的"防火墙"。通过控制军事用途以及杀伤性武器扩散用途的技术和高技术产品出口，维护国家军事安全、科技安全以及产业安全。另一方面，安全管控并非简单限制，应该细化管制客体（包括技术以及产品），通过管制倒逼自主创新实现技术突破。这种"安全驱动创新"的路径，既避免了技术断供风险，又培育了战略产业竞争力，体现了总体国家安全观中"以安全保发展、以发展促安全"的核心逻辑。

总体国家安全观主张在维护自身安全的同时，推动构建新型国际安全秩序。技术出口管制被视为履行国际义务与捍卫国家利益的双重实践。中国以《不扩散核武器条约》《禁止生物武器公约》等国际公约为依据，建立了覆盖核、生化等领域的两用物项和技术出口管制体系，严格限制大规模杀伤性武器相关技术的扩散。例如，在联合国安理会第1540号决议框架下，中国与亚太国家开展防扩散培训合作，强化发展中国家履约能力。同时，中国坚决反对美西方滥用出口管制措施，批判其将技术问题政治化的行为。针对美国将华为、中芯国际等企业列入"实体清单"的行径，中国在WTO提起诉讼，主张管制措施应符合"必要性测试"原则，不得损害全球产业链稳定。这种既坚守底线又倡导合作的立场，体现了"共同、综合、合作、可持续"的全球安全观。通过推动"瓦森纳安排"改革、增加发展中国家话语权，中国致力于构建更公平的技术治理体系，使技术红利惠及全人类而非少数国家。

总体国家安全观倡导"技术向善"的治理理念，将技术出口管制纳入人类命运共同体建设框架。2021年《中国的出口管制》白皮书明确反对"歧视性技术壁垒"，主张建立兼顾安全与发展的多边机制。这种治理逻辑突破了传统安全理论的零和博弈思维，也就是中国技术发展应服务于全球科技发展而非霸权争夺。在实践中，中国通过"一带一路"倡议开展清洁能源、数字技术合作，向发展中国家开放北斗导航系统等自主技术成果，推动技术普惠共享。在国际规则制定层面，中国提出"技术命运共同体"构想，强调技术标准应体现发展中国家诉求。

总体国家安全观要求技术出口管制实现"国内法治化"与"国际合规性"的有机统一。国内层面，以2020年《出口管制法》为核心，中国构建了覆盖两用物项、军品、核等领域的法律体系，明确"国际义务优先"原则。例如，该法第12条规定，出口经营者需对管制物项的最终用途进行审查，防止技术流入恐怖主义组织。国际层面，中国通过WTO争端解决机制应对美国《出口管制改革法》的域外管辖挑战，主张管辖权应遵循"领土联系"与"比例原则"，援引GATT第21条"安全例外条款"，论证美国对华芯片管制的歧视性本质，推动国际社会关注技术管制的规则重构。这种动态平衡还体现在制度衔接上：一方面，中国将外商投资安全审查与出口管制清单联动，防范技术并购风险；另一方面，通过积极参与国际出口管制治理，参与技术出口管制国际标准制定，增强规则话语权。

理论借鉴与政策应用：总体国家安全观理论为技术出口管制提供了系统化的理论支撑，其核心在于统筹安全与发展的辩证关系、平衡国家利益与全球责任、构建新型国际治理范式。第一，总体国家安全观强调"统筹发展和安全"的基本原则，将技术出口管制视为维护产业链供应链安全的关键手段，同时通过自主创新实现安全反哺发展。第二，该理论主张"统筹自身安全和共同安全"，在履行《不扩散核武器条约》等国际义务的同时，反对将出口管制政治化。中国通过参与多边出口管制机制改革、推动多边协商机制，既遵守防扩散国际规则，又批判美西方滥用"实体清单"等单边措施，体现了对"共同、综合、合作、可持续"全球安全观的践行。第三，理论提出"构建人类命运共同体"的全球治理逻辑，倡导技术普惠与国际规则改革。中国通过"一带一路"清洁能源技术合作、向发展中国家开放北斗导航系统等实践，推动技术成果共享，同时推动建立公平的技术出口管制国际规则，反对技术霸权。最后，理论强调"国内法治与国际规则动态平衡"，以2020年《出口管制法》为核心构建覆盖两用物项、军品等领域的法律体系，明确"国际义务优先"原则，同时通过WTO争端解决机制应对美国《出口管制改革法》的域外管辖挑战，维护多边贸易体制。这四维理论框架既继承了马克思主义国家安全理论中安全与发展对立统一的辩证思维，又结合数字时代技术扩散特性，为技术出口管制提供了兼具战略定力与开放包容的治理方案。

第三章

多边技术出口管制的实践研究

part 3

多边技术出口管制实践开始于第二次世界大战后冷战时期对苏联的经济技术封锁，巴黎统筹委员会（以下简称"巴统"）在冷战时期的技术出口管制中扮演了重要角色。巴统管制在事实上影响了目标国（苏联）经济技术的发展，导致苏联在多个重要的战略领域与美国等主要国家的差距不断拉大，管制实施在一定程度上起到了维护实施国军事安全以及经济发展的作用。冷战结束后，由巴统演变而来的瓦森纳安排发展成最主要的多边技术出口管制机制，通过发布技术出口管制清单和指南，影响成员国自身技术出口管制的实施。在不同的发展阶段，瓦森纳安排的实施目标有所不用。可以看到，作为最有影响力的多边技术出口管制机制，尽管瓦森纳安排的管制不具有强制性，但其明确定义了技术的范围以及管制形式，并在实践中影响单个国家管制政策的调整。随着世界政治经济格局的不断变化，围绕"安全与发展"的管制目的，多边技术出口管制呈现出"小多边"合作与"利益联盟"的新趋势，管制对象也逐渐从传统的军事战略技术向新兴（增能）技术转变。

第一节　多边技术出口管制的历史演变

一、多边技术出口管制的建立和发展

多边技术出口管制的建立和发展最早是为了保障先进技术优势以及核心经济利益。随着第二次世界大战后冷战时代的开始，技术出口管制作为出口管制的组成部分，成为冷战双方阵营保持军事优势、防止武器扩散的重要手段。

（一）多边技术出口管制的建立和发展

经历第一次世界大战和第二次世界大战后，欧洲多国实力受到极大损害，而美国迅速崛起，逐步取代老牌发达国家——英国、法国、德国，成为世界头号军事强国和经济强国。美国与苏联也因为军事政治产生利益分歧，从战时伙伴迅速转变为军事和经济的竞争对手。战后的美国拥有世界上绝大部分的高新技术以及产品，而且自杜鲁门政府开始，美国国务院国家安全委员会及商务部对苏联以及所有社会主义国家采取出口管制措施，不仅包括狭义的战略物资（也就是军需物品），还包括有助于苏联等国提升军事潜力的物资和技术。但是，美国的这种单边物资、设备以及技术管制并不能达到很好的限制效果，即使是美国单方面禁运，这些物资、设备和技术也可能从西欧国家流向苏联集团国家。

由此，1948年，美国与英国、法国等进行协商，达成西方盟国一致的出口管制决议和行动。1949年巴黎统筹委员会建立，意在摆脱单个国家对苏联的个体行动，联合盟国力量对苏联实施物资和技术管制。至此，冷战正式揭开序幕，随后西方阵营对苏联阵营实施力度更大的出口管制。巴统创始国有6个，随后陆续有11个国家加入。尽管巴统是一个非正式的组织，但是要求会员国对管制物项采取统一措施。巴统共编制有三个管制清单，包括涉及原子能的清单、军品的清单以及工业（军民两用技术）清单。其中，工业清单是最为重要也是存在最大争议的，包括工业关键领域的产品以及技术。巴统组织的工作与目标非常清晰，就是要限制西方战略物资、先进技术及相关产品流入社会主义阵营。

随着技术的不断发展以及设备的更新换代，在技术管制的实际执行中，巴统的管制清单需要及时更新和调整。其中，美国在各国之间开展了大量的协调工作，及时输出本国最新的出口管制规则。1958年，巴统更新并制定了新的管制清单，体现了当时东西方主要国家技术的显著进步。清单的主要内容涵盖了民用飞机（包括发动机）、机械制造设备、涡轮发动机、轴承、船舶以及推进设备及实验室设备等先进设备和工业产品。新清单明确禁止计算机、网络设备等电子产品向苏联和中国出口。而后，巴统的管制清单与时俱进，随着科技的发展不断调整管制内容，高科技产品和技术的比重不断增加，但管制目标始终瞄准社会主义阵营的苏联和中国。

进入20世纪80年代，随着技术的不断发展以及国际格局的深刻变化，经过美国与其他巴统成员国的反复磋商，巴统将58个新项目加入管制清单，其中包括宇航船、太空登陆器材、超导材料、机器人、机器人控制系统、特殊合金生产技术和设备。与此同时，随着技术的不断进步，美国虽然同意放开对微电脑的管制，但是通过与其他巴统成员国的讨价还价，巴统开始加强对电子通信技术和设备以及软件的管制，尤其是在加强与禁运物资有关的设计、开发、与生产有关的软件上。出于上述考虑，巴统将网络软件、讯号处理软件、图像软件、人工智能软件、计算机辅助设计软件、制造系统软件列入禁运范围。

20世纪90年代初，随着东欧剧变以及苏联的发展情况，巴统修改清单，解除对38种物资的管制，禁运清单物项减少到78种；且随着技术的更新换代，解除了对电子计算机、电子通信和机床的禁运，大大降低了计算机出口的门槛，规定运算速度为1000兆位/秒的计算机需要出口许可证。1991年，巴统批准了美国、英国提出的核心清单（见表3-1）。核心清单旨在保证西方国家的技术领先优势，控制的领域都是技术上领先苏联的行业，共有涉及材料学、计算机、电子通信、光学、航空航天、海洋装备以及火箭发射等9类产品进入清单。由此可见，随着技术在经济发展和国家安全中的重要性不断凸显，技术出口管制成为遏制竞争对手军事以及经济发展的重要政策工具。

表3-1　巴统两用设备以及技术管制清单（核心产品清单）

序号	产品（物资、设备以及技术）名称
01	先进材料
02	材料加工
03	电子
04	计算机

序号	产品（物资、设备以及技术）名称
05	电信和信息安全
06	传感器和激光器
07	导航与航空电子
08	船舶
09	推进设备

资料来源：根据历史材料整理。

（二）巴统技术出口管制演变的特点

作为最早建立的多边技术出口管制之一，巴统技术出口管制有鲜明的时代特点，是冷战时期西方阵营遏制社会主义国家军事、经济发展的重要工具。巴统将单个国家的禁运和限制政策升级为盟国共同的经济行动，在实践中取得了较为明显的效果。

第一，巴统技术出口管制具有前瞻性，在一定程度上推进美西方国家获取经济以及科技霸权地位。虽然巴统并不是正式的国际组织，但在冷战期间，尤其是阻止以苏联、中国为代表的竞争对手国家的技术发展方面，巴统的确发挥了重大的作用。巴统的技术管制清单随着技术更迭不断更新，在成立40多年里，巴统调整管制清单13次。20世纪70年代以后，巴统技术管制清单涵盖多项对经济军事至关重要的技术，不仅包括军用技术、原子能技术，还包括造船、计算机、软件、微电子、机器人等民用技术。在通信技术高速发展的阶段，程控交换机以及技术也是巴统管制的重点。巴统的技术限制对未来几十年内美国及其盟国经济发展都具有重要意义，实质上助推西方国家建立其在科技领域的霸权地位。

第二，巴统的技术管制在一定程度上助力美国等西方国家拉大与苏联之间的技术差距。尽管技术发展受到国家体制、政策导向以及科研基础等多方面因素影响，但是巴统对关键工业产品、先进制造设备的严密封锁，使得苏联在多个核心工业领域的生产和研发与美国的差距不断扩大。根据美国国防部的评估结果，美国与苏联在超级计算机、数控机床等核心关键产品的技术差距甚至超过10年（见表3–2），差距越来越悬殊。苏联在经济、军事等各方面受到牵制，也导致了其后来的国家解体。由此也可以看到，技术管制不仅直接作用于技术本身，影响到军事、经济等各个领域，也能直接导致国家政权的更迭。

表3–2　1990年美苏两国技术差距对比

种类	6年	8年	10年	12年
微处理器		√		
数控机床				√
微电脑			√	
大型计算机				√
超级计算机				√
软件				√
压延设备系统			√	

资料来源：根据美国国会技术评价办公室报告整理。

第三，巴统的技术出口管制在一定程度上促进冷战时期社会主义国家建立独立完整的工业体系。冷战时期在禁运压力下，社会主义国家加速了自主工业体系的建设，减少了对外依赖。冷战时期限制机床类的高端装备制造业对社会主义国家的贸易流动，尽管在短期内确实切断了其技术引进以及设备进口的渠道，但在一定程度上激发了自力更生、奋发图强的民族意志，促进社会主义国家之间高技术产品贸易以及国际技术合作，比较典型的如苏联对中国建立工业体系的支持。

综上所述，巴统技术出口管制政策是冷战期间东西方对立的重要体现，对社会主义国家和西方国家的经济、外交和国际关系都产生了深远影响。

（三）瓦森纳安排技术出口管制的发展

1991年苏联解体，美国成为世界上唯一的超级大国，冷战时代宣告结束，管制对象主要为苏联的巴统也没有太多存在的意义。与此同时，美国技术管制的思维也发生了巨大改变，与巴统其他成员国之间的矛盾也更加突出。1994年3月，巴统正式解散。经协商，巴统参加国同意继续将巴统制定的管制清单作为各国实施全球出口管制的基础，直到新的安排建立。

1995年12月19日，在瓦森纳召开的高层会议上，各参加国达成了建立"瓦森纳安排"（Wassenaar Arrangement，WA）的协议——《关于常规武器和两用货物与技术出口管制的瓦森纳安排》（*Wassenaar Arrangement on Export Controls for Conventional Arms and Dual-Use Goods and Technologies*，以下简称瓦森纳安排），并在海牙的和平宫签署了建立该安排的宣言。1996年7月11—12日，全体会议通过了瓦森纳安排的基础性文件——《初始要素》（*Initial Elements*），标志着瓦森纳安排正式成立。同年11月，瓦森纳安排正式运行。

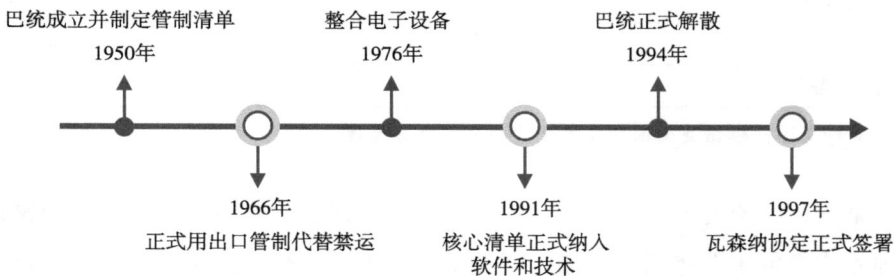

图3-1 多边技术出口管制发展时间轴

（四）瓦森纳安排技术管制演变的特点

延续巴统技术出口管制"小院"的特点，瓦森纳安排包括42个成员国（截至2021年9月），通过多边机制清单的方式对军品以及两用物项和技术进行管制。与巴统战略遏制的意图不尽相同，瓦森纳安排关注大规模杀伤性武器扩散风险，颁布出口管制合规指南，指导成员国企业合法合理地从事两用物项出口贸易。

第一，管制依据较明确，管制清单随着技术发展与时俱进。无论是巴统，还是承接其衣钵的瓦森纳安排，都通过颁布管制清单，"与时俱进"地根据全球技术发展趋势，对先进的、可两用的商品、软件和技术等实施管制。这份管制清单相当于划定了一个"小院"。多边机制的成员国都应遵守"小院"规则，并与时俱进地根据"小院"规则的调整，对本国的管制物项作出相应的调整。

第二，管制关注因扩散而引起的全球安全问题。与巴统的技术管制相比，瓦森纳安排的技术管制旨在防止大规模杀伤性武器的扩散而影响全球安全，这也与当时变革后的国际环境要求相关。一方面，20世纪90年代，核武器、化学武器以及导弹技术的扩散速度很快，许多国家努力发展其核能力以及导弹生产能力，而部分国家被美国列入"令人忧虑的国家"名单。另一方面，苏联解体后，由于经历社会秩序的长期动荡，存在高风险的核材料以及相关研究人才和技术迅速流失，导致对地区安全的极大威胁。由此，不扩散出口管制成为瓦森纳安排的主要目的，而技术出口管制也是围绕其展开的。

第三，管制手段没有明确的国别政策。瓦森纳两用管制清单沿用了巴统核心产品清单，分类仍为9大类，产品分类包括设备、组件和部件拓展为系统、设备和部件，其余未变（见表3-3）。与巴统制定的清单相比，瓦森纳安排制定的清单更加广泛，而且瓦森纳安排建议各参加国对所有受管制物项的出口都予以管制，而不论其出口目的地为何地。也就是说，瓦森纳安排不再像巴统那样对出口目的地设限，而是仅考虑出口的产品性质，出口目的地不在限制之列。参加国将对《两用货物和技术清单》《军品清单》中的所有物项进行管制，以防止这些物项在未获得批准的情况下转移或者再转移。上述两份清单不具有约束力，各参加国自愿采用。

表3-3　巴统核心清单与瓦森纳两用清单的对比

序号	巴统核心清单管制技术分类	瓦森纳两用清单管制技术分类
01	先进材料	特殊材料及相关设备
02	材料加工	材料加工
03	电子	电子
04	计算机	计算机

序号	巴统核心清单管制技术分类	瓦森纳两用清单管制技术分类
05	电信和信息安全	电信和信息安全
06	传感器和激光器	传感器和激光器
07	导航与航空电子	导航与航空电子
08	船舶	船舶
09	推进设备	航空与推进设备

资料来源：根据瓦森纳安排网站资料整理。

二、多边技术出口管制的特点与发展趋势

（一）多边技术出口管制的实施特点

一是规则实施不具有强制性，具有国别管制的指导意义。尽管上述多边机制技术出口管制的领域各不相同，但在实践中均为非正式的国际组织，管制清单不具有强制力。多边机制的管制清单是各成员方颁布技术出口管制法律制度的指导和参考，也是相关领域具有法律效力的国际公约的有益补充和实施细化。如桑戈委员会和澳大利亚集团是为了执行《不扩散核武器条约》《化学武器公约》《生物与毒素武器公约》组建的多边集团，没有国际公约的强制性。

多边机制管制物项和技术都有明确的管制清单和指南，管制目的都是防止大规模杀伤性武器扩散；管制内容不仅涉及出口环节，还包括过境运输、转运、中介、最终用户和最终用途审查等方面，具有实用性和较高的管制水平。

二是规则调整很难实现。全体一致通过的决策方式导致清单修订和新参与国家受限。由于清单修订需要全体成员协商一致通过，因此很难保证清单能够根据技术的更迭和发展及时更新。与此同时，非自动加入机制导致参加国的数量比较有限。出口管制多边机制本身就对新成员方的加入设置了较高门槛，除此之外，还要获得全体参加国的一致同意，从而使得其参加国不能涵盖更多的国家（都在30~50个）。作为多边出口管制机制的主要成员国，俄罗斯在多边出口管制清单调整中有明确的发言权，自2022年俄乌冲突以来，

由于与其他成员方存在明显差异，俄罗斯多次否定其他成员方清单调整的提议，影响了多边管制清单的调整[1]。可以看到，在地缘政治局势紧张的时期，多边机制很难达成统一意见，促成清单及时更新[2]。

三是执行效果不能保证。出口管制（技术管制）多边机制的实施效果取决于各参加国在国内的落实。由于非政府组织性质，其制定的管制清单、指南等文件没有法律约束力，完全依赖各参加国在国内层面的自觉执行。为了贸易和经济利益，有些国家并没有很好地落实这些文件的高标准要求和建议。此外，在机制准则方面，多边技术出口管制机制对军民两用先进技术进行管制，准则是防止大规模武器扩散及其运载工具扩散的必要举措，但是从发展中国家的角度来看，对先进技术实行技术阻禁是一种歧视性安排，目的在于维持主导国家的技术垄断优势，如一些发展中国家批评导弹出口控制机制的目的不只是防止导弹扩散，核心更在于阻碍他国发展正当的太空发射能力。因此，在非正式的制度安排下，发展中国家的成员方对机制执行积极性不高，对准则的正当性也有批评和质疑。

（二）多边技术出口管制的发展趋势

随着大国博弈的加剧，规避地缘政治风险成为技术出口管制实施的重要目标。自2018年美国等主要国家启动本国新一轮技术出口管制改革后，大国规则输出与伙伴盟国外交对多边技术出口管制也形成较大影响，多边出口管制呈现出"小多边"合作与利益联盟的新格局，具体包括：

一是新兴技术以及战略领域的联盟化管制趋势不断加强。随着新兴技术的应用越来越广泛，全球对新兴产业的关注度不断提升。近年来，全球出现了多个针对新兴产业的管制联盟，对新兴产业关键技术以及供应链关键环节形成高效、多边的闭环管控。例如，2021年欧盟和美国构建美欧贸易与技术委员会（TTC），在人工智能、半导体供应链方面加强合作。G7国家联合发布

---

① 韩爽，程慧.欧盟出口管制回顾与展望[J].对外经贸实务，2024（4）：5-10
② 同①

多次声明，建立战略芯片制造材料的供应链，以增强全球半导体产业的韧性。美韩双方的商务部长会晤，表示将加强半导体供应链、新兴技术、数字经济等领域的合作。

二是"小多边"机制逐步成为单边技术管制拓展的重要形式。尽管美国作为所有技术出口管制多边机制的主要参与国，一直试图并引导多边出口管制机制的清单调整，但是基于多边机制严格的一致性原则，许多美国单边管制需要无法在多边机制调整中真正落实。自拜登政府上台后，美国企图利用"小多边"盟国圈子拓展技术出口管制边界的做法更加明显，通过建立"小多边""小圈子""盟国机制，极力将其国内的单边管制措施推向多边化。例如，美国与日本、荷兰以经济安全为出发点，共同协调半导体出口管制措施。2023年1月27日，美国、日本、荷兰三国就半导体芯片制造设备管制达成新协议，将美国对半导体制造设备的管制规则扩大到荷兰、日本的半导体设备出口商。2023年7月23日，日本正式实施尖端半导体出口管制，将尖端半导体制造设备等23个品类列入出口管理限制名单，除美国等42个"友好"国家和地区外，管制名单上的设备出口其他国家，均需向经产省申请许可，其中也包括中国。2023年9月1日，荷兰政府发布了《先进半导体制造设备法规》，对出口高端光刻机设备进行了严格限制。

三是发达国家仍然主导管制准则的制定和清单的调整。第二次世界大战后，在美国的推动下，欧洲国家通过多轮会谈确定与美国共同实施出口管制，建立巴统，作为发达国家技术封锁的工具；苏联解体及东欧剧变后，1996年成立瓦森纳安排，成员国仍以美西方发达经济体为主，涉及"五眼联盟"、欧盟27国绝大部分国家、部分"非北约盟国"、部分"中立国"等。随着新兴技术的发展，发达国家根据其国家安全的管制需要，把越来越多的技术纳入多边机制的管制清单。以美国为例，在多边机制下，美国与其他国家商讨和编制管制清单，就技术参数达成一致，同时规定出口管制的办法，以协调（共享信息）彼此的出口管制政策与措施，达到共同的政治与经济目的。但是在满足本国"国家安全"和"外交政策利益"最大化的前提下，美国通过发起规则修改提议、发起清单修订提案等做法，引导多边管制方向，并通过共享研发数据、研发资源、管制信息，达到协同共管，实现高技术垄断、巩固美国技术优势的目的。

第二节　多边技术出口管制的实施体制

多边技术出口管制机制都是成员方自愿参与的多边机制，并非一个独立的、具有法律约束力的国际组织。技术出口管制的多边机制主要包括瓦森纳安排（WA）、导弹及其技术控制制度（MTCR）、澳大利亚集团（AG）、核供应国集团（NSG）等（见表3-4）。管制体制具体包括管制依据、管制机构、管制手段以及管制对象。

一、管制依据

多边技术出口管制机制的管制依据主要包括管制清单以及成员方自行实施的法律和政策。每个成员方都负责根据自身的法律和规定，对清单上的物品和技术进行出口控制，并决定是否允许或拒绝相关的出口申请。成员方之间通过信息通报和合作，共同监督和应对潜在的违规行为和风险。

表3-4　主要多边技术出口管制机制及其清单

序号	多边机制名称	多边机制技术出口管制依据
1	瓦森纳安排	两用货物和技术出口管制清单
2	核供应国集团	与核有关的两用设备、材料、软件和相关技术的转让准则
3	导弹及其技术控制制度	准则以及导弹设备、软件和技术附件
4	澳大利亚集团	化学两用品制造设施、设备及相关技术和软件出口管制清单、生物两用设备及相关技术和软件出口管制清单等

资料来源：作者根据各多边机制网站资料整理。

二、管制机构

如上文所述，多边出口管制机制没有固定的管制机构，多数多边机制设有秘书处，并配备一定的行政人员，负责维护官方网站、发布相关信息和文件、组织年度会议和其他活动，以及为成员方之间的交流和合作提供便利。如瓦森纳安排秘书处设在奥地利维也纳，通常由主办国的政府官员任职，并配备一定的行政和支持人员。

多边机制的组织机构一般包括全体会议、咨询组会议、专家组会议等。核供应国集团的成员方通过定期以及不定期的全体会议、专家会议以及其他形式的沟通渠道来讨论和审议包括准则执行以及调整的相关议题。上述会议由成员方轮流主办，以确保所有成员方都有机会参与并发表意见。关于导弹及技术控制制度每年举行一次全体会议，并由各成员方轮流主办，全体会议的主持人为导弹及技术控制制度主席，任期为1年。年会期间，3个分组——技术专家会议（TEM）、信息交流（IE）和许可与执法专家会议（LEEM）也举行会议。导弹及技术控制制度没有正式的秘书处，法国作为联络点（POC）接收和分发所有文件，参与外展活动并主持闭会期间会议。

多边机制之间也有较为频繁的交流和协调机制，如核供应国集团会定期向国际原子能机构通报其活动，并通过论坛形式与成员方政府、其他多边机制以及产业界进行接触和交流。

三、管制手段

（一）清单管制

清单管制是多边机制出口管制的最主要手段。导弹及技术控制制度对技术的管制主要体现在附件（MTCR Annex）中，分为类别Ⅰ和类别Ⅱ，涵盖军品和两用物项，包括开发、制造和操作能够运载大规模杀伤性武器系统所需的所有关键设备、材料、零部件和技术。其中Ⅰ类军用清单为可用于整套运载系统的整套子系统，Ⅱ类军民两用清单为推进部件及设备。瓦森纳安排中的技术管制主要体现在《两用货物和技术清单》(*List of Dual-Use Goods and Technologies*)中。首先对一般技术和一般软件进行说明,之后列举了以下9类物项和技术:第一类特殊材料与相关设备;第二类材料加工;第三类电子产品;第四类计算机;第五类第一部分,通信;第二部分,信息安全;第六类传感器和激光器;第七类航海与航空电子;第八类海运;第九类航空航天和推进器。此外,该清单还载明了《敏感清单》(*Sensitive List*)和《高度敏感清单》。除了第五类第二部分,其他各类和各部分都有敏感物项和技术。高度敏感物项则体现在第一类、第五类第一部分、第六类至第九类,第二类至第四类、第五类第二部分没有高度敏感物项。

(二)指南文件或最佳实践指导

部分多边机制有专门的指南文件,帮助成员方建立技术出口管制法律制度,也帮助产业界了解贸易中遵守技术出口管制的最佳做法。瓦森纳安排在2006年特别公布了《对技术的无形转移进行管制的最佳做法》,强调了对技术的管制。该指南认为对两用和常规武器技术的无形转让(Intangible Transfers of Both Dual-use and Conventional Weapons Technology,ITT)实行管制是建立有效出口管制制度的关键,因为清晰和准确的管制要求可以促进出口管制措施的有效实施。为此,参加国对上述技术无形转让的出口管制采用以下最佳做法。

第一,明确对无形转让管制的定义、依据以及范围。基于对两用和常规武器技术的无形转让进行出口管制固有的复杂性,参加国支持下列行动:①制定法律法规以对通过口头和电子方式对两用和常规武器技术进行无形转让予以清晰界定,包括对两用和常规武器技术无形转让出口的认定标准、是否发生两用和常规武器技术的无形转让出口进行界定;②在国内法律法规中阐明受出口管制制约的无形技术转让有哪些;③在国内法律法规中阐明对转让活动的管制并不适用于公共领域的信息或基础科学研究。

第二,加强无形技术出口管制的产业界指导。鉴于国内出口管制机关在对两用和常规武器技术无形转让的规制中与产业、学界和个人进行合作是有益的，各参加国支持下列行动：①通过发布管理手册和其他指导性材料、在互联网上公布这些物项以及通过安排或参加研讨会向产业和学界告知的方式，促进对两用和常规武器技术的无形转让进行管制的认识；②对拥有受管制技术的产业、学术机构和个人进行认定；③推动拥有受管制技术的产业和学界自律，包括在设计和实施内部合规机制方面提供协助，并鼓励其指定专门的出口管制人员。

第三，明确技术出口管制的监督、执法以及处罚。鉴于建立出口后监管以及适当和劝诫性惩罚机制以阻止违反无形转让法律的行为十分重要，参加国支持采取下列行动：①要求产业、学界和个人将如下记录适当保留一段时间：清晰识别所有受管制技术的转让交易、转让时间的记录，以及识别所有获得许可的技术无形转让的最终用户记录；②定期对通过无形方式转移的受管制技术进行合规检查；③对出口管制机关进行以下方面的培训：查清 ITT 出口管制违法行为的调查技能或者相关专业知识；④根据国内法律法规对出口管制或其他相关政府机关怀疑从事未经授权的受管制技术无形转让活动的实体进行适当监督和检查；⑤对于违反出口管制法而通过无形转让受控技术的行为，主管机构有权在权限范围内对其进行制裁。

第四，明确对"技术"的界定。参加国同样支持在自愿基础上与其他参加国主管机构就试图获得受控技术的信息进行交换。该文件对"技术"给予如下解释：用于开发、生产、使用产品所必需的特定信息。这些信息以技术数据或技术服务的形式出现。技术数据可以采用蓝图、计划、图表、模型、公式、表格、工程设计和规格、手册和书面或记录在硬盘、磁带、只读储存器等其他媒介或装置上的说明等形式呈现。技术服务可以采用指导、技能、培训、工作知识、咨询服务等形式完成。技术服务也可能涉及技术数据的转让。

瓦森纳安排所有指南性文件不具有法律强制性，具体包括表3–5中文件。

表3-5　瓦森纳安排出口管制指南文件清单

英文文件	中文名称
1. *Best Practice Guidelines for Exports of Small Arms and Light Weapons*（*SALW*）	1. 小型武器与轻武器（SALW）出口最佳实践指南
2. *Best Practice Guidelines for the Licensing of Items on the Basic List and Sensitive List of Dual-Use Goods and Technologies*	2. 军民两用产品和技术基本清单与敏感清单物品经营许可的最佳实践指南
3. *Best Practice Guidelines for Transit or Trans-shipment*	3. 关于过境或转运的最佳实践指南
4. *Best Practice Guidelines on Internal Compliance Programmes for Dual-Use Goods and Technologies*	4. 军民两用产品和技术内部合规方案的最佳实践指南
5. *Best Practice Guidelines on Subsequent Transfer*（*Re-Export*）*Controls for Conventional Weapons Systems contained in Appendix 3 to the WA Initial Elements*	5. 《瓦森纳初步要点协议》附件3中传统武器系统后续转让（再出口）管制的最佳实践指南
6. *Best Practices for Effective Export Control Enforcement*	6. 有效执行出口管制的最佳实践
7. *Best Practices for Effective Legislation on Arms Brokering*	7. 军火交易有效立法的最佳实践
8. *Best Practices for Export Controls Disposal of Surplus or Demilitarised Military Equipment*	8. 出口管制/处置过剩或非军事化军事装备的最佳实践
9. *Best Practices for Implementing Intangible Transfer of Technology Controls*	9. 实施无形技术转让管制的最佳实践
10. *Best Practices regarding VSL Items*	10. 警惕VSL产品的最佳实践
11. *Best Practices to Prevent Destabilising Transfers of Small Arms and Light Weapons*（*SALW*）*through Air Transport*	11. 防止通过空运不稳定转移小武器与轻武器（SALW）的最佳实践
12. *Criteria for the Selection of Dual-Use Goods, including Sensitive and Very Sensitive Items*	12. 军民两用产品（含敏感产品和较敏感产品）的选择标准
13. *Elements for Controlling Transportation of Conventional Arms between Third Countries*	13. 第三国间常规武器运输管制要点
14. *Elements for Export Controls of Man-Portable Air Defence Systems*（*MANPADS*）	14. 单兵便携式防空系统出口管制要点
15. *Elements for Objective Analysis and Advice concerning Potentially Destabilising Accumulations of Conventional Weapons*	15. 常规武器不稳定积累的客观分析与咨询意见要点
16. *Elements for the Effective Fulfilment of National Reporting Requirements*	16. 有效履行国家报告要求的要点

英文文件	中文名称
17. *End-Use Assurances Commonly Used – Consolidated Indicative List*	17. 通用最终用途保证措施——综合指标清单
18. *Guidelines for Applicant Countries*	18. 申请国指南
19. *Introduction to End User End Use Controls for Exports of Military-List Equipment*	19. 军事清单装备出口最终用户/最终用途管制综述
20. *List of Advisory Questions for Industry*	20. 行业咨询问题清单
21. *Statement of Understanding on Arms Brokerage*	21. 军火交易谅解声明书
22. *Statement of Understanding on Control of Non-Listed Dual-Use Items*（"Catch-All"）	22. 关于管制未列入清单的军民两用产品的谅解声明书（"全面管制"）
23. *Statement of Understanding on Implementation of End-Use Controls for Dual-Use Items*	23. 军民两用产品最终用途管制谅解声明书

资料来源：根据瓦森纳安排网站资料整理。

尽管瓦森纳安排设定的技术管制清单及指南并非强制性的，各国可以根据自己的实际情况采取技术管制措施，但瓦森纳安排还是极大地促进了各国之间技术管制的交流，并为后进国家技术管制体系的构建提供了最佳实践以及经验借鉴，绝大多数参加国采用了这些指南中的建议。

（三）全面管制原则

大部分多边出口管制机制在其条款中引入了全面管制原则或与全面管制原则内容相似的应用指导。全面管制在实践中是对清单外物项管制的"托底条款"，也就是说，如果清单外物项存在扩散危害或者安全风险，也应向监管机构报备并履行审查程序。

如澳大利亚集团在条款中规定其成员方需确保本国具有全面管制原则，并应规定出口商对非清单物项的报备程序，在获取监管部门的许可授权后才能进行出口转让。澳大利亚集团鼓励成员方定期分享有关上述管制活动的信息，并交流为实现集团宗旨而采取全面控制禁令的信息。2004年，核供应国集团在哥德堡的会议中决定在核供应国集团的条款中加入全面控制的原则，以此来为清单未列出的核有关物项的出口管制提供国家法律基础。核供应国集团在其条款中规定，当供应商确定其所在国家的立法未将某商品列入管制清单，但该商品旨在或可能旨在用于与核爆炸活动有关的范畴时，也需要获得出口授权。导弹及其技术控制制度虽在准则中未直接使用"全面控制"的表述，但在第7节中对成员方政府提出了全面控制的要求，包括出口商在已知非清单物项存在大规模杀伤性武器扩散风险时，应获取本国监管部门授权才能进行转让。

四、管制对象

基于防扩散的主要目的，瓦森纳安排管制的技术包括三类，即普通两用技术（可军用可民用）、敏感技术以及高度敏感技术。对于管制的技术分类，瓦森纳安排有明确的评估标准。普通两用技术是指那些可以发展、生产、使用或强化军事能力的重要或关键物项和技术，评估标准包括：①参加国以外的其他国家利用这些物项的可能性；②有效管制货物出口的可能性；③对物项给予清晰和客观说明的可能性；④受其他机制管制的情况。如果某一物项受其他出口管制机制的管制，通常不应纳入瓦森纳安排的管制范围，除非根据瓦森纳安排的宗旨有必要纳入管制之列，或者瓦森纳安排的关注点和目标与其他管制机制是不同的。敏感两用物项是指在两用物项中，能够直接发展、生产、使用或强化先进的常规军事能力，并且这些军事能力扩散后将严重破坏瓦森纳安排宗旨的关键物项。高度敏感物项，是指在敏感两用物项中，对于发展、生产、使用或强化最先进的常规军事能力，并且这些军事能力的扩散将严重破坏瓦森纳安排宗旨非常关键的物项。

除瓦森纳安排以外，目前国际涉及出口管制的多边机制还有四个，分别对应核、导、生物武器和化学武器以及核材料，管制对象也涵盖该领域的产品和技术。具体包括：①核供应国集团（Nuclear Suppliers Group，NSG），主要管制可发展为核武器的物项出口；②澳大利亚集团（Australia Group，AG），管制与生物武器和化学武器相关的军事用途物项出口；③导弹技术管制机制

（Missle Technology Control Regime，MTCR），主要管制可用于发展导弹的军事用途物项出口；④桑戈委员会（Zangger Committee，ZAC），管制核材料及其设备和技术出口。

第四章

国别（地区）技术出口管制的实践研究

part 4

第四章

一国两制（）下...................研究

　　单边（国别）技术出口管制实践与国家或地区所处的发展阶段密切相关。以美国、欧盟、日本为代表的发达国家或地区与以韩国、印度为代表的新兴工业化国家的管制发展和管制体制有所不同，但都经历了从建立到不断完善的历史演变，现有的管制体制也基本包含了管制依据、管制机构、管制手段以及管制对象。可以看到，技术出口管制在建立和发展过程中，始终服务于国家（地区）的安全利益以及发展利益，随着国内外的经济和政治关系变化不断调整管制目标；技术出口管制实施依托完整的管制体制实现，一般包括管制依据、管制机构、管制手段、管制对象等。

第一节　美国技术出口管制

　　随着科学技术的发展以及国际贸易规模的扩大，美国逐渐建立和完善了本国技术出口管制体系，并随着其技术发展水平的提升以及国家利益的需要不断调整和更新。

一、美国技术出口管制的历史演变

　　第二次世界大战后，美国迅速成为经济领域和军事领域的超级大国。为维护其霸主地位，美国逐渐建立起一套法律基础坚实、管理体系严谨、涉及行业众多的技术管制体系。尽管随着技术的更迭和国际环境的变化，美国技术管制的物项和目标国不断调整，但其作为目前最成熟、完善的管制体系，具有鲜明的特点，不仅成功压制了冷战时期竞争对手的技术发展，还成功影响了盟友的管制体系建立以及多边出口管制的发展方向。

（一）技术出口管制的建立和发展

美国现代出口管制体系开始于1949年。与当时多边出口管制组织巴统的目的一致，即在当时大战一触即发的形势下，阻断苏联和中国获得军事、核及两用物品和技术，防止两国的军事能力发展和提高[1]。1969年的《出口管理法》第一次通过限制"数据和技术信息"转让的方式明确了美国技术出口管制[2]。随着国际关系日趋缓和，出口管制抑制经济发展的副作用开始显现。美国的技术出口管制越来越关注"在作出许可决策时需要考虑海外可得性"，在不同的历史发展阶段提出了"关键技术"管制以及"新兴和基础技术"管制[3]。1979年《出口管理法》（EAA）首次将"关键技术"这一概念引入法律。[4]同时，鉴于《出口管理法》仅对民用和两用物项的出口管制作出概括和原则性规定，而主管部门和企业需要有更加具体和更具可操作性的规则加以执行，在1979年出口管理法案的指导下，商务部产业和安全局（Bureau of Industry and Security，BIS）制定了一套非常详细、复杂且具有很强技术性的部门规章，这些规章统称《出口管理条例》（*Export Administration Regulations*，*EAR*），沿用至今[5]。

中国高技术产业的迅速发展，尤其是《中国制造2025》的发布，激发并集中了美国国会的集体注意力。美国政府立即着手调整美国的出口和外国直接投资控制[6]。作为2018年《国防授权法》的一部分，美国国会颁布了2018年《出口管制改革法案》（ECRA）。该法案正式提出了"新兴和基础技术"（EFT）的概念，更加强调美国为维持在现阶段以及未来时间在科学技术的领先地位而开展的出口管制。《出口管制改革法案》为商品和技术的监管提供了广泛的法定权力，包括美国境内的转让以及该商品或技术在国外用途的变化。

---

① 韩爽.美国出口管制从关键技术到新兴和基础技术的演变分析[J].情报杂志，2020，39（12）：7.
② 同①。
③ 同①。
④ 同①。
⑤ 同①。
⑥ 同①。

《出口管制改革法案》基本上保持了美国出口管制的实施机制，但改变了数十年来美国的出口管制没有稳固的法律依据的政策和组织僵局。

此外，军品领域也有针对技术出口管制的法规体系。《武器出口管制法》为军品出口提供了法律基础，包括军售、军品出口管制、导弹出口防扩散以及化学生物领域军品出口防扩散。《国际武器贸易条例》则规定具体管理细则，如军品出口中武器设计、开发、生产、操作以及维护中包含的技术转移、技术服务等管制要求。

（二）技术出口管制演变的特点

美国的技术管制始终紧紧服务于美国国家安全利益，因此管制政策带有非常鲜明的国别歧视性，对盟友和对手宽严有度，既能减轻管制对高技术产业的国际市场竞争力的负面影响，又能精确地压制竞争对手，维护经济领域和军事领域的霸主地位。研究发现，围绕安全与发展，美国技术出口管制的调整呈现以下特点：

第一，始终强调维护国防安全的技术限制。无论是美国政府对关键技术的管制，还是对"新兴和基础技术"的管制，始终都关注技术在国防军事中的应用，并对显著增强军事能力的技术从严管制。1976年美国国防科学委员会技术出口问题特别工作组的报告《美国技术出口管制分析：国防部视角》提出"关键技术"（Critical Technologies）的概念，认为管制重点需要放在对美国国家国防安全至关重要的"关键技术"，而不是普通技术。这也成为美国商务部产业和安全局制定两用产品和技术的评估基础[1]。而后，美国国防部门将商业领域的"颠覆性技术"概念不断拓展，认为"一种或一整套技术，应用到相关问题上会导致竞争对手之间军事力量对比发生根本性改变"，并因此"立即使得政策、理论和所有相关参与者的组织失效"[2]。这种技术正是美国遏制和打压的重点。人工智能、3D打印、量子计算等正是所谓的"颠覆性技

---

① 韩爽.美国出口管制从关键技术到新兴和基础技术的演变分析[J].情报杂志,2020,39(12):7.
② 同①。

术"。美国废除了军用关键技术清单，在2018年《出口管制改革法》中正式提出了"新兴和基础技术"（EFT）的概念。

第二，科技安全越来越受到关注。在冷战后期，相比于军事安全与意识形态之争，经济安全的威胁日益引起美国政府的关注。尤其是冷战后期美国陷入国内经济的"滞胀"，工业发展乏力，科技更迭缓慢，正在崛起的德国、日本等不断挑战美国在经济、科技领域的霸主地位，美国政府将关注点逐渐转移到科技安全。美国政府认为，科技安全是事关经济、军事安全的核心领域，这一点在冷战后期在历届政府出台的《国家安全战略》中体现得尤为明显，只有牢牢占据科技领域的霸主地位，掌握美国把控关键产业发展的话语权，才能在经济领域乃至军事领域确定"美国优先"的核心利益。科技优势不仅保证美国全球第一的经济规模，还能通过技术差距实现发展中国家对其的长期发展依附关系，维持美国在全球利益的既得分配地位。

第三，遏制战略竞争对手成为管制重点。"9·11"事件后，美国曾认为恐怖主义与大规模杀伤性武器的扩散对其国家安全构成最大威胁。但从奥巴马政府第二任期开始，其国家安全战略重心就转向应对大国竞争，直到特朗普政府彻底完成了国家安全战略转型，明确将中国作为主要对手，并要用包括出口管制在内的各类手段来遏压中国。拜登政府在出口管制问题上变本加厉，美国国务卿布林肯在系统论述对华方针时，特别提出要采取"新的更有力的出口管制"措施，保护美国的技术竞争力。由此可见，美对华技术出口管制的调整，已经不再出于简单地维护自身优势，而是作为打压竞争对手的工具，遏制中国战略产业以及新兴产业的发展。

二、美国技术出口管制体制

（一）管制依据

现行美国涉及技术出口管制的法律庞杂，按照管理领域可以分为以下四类。第一类主要管理军用物项技术出口，即武器、军火和防务技术、产品和服务的出口。管理该类物项的主要法律依据是《武器出口管制法》以及根据该法制定的《国际武器贸易条例》。第二类主要管理军民两用物项，即既符合民用目的，又符合军用目的的技术和高技术产品的出口。管制该类物项的主要法律依据是《出口管制改革法》以及根据该法制定的《出口管制条例》。第三类是与出口管制相关的制裁立法。美国针对人权、反恐、防扩散等特定领域或特定国家实施制裁，其中包括一些出口管制措施[①]。第四类是涉及视同出口管制的外资监管立法。《外商投资风险评估现代化法案》强化了对外国投资的监管，从国家安全利益出发严格审查外国投资，控制向外国人转让关键技术，与专门的出口管制立法相互补充。其中，第二类管理两用物项的出口管制法律以及条例是美国实施技术出口管制的主要依据。

（二）管制机构

美国的技术管制分为军用技术和两用技术以及技术物项出口管制。对应不同的技术管制法律体系，美国技术出口管制有不同的主管机构。其中，军用物项和技术被归入国务院下属的国防贸易管制委员会（DTC）管理，商务部下属的产业和安全局（BIS）是两用物项和技术出口管制的主要部门。除此之外，能源部、核管制会等对核设备、技术以及原材料管制审核。

国务院的国防贸易管制委员会负责军品技术出口管制，管理方式包括部门内审查管理以及部门间会商批准（见图4-1）。国防贸易管制委员会下设贸易管制政策办公室（DTCP）、贸易管制许可办公室（DTCL）和贸易管制合规办公室（DTCC）三个部门，形成政策制定、出口许可以及合规审查的组织架构。此外，涉及导弹、生化技术以及核技术出口的，国防贸易管制委员会将协调导弹技术出口管制工作组、生化技术出口管制工作组以及核出口管制工作组会商审核。涉及国防技术管制的制定，国防贸易管制委员会将协调国防部的技术安全委员会，确认需要管制的国防技术以及军事关键技术，修订《国际武器贸易条例》中的技术管制清单，审查同盟国以及伙伴国的关键军事技术转让。

---

① 王佳.美国经济制裁立法，执行与救济[J].世界贸易组织动态与研究，2020，27（5）：52-64.

国防贸易管制委员会	·航空电子小组 ·武器枪炮小组 ·电子小组 ·导弹以及技术小组
部门会商	·导弹技术出口管制工作组 ·生化技术出口管制工作组 ·核出口管制工作组
技术安全委员会	·负责协调国务院与国防部的技术出口管制事宜

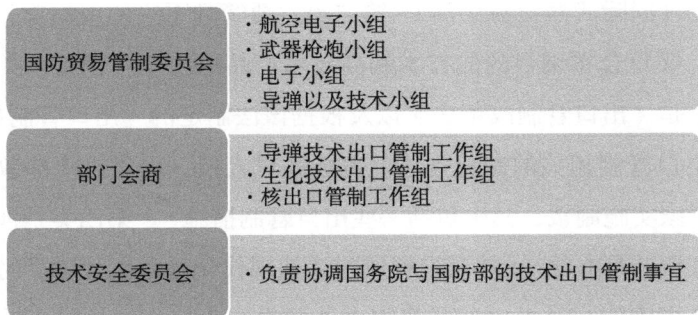

图4-1 美国军品技术出口管制的审批机构

美国商务部的产业和安全局（BIS）主要负责美国两用物项技术出口管制。产业和安全局根据《出口管制改革法》的授权，对受《出口管理条例》管辖的高技术产品以及技术转让实施出口管制，包括出口审查、出口许可、管制执法以及国际合作等。此外，产业和安全局还执行"视同出口管制"的会商审查以及黑名单制裁。产业和安全局下设出口行政部门以及出口执法部门，其中涉及技术出口管制的部门包括出口商服务办公室（OES）、防扩散与条约合规办公室（NPTC）、国家安全与技术转让管制办公室（NSTTC）、战略产业与经济安全办公室（SIES）和技术评估办公室（OTE），其设置和职能如图4-2所示。其中，出口商服务办公室负责接收和签发两用物项和技术出口许可证；防扩散与条约合规办公室负责执行多边机制出口管制的要求；其他三个办公室负责技术出口管制清单的制定、关键技术的评估与审查，以及"视同出口"管制。

此外，美国外国投资委员会（CFIUS）作为一个美国联邦跨部门组织，有权审查美国企业中的某些外商投资，以评估这些投资是否可能威胁到美国国家安全。CFIUS可以代表美国总统审查美国企业与外国人士之间的"受监管交易"，作出无条件通过交易、附条件批准交易或建议总统阻止或撤销有关交易的审查决定。值得注意的是，如果交易方之前并未主动向CFIUS申报交易并通过CFIUS的审查流程，美国总统甚至可以在交易完成后撤销有关交易。CFIUS由美国财政部部长担任主席。参与审批过程的美国政府部门包括司法

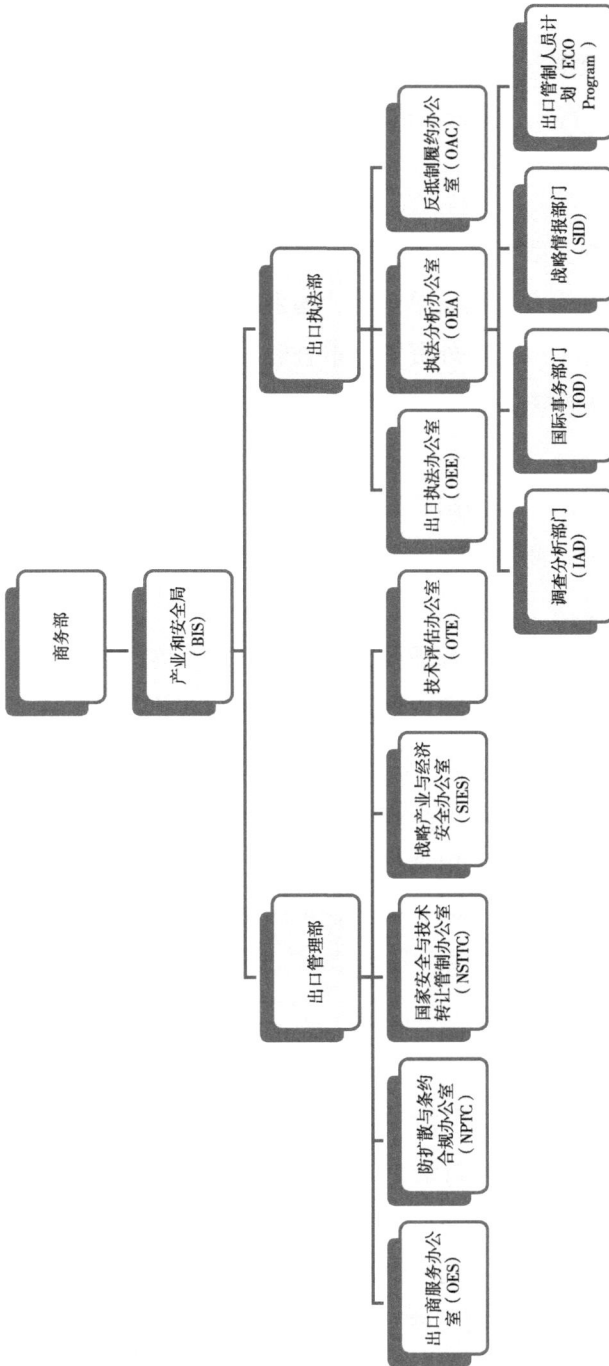

图4-2　美国两用技术出口管制的审批机构

部、国土安全部、商务部、国防部、国务院、能源部和劳工部；司法部长；国家情报局局长；美国贸易代表；科学技术政策办公室主任。其他联邦机构的代表（包括来自白宫一些办公室的代表）还拥有观察员身份。

（三）管制手段

经过多年的管制实践发展，美国技术出口管制手段由单一的出口许可逐渐发展为以出口许可为主，黑名单管制、国别政策管制、最终用户和最终用途管制、视同出口管制以及与外资安全审查联动等多种手段协同的体系，力求实现精准管制、高效管制以及全面管制。

1. 出口许可

根据分工领域不同，美国国防贸易管制委员会对国防产品以及技术出口实施军品出口证管理，商务部产业和安全局对清单内的两用产品以及技术实施两用出口许可管理。

与军品物项以及技术出口都需要出口许可不同，美国多数的两用品出口是不需要许可的，只有符合《出口管制条例》的《商业管制清单》内物项和技术才需要申请出口许可。此外，《出口管制条例》还规定了18种许可例外的情形，也就是本应申请出口许可才能出口的物项，如果符合18种情形中的任何一种，出口商也就不需要再申请出口许可证。出口许可例外反映了美国政府对于技术出口管制的态度，对于不必要申请的友好国家或者同盟国家出口，不额外履行程序，增加行政负担。

2. 黑名单管制

美国商务部产业和安全局制定一系列的黑名单直接对进口实体进行技术出口管制，包括"未经核实清单"（Unverified List，UVL）、"实体清单"（Entity List，EL）、"被拒绝人员清单"（Denied Persons List，DPL）和"军事最终用户清单"（Military End User，MEU）。

其中，未经核实清单即对列入该清单的实体出口、再出口或者转让需要额外的尽职调查或许可证要求；被拒绝人员清单即对列入该清单的实体，不得以任何方式直接或间接参与涉及从美国出口或将从美国出口的"受控技术"的任何交易或任何其他活动；实体清单即对列入该清单的实体，美国商务部产业和安全局将设置特别的许可证要求，并对大多数申请实施"推定拒绝"；"军事最终用户清单"即对列入该清单的实体，美国商务部产业和安全局按照"推定拒绝"原则处理相关出口申请。由于审查门槛高，相关企业一旦进入此类清单实际上就是被剥夺了在美国的贸易机会，并对其进行了技术封锁和国际供应链的隔离。

3. 国别政策管制

美国以执行联合国安理会制裁决议、打击恐怖主义、执行美国的武器禁运和制裁政策等理由全面或部分禁止对某些国家出口武器。根据《国际武器贸易条例》的规定，未经国防贸易管制委员会的许可或书面批准，不得向受到武器禁运国家（包括其大使馆或领事馆）出售、出口、转让、再出口或再转让任何国防物品或国防服务，也不得提出任何提议或作出任何展示来出售、出口、转让、再出口或再转让任何国防物品或国防服务[1]。而该条例又规定，美国国务院在这种情况下要拒绝许可和批准此类申请。

表4-1　美国军用技术出口管制的国别政策

受到美国武器禁运的国家	
受到美国全面武器禁运的国家	白俄罗斯、缅甸、中国、古巴、伊朗、朝鲜、叙利亚、委内瑞拉
受到美国部分武器禁运的国家	阿富汗、中非共和国、塞浦路斯、刚果民主共和国、厄立特里亚、海地、伊拉克、黎巴嫩、利比亚、俄罗斯、索马里、南苏丹、苏丹、津巴布韦

资料来源：https://www.law.cornell.edu/cfr/text/22/126.1。

美国商务部的《出口管理条例》（EAR）根据管制的严格程度，将出口目的地国分为A、B、C、D、E五组。A组属于签署国际防扩散相关条约的合作国，包含52个国家，分为A1、A2、A3、A4，A1为瓦森纳安排的参加国，A2

---

[1] 22 CFR § 126.1 - Prohibited exports, imports, and sales to or from certain countries, https://www.law.cornell.edu/cfr/text/22/126.1.

为导弹技术管制机制参加国，A3为澳大利亚集团，A4为核供应国集团；B组为免于申请出口许可的国家或地区，包含177个国家（地区）（2020年中国香港被移出B组，乌克兰从D1组移至B组）；C组为保留组别；D组和E组为需申请出口许可的国家，D组包含因国家安全、武器禁运及出于核、生、化、导、防扩散目的而被列入清单的48个国家，E组包含3个支持恐怖主义国家（伊拉克、叙利亚、朝鲜）和1个单边禁运国家（古巴）。随着出口管制政策的不断变化，国别分组也会进行相应的调整。中国虽然是出口管制多边机制的成员，但被列入D组实施全方位出口管制。D组的管制由D类分为D1（国家安全管制）、D2（核）、D3（化学和生物武器管制）、D4（导弹技术管制）、D5（武器禁运管制）。中国被划归在D1、D3、D4、D5，限制出口的技术包括能够提高中国军队电子战、反潜战、情报搜集、军力投送、制空权等能力的产品，作战坦克等11类被认为有助于中国提高军事能力的产品，都在受控范围内。飞机引擎、航空电子设备和惯性导航系统、激光设备、高性能复合材料等20种两用高科技被认定有助于中国提高军力，纳入受控范围。凡是能够装配于《美国军品清单》和《国际军品清单》所列物项，以及装配于《商业控制清单》中以A018结尾的出口分类编号项下的物项，或者能够用于上述物项的使用、开发、生产和部署的物项，均为最终军事用途的物项，都受到管制。

4. 最终用户和最终用途管制

最终用途（End Use）是指商品和技术的实际目的和应用。最终用户（End User）是指商品和技术的最终接收人。最终用途/用户核查（End Use/User Monitoring，EUM）是指检验外国政府是否按照出口国的要求和交易条件使用商品或者技术。BIS对于最终用户和用途的核查工作主要分三部分：许可前审查、发货后核查以及收货后核查。在出口许可审批时，产业和安全局会要求出口商提供最终用户证明，保证出口技术或者商品用于特定范畴，不转作他用。发货前以及发货后会进行最终用户以及用途核查，保证商品以及技术按照申请材料转移到所提交用户手中，并用于所承诺范畴，不能转作他用或者转运至其他终端用户。

5. 视同出口管制

根据美国出口管制法律的规定，在美国境内向外国人泄露受到出口管制的技术或源代码"视同"出口，需要获得出口许可。视同出口管制不是一种正式的法律概念，却是美国技术出口管制体系的重要环节，目标是控制外国人接触被美国垄断的高技术与敏感技术，以防这些技术被敌手或潜在对手利用。对于实体机构雇佣科研人员、高技术工人、接待外国参观访问人员以及其他可能接触到管制技术的行为，BIS要求事前递交视同出口（Deemed Export License）的申请，审批后才能实施上述行为。

根据不同的技术与不同的国家，美国在视同出口问题上作了不同的规定。总体上，科技项目是否控制出口，要看是否属于《出口管理条例》和《国际武器贸易条例》所列的控制范围。但即使涉及的技术受《出口管理条例》和《国际武器贸易条例》控制，也不一定必须申请视同出口许可证，而要看有没有许可证豁免。当然，没有视同许可的批准，技术转让方是不能让境外实体或个人获取管制技术的。

6. 外资安全审查

除美国商务部的贸易管制外，美国外国投资委员会外国投资安审也是技术出口管制的重要路径。CFIUS有权对可能导致外国投资人控制美国企业的交易从国家安全角度进行审查。《外商投资风险评估现代化法案》（FIRRMA）扩大了美国外国投资委员会的权力范围，使其拥有对各种交易进行分析、监控和预算安排的权力，而不再局限于公司收购交易。其中，受管辖的交易和投资包括：可能导致外国主体控制任何美国企业"关键业务"的交易；一些对美国企业非"控制权"投资，包括可以访问美国企业拥有的重要的非公开技术信息的投资、作为美国企业董事会（或同等）成员或拥有董事会观察权利，或提名董事会成员或观察员职务的权利的投资，以及除投票权外参与美国企业涉及关键技术、关键基础设施，或敏感个人数据的实质性决策；上述投资必须满足该投资属于对"美国 TID 企业"（如美国技术、基础设施，或数据企业）的投资，即该企业至少属于以下三类中的一项：关键技术、关键基础设施、敏感个人数据。

（四）管制对象

1.管制对象的识别

2020年，特朗普政府发布了《关键新兴技术国家战略》，系统制定了关键核心技术的认定标准以及管制体系，保障美国在关键核心技术领域的持续领先。

第一，建立多部门联合的协调体制。2020年白宫发布《关键新兴技术国家战略》后，美政府层面对关键核心技术的识别和管理极为重视，调整了之前单个主管部门管理技术的机制，建立了由国家科学技术委员会和国家安全委员会主导，商务部等18个部门协同参与的技术识别和研究机制。对于日新月异的新兴技术，美政府专门成立了关键新兴技术快速行动子委员会，负责跟踪识别快速发展的新兴技术。技术确认以及识别组织结构如图4-3所示。

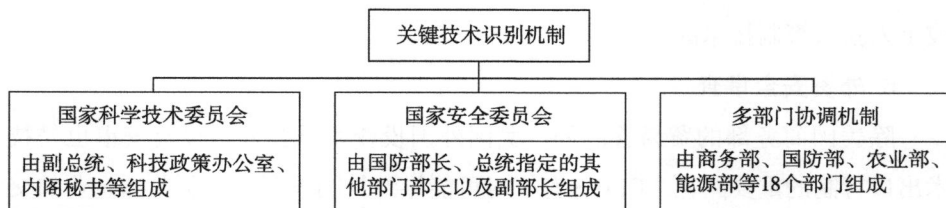

图4-3 美国关键技术识别机制以及相关机构

第二，明确关键新兴技术的识别标准。美国目前对关键核心技术的识别标准有两大类：一是对国家安全有重要意义的技术。这类技术的评估标准主要参考《国家安全战略指南》，关系到人民安全利益、经济发展利益以及社会繁荣利益的技术都属于此类标准。二是所谓的"增能技术"，也就是新一轮产业革命的新兴和基础技术，如量子技术、人工智能等能够为人类社会进步发展提供能量来源的技术。2020年10月，美国《关键新兴技术国家战略》提出20项核心关键技术，包括先进计算、先进常规武器技术、先进工程材料、先进制造、先进传感等。2022年2月，美国再次发布更新版关键核心技术清单。

新清单也包括19项技术，增列了先进核能技术、可再生能源发电和储存技术、高超音速技术等。2024年2月，将2022版清单中的先进核能技术、金融技术分别并入清洁能源发电和储存技术、数据隐私、数据安全和网络安全技术，并新增了定位、导航和定时（PNT）技术领域。从清单中的具体技术内容看，2024版清单聚焦于人工智能技术、数据和网络安全技术、下一代通信技术、无人系统技术、定位导航技术、空间技术等方面[1]。这些新变化代表了美国联邦政府对于未来关键技术的分析判断，也体现了美国国家科技政策对近两年来科技发展新趋势和全球形势变化迅速积极的响应（见表4-2）。

表4-2 美国关键新兴技术清单的调整的前后比较

2024版 关键新兴技术清单	2022版 关键新兴技术清单	2020版 关键新兴技术清单
• 先进计算	• 先进计算	• 先进计算
• 先进工程材料	• 先进工程材料	• 先进传统武器技术
• 先进燃气轮机发动机技术	• 先进燃气轮机发动机技术	• 先进工程材料
• 先进网络感知和特征管理	• 先进制造	• 先进制造
• 先进制造	• 先进网络感知和特征管理	• 先进传感
• 人工智能	• 先进核能技术	• 航空发动机材料
• 生物技术	• 人工智能	• 农业技术
• 清洁能源发电和储存技术	• 自主系统和机器人	• 人工智能
• 数据隐私、数据安全和网络安全技术	• 生物技术	• 自动系统
• 定向能技术	• 通信和网络技术	• 生物技术
• 高度自动化、无人系统(UxS)和机器人技术	• 定向能技术	• 化学、生物与放射学和核（CBRN）缓解技术
• 人机界面技术	• 金融技术	• 通信和网络技术
• 高超音速技术	• 人机界面技术	• 数据科学和存储
• 综合通信和网络技术	• 高超音速技术	• 分布式记账技术（区块链技术）
• 定位、导航和定时（PNT）技术	• 联网传感器和传感	• 能源技术
• 量子信息和使能技术	• 量子信息技术	• 人机交互技术
• 半导体与微电子技术	• 可再生能源发电和储存技术	• 医学和公共健康技术
• 空间技术和系统	• 半导体与微电子技术	• 量子信息科技
	• 空间技术和系统	• 半导体和微电子技术
	• 联网传感器与传感技术	• 空间技术

① LIPPMAN W. US Foreign Policy：Shield of the Republic [M]. Boston：Little，Brown and Company，1943.

第三，明确从技术识别到管制的管理机制。美国商务部作为关键核心技术识别机制单位，根据关键核心技术的范围以及重要性，确认美国对关键核心技术的管制清单，并制定相关管制手段对核心技术进行全面保护，防止竞争对手获取技术或者威胁到美国的科技霸权地位。在具体实施中，商务部产业和安全局下设技术评估办公室，办公室就美国政府提出的关键和新兴技术清单进行初步分析，评估采取技术出口管制对相关技术发展的影响，并通过下设的技术咨询委员会与产业界、学术界进行讨论。技术咨询委员会根据学术界以及产业界对关键核心技术的管制建议，向商务部提供管制标准以及管制手段参考。最后，根据上述建议，美国商务部产业和安全局通过调整技术管制清单，与外资联动安全审查以及组建管制联盟或提高技术标准，实施技术出口管制。

2. 管制清单的制定

美国技术出口管制清单主要包括《军品控制清单》以及《商业管制清单》，分别适用于国防领域的技术出口管制以及两用品技术出口管制。其中《军品控制清单》包括21类产品和技术；《商业管制清单》包括十大类物项和技术，具体如表4-3所示。每一大类又按照物项的性质分成5组，具体包括A系统、设备和部件；B测试、检测和生产设备；C材料；D软件；E技术。《商业管制清单》包括以下内容：①瓦森纳安排两用清单上的项目；②与核有关的两用商品；③导弹和技术控制制度清单上的两用物品；④澳大利亚集团名单上的化学武器、生物和毒素以及与化学武器有关的设备；⑤为促进美国外交政策和其他目标实现而控制的物品，包括反恐、犯罪控制、《枪支公约》、区域稳定、联合国制裁和供应短缺等。产业和安全局根据威胁、技术、市场、国际义务以及其他因素的变化情况定期更新《商业管制清单》。

表4-3　美国《商业管制清单》的物项分类

类别	物项领域
0类	核材料、设施和设备
1类	化工品、"微生物"和毒素
2类	材料加工
3类	电子
4类	计算机
5类	通信及信息安全
6类	激光及传感器
7类	导航及航空电子
8类	海洋
9类	推进系统、空间飞行器以及相关设备

第二节　欧盟技术出口管制

一、欧盟技术出口管制的历史演变

欧盟作为目前发展阶段最高的区域一体化组织，联盟层面出台了经济、政治领域的一系列共同政策。尽管出口管制是一项贸易管理政策，但经济并非其主要目的，维护区域安全以及联盟战略利益才是出口管制共同政策的核心关切。伴随着欧盟由关税同盟到经济政治同盟的升级，欧盟层面出口管制法规不断健全，成员国的个体利益和联盟的共同利益也逐步协调。

（一）技术出口管制的建立和发展

第二次世界大战后，以经济一体化为宗旨并具有一定超国家机制和职能的区域组织——欧洲共同体（以下简称"欧共体"）于1965年成立。出于共同贸易政策的考量，欧共体提出对出口产品采取禁运以及管制等必要措施。随着《欧洲联盟条约》的签署，欧共体由区域性经济共同开发转型为区域政治和经济整合发展联盟，出口管制领域也实现突破。1994年欧盟理事会通过了关于建立两用物项出口管制体系的决议，次年欧盟两用品出口管制法规正式实施。作为欧盟共同安全政策的重要组成部分，出口管制法规包括建立了欧盟出口管制清单、成员国内部管制物项的自由流动（高敏感性除外）、全面管制原则以及出口许可证的类型以及程序等框架性条款，同时允许成员国根据各自国情调整和解释，初步形成国别政策与联盟政策的协调统一。随着苏联解体和东欧剧变，冷战时代正式结束。与此同时，随着科技革命的不断发展，作为保障经济利益和国防优势的关键要素，科技得到欧盟的密切关注，并直接体现在欧盟层面出口管制条例的修改中。2000年通过的《欧盟理事会条例（EC）第1334 /2000号》（以下简称《1334/2000 条例》），首次明确将技术纳入出口管制，明确两用物项出口管制的国别差异，强化了欧盟内部协调机制以及共享机制等。随着国际防扩散形势的变化和科技发展带来的贸易方式的多元化，欧盟于2009年颁布生效的《欧盟理事会条例（EC）第 428 /2009号》（以下简称《428/2009号条例》）明确了对经纪服务和过境活动的管制，并对先前制度进一步完善。《428/2009号条例》是欧盟两用物项出口管制的主要法律依据。其规定了欧盟成员国应执行的共同规定，由序言、8章28条及6个附件组成，涵盖两用物项（技术）出口、转让、过境和经纪的出口管制制度。《428/2009号条例》确保了欧盟遵守联合国第1540号决议，以及在核、生物、化学、导弹等多边出口管制机制的承诺和责任。《428/2009号条例》是欧盟成员国管制两用物项出口的基础和最低标准，各成员国可以在此基础上实行更加严格的两用物项出口管制制度。

在大国博弈的大背景下，随着技术水平的不断提升，2021年9月9日，欧盟新修订的出口管制条例—"建立欧盟两用物项出口、中介、技术援助、过境和转让管制机制的第2021/821号条例"（以下简称新条例）正式生效，历时近8年的出口管制改革最终尘埃落定。新条例在原则上规定欧盟成员国需要紧密配合，并联合盟友一起对抗人工智能、生物科技以及其他技术带来的非传统安全风险；新条例在标准上与美国等盟友保持一致，保证与伙伴国对技术的评估和管制具备协同性和全面性。新条例对未来保持科技军事领先至关重要的新兴技术的关注，对科研人员以及其他技术转移环节中自然人的管控等措施多管齐下，从技术合作路径、管制技术领域、管制技术形态以及管制理由多层面严控涉及"安全"的对联盟外国家的技术转移，保障欧盟整体安全以及经济利益。新条例提出，应对新技术挑战的能力必须是新两用物项出口条例的主要方面之一；同时提出，非欧盟居民的自然人和法人可能从事的扩散活动，包括网络、人工智能等新技术，也应受到控制；技术转让，特别是大学和研究中心的关键技术转让，将成为后续欧盟技术出口管制的主要内容之一。

（二）技术出口管制演变的特点

尽管在不同的历史发展阶段，欧盟技术出口管制关注的重点领域不断调整，但是作为欧盟安全战略的重要支撑，技术出口管制一直被视为保障安全、维护人权的重要战略工具。

第一，注重欧盟内部协调一致。在很长一段时间内，欧洲各国在物项管制和执法层面存在明显的不一致性，各国间的政策协调也存在一定的障碍。经过不断调整，目前欧盟的出口管制改革关注成员国安全政策的协同，各成员国之间在出口管制范围、执法等方面更加统一。欧盟开发了联盟层面的电子许可平台，提升联盟管制效率；强调成员国执法一致性，建立执法协调机制，促进内部执法信息交换；制定统一的成员国许可和执法官员培训，加强标准一致的能力建设。2023年10月，欧盟出台首个成员国出口管制清单汇编，该汇编包括荷兰对半导体制造设备的管制以及西班牙对量子计算等新兴技术的管制。以此为手段，欧盟将在联盟范围内定期公布成员国国别管制清单，而成员国可对列入该清单汇编的其他成员国管制的物项出口施加许可要求[①]。

第二，强调欧盟对外的同一声音。随着大国博弈的加剧以及推动"主权欧盟"的不断深入，欧盟积极应对世界多极化发展的趋势，力图在数字化

---

① 韩爽，程慧.欧盟出口管制回顾与展望[J].对外经贸实务，2024（4）.

转型等关键领域争取更多的话语权，而对于关系到战略安全利益的出口管制领域必须重点关切。新条例包含与欧盟外第三国合作的单独章节，不仅强调了在多边机制的框架下与第三国展开全球范围内的管制合作，也重视对第三国出口管制能力建设的援助和双边政府合作。由此可见，欧盟对外规则输出之意昭然若揭，也明确传达了欧盟想在出口管制多边机制中担任更加重要的角色。

第三，不断精简程序提升管制效率。经过多次技术出口管制改革，欧盟委员会通过构建更加简化的许可程序，使出口管制系统更加灵活，以适应不断发展和变化的情况；同时增加许可便利，新增了"大型项目许可"以及出口通用授权，减轻出口企业负担。此外，欧盟委员会更加重视产业界在出口管制领域的"防线"关键作用，规定成员国在签发全球许可证或单项许可证过程中需充分考虑企业合规机制的构建情况，并使之成为申请新增两项欧盟通用出口许可的必要条件。2021年9月23日，欧洲委员会发布的《关于控制涉及两用物品研究的内部合规规划的2021/1700号建议》对研究机构构建内部合规机制建设进行了全面的指导。该建议肯定产业界作为"第一道防线"的关键作用，更新联盟合规指南，明确定义"内部合规计划"，要求使用全球出口许可证的出口商实施内部合规计划[①]。

二、欧盟技术出口管制体制

不同于独立主权的国家，作为经济一体化的区域组织，欧盟技术管制体系不仅需要包含成员国共同遵守的共性规则，还需要包含成员国的国家条例。因此，欧盟技术管制体系需要保证成员国在经济、政治、外交区域外的一致性，还需要建立协调机制和对话机制，确保考量到不同成员国的个体差异。欧盟层面的技术管制主要是通过技术出口管制以及投资安全审查实现的，面对不确定性和不稳定性增加的国际环境，欧盟更需要通过多边框架性的控制措施来约束成员国，形成目标一致的经济政策以及安全政策，作为区域组织

---

① 韩爽，程慧.欧盟出口管制回顾与展望[J].对外经贸实务，2024（4）.

维护地区安全以及发展利益，同时保障其成员国在核心技术领域的竞争优势和直接利益。

（一）管制依据

作为区域一体化联盟，欧盟对技术出口管制的战略定位主要体现在《欧盟安全战略》中。欧盟于2003年、2008年、2016年、2022年先后发布了四个版本的安全战略报告。《欧盟安全战略》认为出口管制可以遏制大规模杀伤性武器扩散，最新一期2022版战略提出，欧盟目前已经具有多种与安全相关的政策工具，统筹使用安全工具，不仅需要关注对内以及对外政策的差异性和互补性，也需要关注工具之间的系统性和配合度，积极推动欧盟的经济发展与共同安全。

根据欧盟基础条约赋予的权限，欧盟对技术出口管制的法律依据主要是2021年5月10日颁布的《(建立欧盟两用物项出口、中介、技术援助、过境和转让管制机制的第2021/821号条例》其取代2009年第428号《两用物项条例》成为欧盟两用物项出口管制的法律基础。

新规包含序言、正文10章32条及6个附件。正文部分依次规定了主题与定义，出口管制的范围，出口许可证、经纪服务许可证、技术援助许可证，对两用物项清单和目的地的修改，海关程序，行政合作、执行及执法，透明度、外联、监控、评估，管制措施，与第三国合作，最终条款。6个附件则分别列出了两用物项出口管制清单，欧盟通用出口许可证的具体适用，许可证模板，欧盟区内转移管制物项清单，已修订法规及其后续修订列表，以及本新规与2009年第428号《两用物项条例》的法规对比。

其中对技术出口管制的规定体现在第1章对技术出口的定义以及技术援助行为的定义中。对技术出口管制的管理措施体现在第3章出口许可证的规定中。

欧盟对投资安全审查中技术合作的法律依据主要是2019年批准实施的《欧盟外资审查条例》。在此之前，欧盟层面并没有形成统一的投资安全审查制度，各成员国根据自己国家对外资的监管需要颁布相关法律法规。该条例创建欧盟外国直接投资审查合作机制，加强审查合作，相互交换信息，但成员国对是否应允许在其领土内进行特定投资拥有最终决定权[①]。

2023年6月，欧洲理事会第一次发布《欧洲经济安全战略》，提出构建欧盟经济安全风险应对框架，以恰当、精确和有针对性的方式评估和应对欧盟面临的经济安全风险。欧盟委员会在2024年1月发布五份后续文件，包括《外资安全审查条例修订案》《对外投资白皮书》《出口管制白皮书》《关于加强潜在两用技术研发支持的白皮书》《关于加强科研安全的建议案》。

（二）管制机构

作为区域国家联盟，欧盟技术出口管制机构分为联盟层面以及成员国内部。在联盟层面，欧盟委员会贸易总司（Directorate General for Trade）下设的两用物项协调小组（Dual-Use Coordination Group，DUCG）是技术出口管制的主要管理部门。两用物项协调小组由欧盟委员会以及各成员国派员组成，主要负责跟踪欧盟《两用物项出口管制条例》在各成员国的推进与实施、反馈条例在实施中遇到的问题以及产业界对清单的调整诉求。欧盟委员会向欧洲议会提交的出口管制年度报告中会详细汇报小组开展的工作以及成员国的落实情况，最近一份年度报告已在2021年2月公布。

欧盟委员会是欧盟立法建议与执行机构，在出口管制方面拥有提案权。《欧盟理事会条例（EC）第1334 /2000号》（以下简称1334/2000）明确欧盟两用品出口管制属于欧盟委员会的责任。欧盟2021年通过的新条例，最初就是由欧盟委员会于2016年9月28日首先发布立法建议草案，然后由欧洲议会、欧盟理事会讨论修改通过的。

欧盟委员会下设的贸易总司负责监督成员国两用物项出口管制条例的实施，开展与成员国产业界、学术界的充分交流，评估政策的执行情况，包括

---

① REGULATION（EU）2019/452 of the European Parliament and of the Council of 19 March 2019 establishing a framework for the screening of foreign direct investments into the Union, https://eur-lex. europa.eu/legal-content/EN/TXT/HTML/?uri=CELEX：32019R0452&from=EN.

许可和执法。为了协调和促进各成员国执行新条例，欧盟设立了两用物项协调小组，该小组由来自欧盟委员会和各成员国委派的各1名代表组成，欧盟委员会代表担任主席，负责审查新条例在执行中出现的问题，以便加强该条例在适用方面的一致性和有效性。协调小组可以在必要时向出口商、经纪商或利益相关方咨询。

欧盟委员会每年向欧盟议会提交协调小组开展活动以及审查和协商情况的年度报告，最近一份年度报告已在2021年2月公布。2021年最新发布的报告提供了2019年条例的执行情况及2018年的统计数据。具体内容包括简介、出口管制政策和法规的演进、欧盟成员国国内执行和执法措施、两用物项协调小组活动，以及物项、目的地、许可证申请及审批情况等欧盟出口管制关键数据。

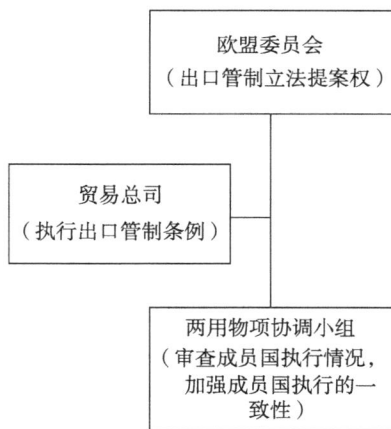

图4-4　欧盟两用物项技术出口管制的执行机构

资料来源：https://europarlamentti.info/en/European-union/organisation-of-the-EU/。

欧盟成员国内部都有自己的技术出口管制主管机构，各个成员国国内出口管制机构有所不同，大部分成员国技术管制主管机构是在其商务部或者经济发展部下，如意大利、卢森堡；也有国家单独成立委员会或者管制办公室来负责军事以及两用物项的出口管制，如拉脱维亚、罗马尼亚、匈牙利以及波兰。欧盟委员会在其网站上会公布各成员国主管机构名单，目前名单可以参见2016年发布的信息[①]。

（三）管制手段

1. 出口许可

对于国防军事技术，根据欧盟《管理军事技术和装备出口管制的共同规则》，产品出口以及技术转让、软件出口均需要申请出口许可证。对于两用技术出口，欧盟针对不同的出口情形设置了不同类型的出口许可，包括通用出口许可、国家通用出口许可、全球出口许可以及单项出口许可。其中通用出口许可由欧盟颁发，授权欧盟成员国的出口商向特定国家出口，出口商也无须申请单项或全球出口授权；其他三项许可都是由成员国出口管制审批部门颁发。

此外，欧盟还规定了成员国可以针对大型工程发放"大型项目授权"的全球出口授权或单项出口授权。此类授权可以向一个或多个特定国家或特定最终用户出口一种或多种两用物项，用于指定的大型项目。此类授权的有效期不得超过4年[②]。

2. 国别政策

由于部分成员国出于外交敏感性反对，欧盟层面一直没有颁布明确的国别政策。但依据《94/942/CFSP号联合行动决议》附录2，欧盟制定了非敏感国家名单，对名单上的国家出口也可采用简化手续，首批名单包括奥地利、芬兰和瑞典（后来加入欧盟）以及其他6个工业国。2000年更新的1334/2000决议附录2，调整了非敏感国家名单，包括澳大利亚、加拿大、日本、挪威、

---

① EC.Information on measures adopted by Member States in conformity with Articles 5，6，8，9，10，17 and 22 of Council Regulation（EC）No 428/2009 setting up a Community regime for the control of exports，transfer，brokering and transit of dual-use items.Official Journal of the European Union[J/OL]. http://trade.ec.europa.eu/doclib/docs/2016/august/tradoc_154880.pdf#page=27，2016-08-20.

② Regulation（EU）2021/821 of the European Parliament and of the Council of 20 May 2021 setting up a Union regime for the control of exports，brokering，technical assistance，transit and transfer of dual-use items，p.8，https://eur-lex.europa.eu/legal-content/EN/TXT/PDF/?uri=OJ：L：2021：206：FULL&from=EN.

瑞士、美国、新西兰、捷克、匈牙利和波兰等10个国家进入名单。2021年出台的《No 2021/821》条例规定，包括澳大利亚、加拿大、冰岛、日本、新西兰、挪威、瑞士、列支敦士登、英国和美国等10个国家列入非敏感出口目的地国家，直接适用简化的出口许可授权，减少出口商办理出口许可的程序。

3. 全面控制

欧盟认为，有很多未列入清单的工业品和材料的合法贸易额很大，有可能用于与大规模杀伤性武器项目相关的活动，也可能用于禁运目的地的军事，或者在未经授权的情况下，用作已被出口的大额军事装备的零部件。将这些物项全部列入清单将给产业界和审批部门造成沉重的负担。因此，欧盟在1998年将全面管制条款扩展到所有的军事最终用途，不管目的国是否受到联合国禁运。2000年，全面管制条款被扩大到所有的军事用途出口，只要是这些出口目的地就会受到欧盟、欧洲安全与合作组织（OSCE）或者联合国的军事禁运。新条例全面管制相关规定有三项主要内容：第一，如果政府告知出口商非清单内物项可能用于与大规模杀伤性武器扩散相关的活动，出口商就要申请许可证。第二，如果意识到特定的非表列两用商品出口用于或者可能用于与大规模杀伤性武器相关的活动，出口商要通知当局。第三，如果政府有理由怀疑问题产品可能用于与大规模杀伤性武器相关的活动，则要申请许可证。前两项是强制性的，第三项是自愿性的。各成员国在根据全面管制条款采取许可措施时，应该通知其他成员方和欧盟理事会，其他成员方应给予充分考虑，并通知本国海关和相关部门。此外，在特定情况下，其他欧盟制裁措施也可能用于两用物项出口。

4. 视同出口管制

《欧盟理事会条例（EC）第1334/2000号》（以下简称1334/2000条例）在第1章出口行为的界定中，明确"通过电子媒介，包括通过传真、电话、电子邮件或任何其他电子方式向欧盟关税区以外的目的地传输软件或技术；包括以电子形式向欧盟关税区以外的自然人或法人或合伙企业提供此类软件和技术；同样包括技术的口头传输（通过语音传输媒介对该技术进行描述时）"都是技术出口行为，涉及附件1所列的领域时都需要出口许可管制。

《1334/2000条例》要求技术援助视情申请许可管理，其中技术援助的行为包括知识传授以及咨询服务等，如果涉及清单内物项和技术，该技术提供者应通知主管机关。该主管机关应决定是否对该技术援助实施许可要求。

《1334/2000条例》还规定了对科研人员以及其他相关自然人的管制，通过对技术载体的管制，控制无形技术（知识）的跨国转移。

5. 外资安全审查

《欧盟外资审查条例》旨在为成员国外资安全审查提供建立框架，并不取代成员国现有国内机制，但是要求成员国已有的或者未来建立的投资审查机制必须遵守其规定。

根据其第8条规定，如果欧盟委员会认为外国投资可能在欧盟安全或公共事务方面对"关系到欧盟利益的项目或计划"产生影响，则其可以向投资所在国发表意见。成员国也可以保留自己的不同看法，但是需要向欧盟委员会进行说明。"关系到欧盟利益的项目和计划"可以参考上面管制技术中的行业以及领域列举。

直接投资安全审查涉及的技术主要是欧盟委员会认为的由外国投资并可能在安全或公共秩序方面对"关系到欧盟利益的项目或计划"产生影响的技术，包括涉及欧盟安全以及公共设施核心利益的关键技术、关键基础设施等项目或者投资计划。其中关键技术包括人工智能、机器人、半导体、网络安全、航空航天、能源以及生物技术、纳米技术等；而关键基础设施则包括能源、交通、卫生、通信以及金融等领域。在《欧盟外资审查条例》附件中明确列举了8个这样的项目或计划，包括欧洲全球卫星导航系统计划、哥白尼计划、地平线2020计划、泛欧运输网络计划、泛欧能源网络计划、泛欧电信网络计划、欧洲国防工业发展计划和永久性合作计划[1]。

---

[1] 廖凡.欧盟外资安全审查制度的新发展及我国的应对[J].法商研究，2019，36（4）：11.

（四）管制对象

1.管制对象的识别

欧盟对管制技术的确认也是遵循欧盟常规的决策流程，也就是说，由欧盟委员会确认关键核心技术战略方向以及领域，欧盟委员会各相关部门确定本部门技术的管理政策。2019年，欧盟委员会主任冯德莱恩提出，欧盟要在关键技术领域实现战略自主，并明确欧盟层面关键核心技术的主要领域，包括区块链、高性能计算、量子计算等数字技术以及绿色发展技术。

与此同时，尽管欧盟层面于2021年更新了技术出口管制清单，但是由于成员国技术发展水平不同，各个成员国依据本国技术发展以及产业发展需要，对关键核心技术的界定和评估标准也不完全一致。例如，2022年，在美日荷三方半导体协议的基础上，荷兰对本国半导体生产技术以及设备实施管制，2024年英国通过修改《出口管制令》对量子技术等实施列管；2024年3月法国通过《出口管制令》对量子计算机、半导体技术实施列管。

2.管制清单的制定

技术出口管制中受限制的技术主要在2021年新条例的附件1中。附件1中。附件1的管制清单含有从0到9共10个分类，与瓦森纳安排中管制领域分类相同，包括核材料、设施、设备，材料、化学、微生物和毒素，加工材料，电子产品，电脑，电信和信息安全，激光和传感器，导航和航空电子，海洋设备以及航空航天和推进系统。

2021—2023年，欧盟共6次更新其《两用物项出口管制清单》，具体参考表4-4。

表4-4　2021—2023年欧盟《两用物项出口管制清单》更新情况

序号	调整时间	修改内容
1	2021年10月21日	与国际防扩散制度和出口管制安排框架在2020年2月至12月作出的决定保持一致
2	2021年12月8日	对"超级合金"的定义进行了更改，欧盟根据澳大利亚集团为欧盟管制清单中的2B352.f.2新增注释2——明确包括满足所有提及特性的任何隔离器，无论其预期用途及名称，并将此前的注释2变更为注释3

序号	调整时间	修改内容
3	2022 年 1 月 6 日	与国际防扩散制度和出口管制安排框架作出的决定保持一致
4	2023 年 1 月 11 日	与截至 2021 年 12 月前的国际不扩散制度和出口管制安排决定保持一致
5	2023 年 2 月 23 日	将生物领域的一些新兴技术列入清单，包括可用于生物武器的 4 类海洋毒素（短裸甲藻毒素 brevetoxin、膝沟藻毒素 gonyautoxin、节球藻毒素 nodularin 和岩沙海葵毒素 palytoxin）
6	2023 年 9 月 15 日	涉及制造设备、高性能计算机和激光器的管制参数，并根据瓦森纳安排（WA）相关管制清单将潜航器推进电机和飞机燃气轮机的开发技术增列入欧盟两用物项管制清单

资料来源：Organisation of the European Union, https://eur-lex.europa.eu/legal-content/EN/TXT/。

第三节　日本技术出口管制

一、日本技术出口管制的历史演变

第二次世界大战后，日本作为战败国，军事发展受到诸多限制，民众饱受战乱之苦，经济发展成为当时政府的首要目标，因此战后初期，日本对于技术的出口以及外资合作政策是相当宽松的。随着日本经济实力的不断增强、日本跨国企业全球经营规模的不断扩大，为保证和美国安全领域政策的一致性，日本先后加入了一系列出口管制多边机制，并根据其条款，不断完善和调整国内对技术的出口管制和投资安全审查。如今，日本已经拥有较为严格的技术管制体系，从而保障日本企业在国际技术合作中具有较强的竞争力。

（一）技术出口管制的建立和发展

第二次世界大战后相当长时间内，日本政府秉持"吉田路线"，核心宗旨是"重经济，轻装备"。在此指导下，日本政府实施比较宽松的贸易政策，对技术合作的限制较少，也使其国民经济实力在短时间内得到增强，制造业核心技术水平得到迅速提高。

为维护和美国等西方国家的战略合作，日本积极参加西方国家主导的多边出口管制机制和国际公约。自1952年加入巴统后，日本在该体制下建立和完善国内出口管制法。之后，鉴于和美国的安全合作以及自身考虑，日本陆续加入了所有出口管制多边机制，包括瓦森纳安排、桑戈委员会、核供应国集团、澳大利亚集团以及导弹技术管制机制，其国内出口管制的管制范围以及重点也主要依据上述国际组织管制的调整及时更新。尤其是在1987年发生"东芝机器事件"之后，日本从各方面强化出口管制制度，使其国内规定更加符合多边出口管制规则的要求。在这个阶段，日本的《外汇与外贸法》和《外汇令》对技术以及高技术产品的出口管制与国际出口管制多边组织是基本一致的。《外汇令》附件所列技术管制清单与《出口贸易管制令》附件中的清单1在内容上大致相同，将受管制技术分为16类，除武器外，还包括与大规模杀伤性武器扩散相关的核武器相关的两用品、生物武器相关的两用品、化学武器相关的两用品以及导弹相关的设备以及常规武器相关的高端材料、材料加工、电子器件、计算机、电信和信息安全、传感器以及激光器、导航及航空电子产品、推进系统以及海事装备等。

冷战结束后，受到国际政治、经济形势和技术发展等多种因素的影响。日本政府不断调整出口管制政策，以平衡国内经济利益和国际关系。2013年，日本政府制定了"国家安全战略"（National Security Strategy，NSS）。为了落实该战略，日本又在2014年制定了"防卫设备和技术出口三原则"，取代了此前50多年一直坚持的"武器出口三原则"。上述基本原则的调整也显示了日本对加强符合自身需求的出口管制的重视。

21世纪以来，面对以中国为代表的新兴国家在高技术领域的崛起，日本政府以盟国共同经济安全为由，主动调整多项高技术物项出口管制，并利用"实体清单"的方式直接限制最终用户进口，保障本国产业的国际竞争力以及技术领先优势。2019年年初，韩国政府因为对日本历史问题处理不满而采取了包括关键材料在内的出口管制措施。作为反制政策，2019年7月，日本政府宣布关于氟化氢、氟化聚酰亚胺和光刻胶三种关键半导体材料对韩国出口实施限制，并在8月进一步升级出口管制措施，将韩国从全面管制"白名单"中移除。由于韩国半导体产业高度依赖上述三种关键材料，管制的实施对日韩半导体产业产生重大影响。

（二）技术出口管制的演变特点

尽管日本追随美国等西方国家的脚步，逐渐建立和发展本国的技术出口管制体系，但基于本国经济发展和安全利益考量，日本的技术出口管制越来越走向自主性管制，重视保护本国优势产业，加强与产业界的沟通，以期达到本国经济发展与国家安全的平衡。

第一，逐渐形成自主性技术出口管制。第二次世界大战后，由于日本在军事安全上过度依赖美国，日美的同盟关系很难成为平等互利的合作关系。日本参加了美国主导的多边出口管制机制，按照多边出口管制机制建立日本最初的技术出口管制清单。随着经济的发展以及技术的崛起，日本在高技术产业领域形成了一定的技术优势。基于本国安全利益以及产业发展利益的技术出口管制成为日本完善出口管制体系的方向。这点在日本近年来管制清单的调整以及管制手段的调整中表现得尤为明显，包括日本与韩国关于半导体材料的管制争端，以及日本2023年5月半导体制造设备和技术管制调整。2023年5月，日本政府宣布了对包括半导体光刻设备、半导体清洗设备以及沉积设备等在内的自主出口管制。此次出口管制的物项均为日本产业发展中具有绝对技术优势的产品和技术，且管制以省令的形式发布，并非来自年度出口管制多边组织——瓦森纳管制清单调整的要求，又一次凸显了日本技术出口管制的自主性。

第二，根据产业发展不断调整管制对象。伴随着美国对中国科技"脱钩"的全面开展，日本在半导体、人工智能等多个高科技关键领域亦步亦趋。作为半导体领域的传统强国，日本的半导体企业主要在前工序领域（光刻、刻蚀机、清洗机、离子注入等）具有绝对的技术优势。日本政府认为，半导体是大数据处理、人工智能、通信系统等尖端技术不可或缺的，且在军事领域应用广泛的高科技产品，必须从国家安全利益的角度进行进出口管理。2022年10月，美国商务部出台了一系列半导体的出口管制新规，旨在从供应链上游切断中国的核心零部件、材料供给，直接遏制中国半导体产业的发展。作为美国的战略同盟伙伴，2023年1月就有消息陆续传出，日本、荷兰已经形成和美国步调一致的半导体技术出口管制。2023年4月，日本经产省宣布拟对《根据出口贸易管理令附表一和外汇令附表的规定确定货物或技术的省令》列出的15类受管制的货物和技术进行修订，出台征求意见稿。征求意见稿针对管理清单的"电子器件"类中的"半导体"产品和技术新增23项管制品类，包括半导体前序工艺至关重要的清洗设备、薄膜沉积设备以及光刻设备等。新增管制物项将对中国半导体供应链产生极大冲击，新增设备主要用于先进制程半导体产品制造的高端半导体制造设备，日本限制其技术以及产品出口，或将直接导致半导体芯片上游设备断供，不仅影响现有涉及芯片产品的制造生产，还将直接影响中国企业后续高端芯片的研发，遏制中国半导体产业的升级。

此外，据日本国内媒体报道，日本牵头设立了一个国际合作框架，联合美国、德国、英国和荷兰等，在国际上管制人工智能（AI）、量子计算机等尖端技术出口，以避免其被转用为军事用途。日本意图拉拢少数具有最尖端技术优势的国家，成立新的合作框架，便于在出现需要讨论的问题时，很快得出结果，AI机器学习、量子计算机等4个领域的先进技术将是管制核心。

第三，始终鼓励对盟国的技术出口和技术合作。1967年，日本首相佐藤荣作首次提出"武器出口三原则"，表明出口管制的基本态度，即禁止向社会主义国家、联合国禁运国家以及武装冲突国家出口武器和技术。此后，日本政府不断拓展这一原则，将与武器相关的技术纳入出口管制范围，除少量为维修和更换进行的出口以及根据国际合作协议进行的出口之外，与武器和武器技术相关的出口也被完全禁止。但是从20世纪80年代开始，日本政府开始在上述原则中增加例外规定。例如，允许向美国出口军事技术等。从2011年开始，日本政府根据内阁官方长官（Chief Cabinet Secretary）发布的《防卫设备海外出口指南》(*Guidelines for Overseas Transfer of Defense Equipment*),先后与英国、海地和菲律宾签署双边条约,允许武器和相关设备及技术出口到这些缔约国。为了强化国家安全保障机制,安倍首相在2013年11月成立了国家安全理事会(National Security Council, NSC),并于2014年4月1日通过新的"防卫设备和技术出口三原则"(以下简称"新三原则")。"新三原则"的主要内容为:①禁止在以下情况下进行防卫设备和技术的出口,违反日本加入的国际条约;违反联合国安理会决议;目的地为武装冲突的一方。②在确保透明度的前提下如果能够进行严格审查,可以在以下情况下出口防卫设备和技术,有利于国际和平和国际合作的出口;有助于保障日本安全的出口(包括同盟国和伙伴国的合作等)。③如果对出口物项是否用于其他目的或再出口到第三国能够予以查明,可以出口防卫设备和技术。但通常情况下,进口国需要作出承诺,即在将进口物项用于其他目的或再出口时,事先会征得日本的同意。上述"新三原则"事实上扩大了日本出口两用先进技术的范围,鼓励两用先进技术向伙伴国以及同盟国的出口。

第四,重视产业界管制合规建设。1987年,日本的"东芝机器事件"成为其国内技术出口管制以及多边机制管制的重大转折。东芝公司作为世界上拥有最先进机床技术和产品的公司,违反巴统管制规定秘密向苏联出口当时最先进技术的产品以及技术资料,直接助力苏联军用舰艇技术的极大提升,受到美国等北约国家的一致谴责。"东芝机器事件"之后,在美国政府的压力下,为保障日美合作顺利开展,日本从各方面强化出口管制合规制度,尤其是其国内生产商以及贸易商的内部合规机制,使其技术出口行为符合多边出口管制规则的要求。2009年日本对《外汇与外贸法》进行修改,引入"出口商合规标准"(Exporters Compliance Standard, ECS),要求参与出口的个人、企业和大学建立出口管制内部控制系统,即ECS。出口商应通过任命负责人、成立责任机构、指定产品分类程序等方式规范与出口相关的程序,以保证出口过程不违背相关法律法规。

二、日本技术出口管制体制

（一）管制依据

日本技术管制的法律法规由以下三个层次组成：法律、内阁令、各主管部门颁布的省令以及行政部门执行过程中的通知、公告、职能等具有法律效力的文件。技术出口管制的核心内容体现在《外汇与外贸法》（*Foreign Exchange and Foreign Trade Act*）、《经济安全保障推进法》、《出口贸易管制令》（*Export Trade Control Order*，ETCO）、《外汇令》（*Foreign Exchange Order*，FEO）中。其中，《外汇与外贸法》主要是原则性和框架性规定，《出口贸易管理令》和《外汇令》则主要是载明出口受限制的货物和技术的清单。

日本在2009年对《外汇与外贸法》进行较大幅度修改，其中，与技术出口管制有关的修改体现在：①对技术贸易规则进行修改，将具有安全保障隐患的技术贸易纳入管制范围，凡是向国外出口技术，必须得到许可。此外，持USB等存储器跨越国境，也需要获得许可；②完善管理责任，明确出口管制的责任者以及对出口商遵守相关法令的辅导责任；③对无许可证的出口行为加大惩罚力度，惩罚上限由5年以下有期徒刑和200万日元以下罚金提高到10年以下徒刑和1000万日元以下罚金。此外，这次修改还对通过不正当手段取得出口许可的行为予以处罚。上述各项是自《外汇与外贸法》实施以来对出口管制规则的一次重大修改，它使日本的出口管制规则达到了更高的管制水平。2014年日本再次调整《外汇与外贸法》，其中第25条第1款至第4款对技术转让管制进行了规定，主要是要求日本居民在向特定地区的非居民转让特定技术或任何人将特定技术从日本转移到其他特定地区时必须获得出口许可。另外，关于受管制的货物和技术以及受管制的地区，《出口贸易管理令》和《外汇令》作出了具体规定。

鉴于和美国的安全合作以及自身需求，日本积极参加出口管制的国际机制和国际公约。日本加入所有出口管制多边机制，以及与出口管制有关的所有国际条约，包括《不扩散核武器条约》《禁止化学武器公约》《禁止生物和毒素武器公约》《武器贸易条约》。日本在国内立法过程中将出口管制的国际规则及其作出的国际承诺纳入，并随时根据这些国际机制的变化修改国内立法。2015年7月28日，内阁对《出口贸易管理令》和《外汇令》进行修改，目的是按照出口管制多边机制的建议对各附件中的管制清单进行修订。省令及其他行政规章在此基础上规定限制品目的的具体规则以及其他涉及实际操作的具体事项。与内阁令修改内容相关的省令和其他下级立法文件，也会在内阁令修改之后作出相应修改。

法律
- 外汇与外贸法
- 经济安全保障推进法

内阁令
- 出口贸易管理令
- 外汇令
- 与对内直接投资等有关的政府命令

通知公告以及其他法律文件
- 出口贸易管理规则
- 贸易方面贸易外交等相关省令
- 明令出口货物可能应用于核武器开发等危险情形的省令
- 明令出口货物可能应用于常规武器开发等危险情形的省令

图4-5 日本技术出口管制的法律体系

除了《出口贸易管理令》以及《外汇令》，日本还有《与对内直接投资等有关的政府命令》等法律法规对直接投资的技术转让作出限制，也属于技术出口管制的法律依据。

（二）管制机构

在日本，与出口管制密切相关的机构包括经产省、其他相关内阁各省、海关以及财团法人安全保障贸易情报中心（Center for Information on Security Trade Control，CISTEC）。其中，经产省是日本出口管制事务的主管和核心机构，内阁其他相关各省和海关属于协作机构，主要是协助经产省实施出口管制法律；安全保障贸易情报中心是非营利性的民间机构（非政府机构），是日本出口管制机制的促进机构。

日本财务省是外国直接投资的审批和主管机关，主管资本交易的许可，有权依政令劝告资本交易者变更或中止资本交易的内容，并有权发布命令紧急停止交易。除财务省外，还有其他各相关产业的主管部门，包括经产省、邮电省、运输省、建设省、厚生省和法务省等负责相关领域的投资安全审查（见图4-6）。

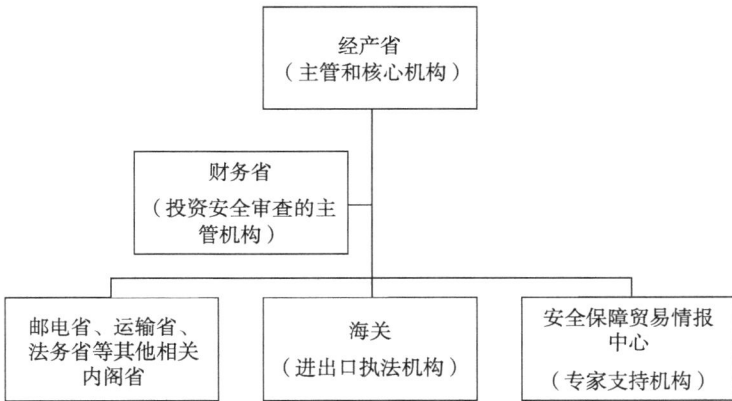

图4-6 日本技术出口管制的执行机构

（三）管制手段

1. 出口许可

日本政府主要通过出口许可的方式管制清单列管的物项和技术。主管部门经产省在受理许可证申请后，原则上将在90日内依据相关外贸活动及安全保障的具体情况，对最终用途和最终用户进行严格审查，作出"许可"、"有条件的许可"以及"不许可"的判断，并予以反馈。

日本的许可类型包括单项许可和通用许可两种方式。其中，单项许可也就是对清单内物项或技术的交易逐单审批，并根据审批结果发放一次性许可。通用许可则是对特定对象、特定物项或者重复性交易，给予出口商审批便利，在3年内多次交易只需申请一次许可。通用许可对出口商有一定要求，通常会审查出口商内部出口管制合规机制建设，作为颁发通用许可的必要条件。

2.国别政策

日本的国别管制政策将目标国家分为四类："A集团"即"白名单国家"，为参与多个国际出口管制制度并严格进行出口管理的国家，共有26个，包括英国、德国、奥地利、比利时、希腊、匈牙利、爱尔兰、意大利、卢森堡、荷兰、芬兰、法国、葡萄牙、西班牙等大部分欧盟国家以及阿根廷、加拿大、美国等部分美洲国家。日本对"白名单国家"的出口管理政策较为宽松，并给予一定的程序便利，包括颁布普通综合许可等。"B集团"为参加了瓦森纳安排且满足一定条件的国家和地区，如韩国、土耳其等。"D集团"是联合国和安理会决议实施武器禁运的国家，日本对相关国家进行严格的出口限制，包括阿富汗、中非共和国、刚果民主共和国、伊拉克、黎巴嫩、利比亚、朝鲜、索马里、南苏丹及苏丹共10个国家。"C集团"则为中国、印度、乌克兰、韩国、俄罗斯等均不属于以上三类的国家和地区。针对此类国家，日本将根据法令法规及具体情况进行分析与判别，作出具体要求。但在实际的出口管制中，并未对"B集团"有针对性政策或优待，仅对"白名单国家"、联合国武器禁运国及一般国家（非"白名单国家"，也非联合国武器禁运国家）三类作出区分。

因国内国际局势或地区形势变化，经产省还可能对国别单进行调整。如2019年8月，日本政府通过《出口贸易管理令》修正案，将韩国从"白名单国家"中除名。

3.黑名单管制（最终用户清单）

2002年和2008年，日本针对"第16类"物项建立了"全面管制"制度，即通过审查出口物项的最终用途或最终用户来确定是否需要申请出口许可。如果日本经产省认为某一出口货物或技术转移将被用于或曾用于与大规模杀伤性武器或常规武器相关的活动，即使未在清单管制的15类物项之中，也会要求出口方对该批货物或技术的出口申请许可。上述提到的"最终用户"就是"最终用户名单"中所列出的实体。也就是说，如果进口方或最终用户被列在"最终用户名单"之中，无论自日本进口（日本出口）什么样的货物或进行技术转移，都必须向经产省申请许可。2021年9月17日，日本经产省对"最终用户名单"进行了修订，新增了54个实体，也是单次新增实体最多的一次。在修订后，日本的"最终用户名单"目前共纳入实体600个，涉及15个国家（地区），中国大陆以69个位居第三，仅次于伊朗和朝鲜。2023年12月6日，日本经济产业省再次修订"最终用户清单"。修订后，"最终用户清单"中共包括实体706个，涉及15个国家（地区）。最近一次修订为2025年1月31日，日本经产省发布了更新后的"最终用户名单"，新增42个实体，新增后共涉及15个国家地区748个实体。（见表4-5）。

表 4-5　2025 年 1 月 31 日日本经产省最终用户名单

单位：个

国家（地区）	数量
阿富汗	2
阿拉伯联合酋长国	25
以色列	1
伊朗	235
印度	3
埃及	3
朝鲜	153
叙利亚	19
中国台湾	5
中国大陆	114
巴基斯坦	101
中国香港	16
黎巴嫩	9
也门	2
俄罗斯	60
合计	748

资料来源：https://www.meti.go.jp/press/2024/01/20250131003/20250131003-1.pdf。

4.视同出口管制

2009年以前,《外汇与外贸法》对技术出口的管制较为简单,仅把受管制的情形限定在"居民和非居民之间"的技术转移。2009年之后,为了适应全球经济和信息技术的发展,《外汇与外贸法》对受管制的技术转移进行了细化,将技术出口分为以下3种类型,包括技术从日本境内转移到境外、技术在日本境内从居民转移到非居民,以及日本居民在其他国家境内转移技术。上述技术转移可能以技术合同的形式完成,也可能以文件、图纸以及电邮信息为载体,转移行为如涉及管制技术,必须向日本经产省申请出口许可。

5.投资安全审查

2019年5月27日,日本财务省声明为避免损害国防工业生产、基础技术等影响日本国家安全的事件,特拓宽限制外商投资行业。日本财务省、经产省、总务省等机构通过修订《外汇与外贸法》扩大受限制的外商直接投资范围,列出了根据《外汇与外贸法》进行外商投资审查的行业,在其限制清单中新增15个行业领域,包括半导体、闪存设备、终端产品PC和移动电话、信息处理软件和某些IT支持服务,并扩大现有五个行业覆盖的公司范围,如区域和长途电信业务。

企业的投资安全审查是由财务大臣以及行业主管大臣共同参与的。其中《外汇令》赋予财政大臣的权力包括审批所有涉及国家安全的绿地投资以及外资并购,有权对交易进行变更、叫停以及许可。而《日本的机构设置法》提到行业主管大臣享有对主管行业发展、改善以及调整的权力。

(四)管制对象

1.管制对象的识别

第一,颁布政府发展计划,明确关键核心技术领域。自20世纪末,日本政府通过颁布多个科学技术发展计划确认科学技术发展的重点领域。2021年日本政府发布第六个《科学技术创新计划》,在政府层面明确关键核心技术领域以及发展战略。该计划将关键核心技术分为基础技术领域和应用技术领域,其中人工智能、新材料以及量子计算等增能技术都属于基础技术领域的范畴，而海洋应用技术等优势技术属于应用技术领域。上述两类技术都是为了驱动日本政府实现"社会5.0"目标，促进国民经济发展以及社会进步。

第二，分解各领域核心技术创新战略，制订部门技术创新计划。在《科学创新计划》确认关键技术领域后，各相关部门相继出台单个技术的发展战略，如表4-6所示。

表 4-6 日本关键核心技术分类以及战略文件清单

政府层面的清单		主管部门	技术识别文件
基础技术	人工智能技术	内阁	人工智能战略 2019
	生物医药技术	创新战略委员会	生物医药战略 2019
	量子技术	创新战略委员会	量子技术创新战略
	材料技术	创新战略委员会	强化材料创新能力战略
应用技术	健康和医疗护理	内阁，卫生委	医药研究与开发促进战略
	太空	内阁	太空政策基本计划
	海洋	内阁	海洋政策基本计划
	食品、农、林等	农林渔业部	

资料来源：《关键核心技术识别与管理——基于美欧日比较研究》。

第三，重视与产业界、学术界沟通管制技术调整。日本重视关键核心技术管制与产业界的交流，其中日本战略贸易研究院承担了与产业界沟通、征求管制意见、清单调整意见以及促进产业界合规经营的职能。由于技术管制的特殊性，以及无形技术监管的挑战，日本经产省明确了管制的外联工作，确保技术管制的要求在学术界（包括大学、研究机构以及企业研发机构）广泛知晓并遵守。

2.管制清单的制定

日本受清单管制的对象为《出口贸易管理令》附表一所列第1项至第15项的物项以及《外汇令》附表所列第1项至第15项的技术，相关物项及技术同时应符合《对〈出口贸易管理令〉附表一及〈外汇令〉附表规定的货物或技术进行规定的省令》规定的规格。这15类物项及技术包含：①武器、②核材料、③化学武器（含生化武器）、④导弹、⑤尖端素材、⑥材料加工、⑦电子器件、⑧电子计算机、⑨通信设备等、⑩探测器、⑪航空航海装置、⑫海洋技术、⑬推进装置、⑭其他、⑮敏感物项的相应物项及技术。

根据本国产业发展需要以及参与多边机制的清单调整，日本经产省也会调整技术出口管制清单。2023年5月23日，为了防止新兴技术的潜在安全风险，日本经产省正式公布了《外汇令》法令修正案，将先进芯片制造所需的23个品类的半导体设备列入出口管理的管制对象，被新增列入出口管制设备的品类包括3项清洗设备、11项薄膜沉积设备、1项热处理设备、4项光刻设备、3项蚀刻设备、1项测试设备，是对《出口贸易管理令》附表一第7类电子器件的修订。

第四节　新兴工业化国家技术出口管制

在多边机制的影响下，新兴工业化国家，如韩国，为了履行防扩散的国际义务，保持与发达国家的技术沟通合作，提升本国高技术产业竞争力，逐渐形成本国技术出口管制体制，并根据经济、政治需要不断调整完善。

一、新兴工业化国家技术出口管制的历史演变

（一）技术出口管制的建立和发展

新兴工业化国家处于技术逐渐发展的阶段，建立本国现代工业体系的时间不长，因此其技术出口管制多是起源于对技术引进的管理要求以及履行防扩散国际责任的要求。随着新兴工业化国家在电子通信、人工智能以及装备制造等战略产业的技术升级，其越来越关注对关键技术转移以及高技术产品出口的管理，在实践中不断发展技术管制体系。

尽管印度技术管制体系起步较晚，且对不同领域的技术散乱在不同的法律体系中，但是作为具备后发优势的发展中国家，为了继续保持与美国等西方国家良好的技术合作，保证其尖端技术引进渠道的通畅，印度积极参与美欧主导的大多数多边管制组织。为了履行加入的国际条约义务和联合国安理会提出的要求，印度对大规模杀伤性武器和军品出口进行严格管制，不仅纳入全面管制条款，还对管制物项的过境、转运和中介活动予以管制。但是印度对于其他领域的技术，目前来看，并没有设置较为严格的管制环节，还是从鼓励贸易和投资的角度促进高新技术产业的发展。近年来，对于中国"一带一路"合作在亚太地区迅速形成的影响力，印度一方面希望享受"一带一路"倡议带来的巨大红利，另一方面出于地缘政治考量，担心中国在亚太地区的崛起威胁其国家安全以及经济安全，国内也有调整外资准入的倡议和声音。

20世纪60年代到80年代，韩国经历经济发展和技术发展的"汉江奇迹"，这是韩国实现经济高速增长和社会转型的关键阶段。也正是在这个阶段，基于对外贸易以及引进技术的需要，韩国加入全部的出口管制多边机制，包括桑戈委员会、核供应国集团、澳大利亚集团、导弹及其技术控制制度、瓦森纳安排以及核不扩散条约等国际公约，并按照上述国际组织的要求建立了最初的技术出口管制体系，也就是针对战略物资和技术的防扩散技术出口管制体系。随着韩国高新技术产业的发展，在高端装备制造业、半导体等领域都具备明显的技术优势，韩国政府更加关注对关键产业技术优势的保护，通过修改管制清单以及督促产业管制合规强化技术出口管制的实施。

（二）技术出口管制的演变特点

新兴工业化国家建立技术出口管制体系的时间比较短，多数国家在21世纪初才建立了独立的出口管制体系，而技术出口管制多是作为其出口管制体系的组成部分，根据产业发展需要不断调整管制依据、管制机构以及管制清单。研究发现：

第一，推动技术引进是主动管制的主要目的。新兴工业化国家建立技术出口管制体系的初衷多是技术引进，为了保证其引进渠道的通畅，在美国等发达国家的定向帮助下，建立和美国等类似的技术管制清单，以及积极参与美国主导的多边出口管制机制合作。

第二，参与多边机制是完善技术管制的重要路径。新兴工业化国家在完善出口管制体系的过程中，不仅积极参与国际多边机制，按照多边机制管制清单制定本国管制依据；部分东南亚、南亚国家还积极参与发达国家主导的"小多边"出口管制圈子，为获取发达国家增加航空航天、通信设备等先进制造业的投资承诺，追随美国等管制关注调整本国管制重点。

第三，管制体制随经济发展需求以及技术发展优势不断调整。随着国内经济发展以及科技发展水平的提升，韩国、印度等新兴工业化国家在特定领域防止本国先进技术转移，保持该领域的垄断优势，从国家层面以办法或者通知的形式临时追加以及调整管制技术。由此可见，新兴工业化国家技术出口管制依据中，法律的规定并不详尽，部门规章、机构通告作用明显，管制依据更加灵活。

二、新兴工业化国家技术出口管制体制

多数新兴工业化国家技术出口管制体系是出口管制体系的一部分，但也有国家单独构建技术出口管制体系。与发达国家不同，新兴工业化国家由于对技术管制的时间较短且技术发展日新月异，技术出口管制的管制依据、管制机构、管制手段以及管制对象都在不断地完善和调整。

（一）管制依据

尽管由于新兴工业化国家技术出口管制体系建立时间较短，国内法律体系在不断地调整和完善，但是多数国家还是会遵循参与的出口管制多边机制，并以此为指导完善国内相关管制清单以及管制程序。

韩国技术出口管制的国内法律体系主要包括国会立法、行政令以及

其他具有法律效力的文件。其中，国会立法以及行政令包括《对外贸易法》（*Foreign Trade Act*）、《外国投资促进法》（*Foreign Investment Promotion Act*）、《防止扩散和保护工业技术法》（*Law on Prevention of Proliferation and Protection of Industial Technology*）、《国防技术安全法》（*Defense Technology Security Act*）、《国防采办项目法》（*Defense Acquisition Program Act*）、《核安全法》（*Nuclear Safety Act*）、《海关法》（*Custom Act*）以及相关行政令，如《对外贸易法执行令》对上述法律的规定进行更为细致的说明。此外，为了执行出口管制的具体工作，韩国进一步明确相关规定，各部门制定与技术出口管制相关的文件，如产业通商资源部发布的《战略物资进出口通知》和《关于履行维护国际和平与安全等义务的贸易特别措施公告》，具体如图4-7所示。

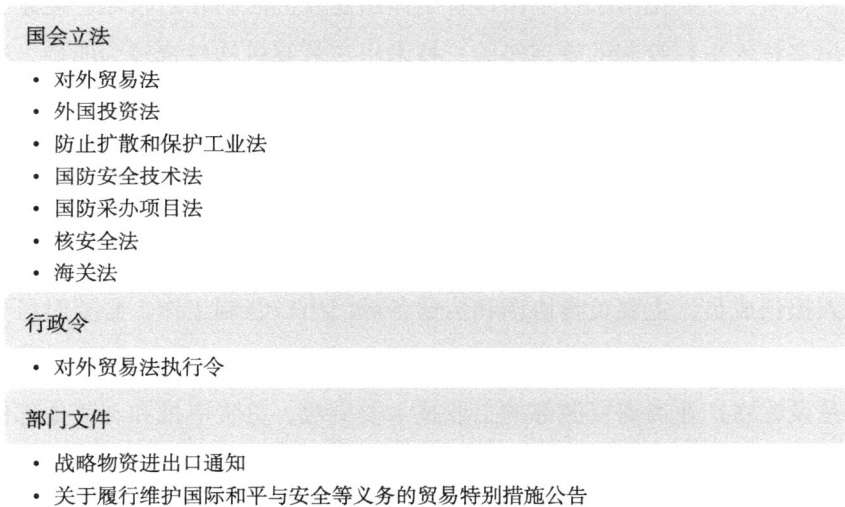

国会立法

- 对外贸易法
- 外国投资法
- 防止扩散和保护工业法
- 国防安全技术法
- 国防采办项目法
- 核安全法
- 海关法

行政令

- 对外贸易法执行令

部门文件

- 战略物资进出口通知
- 关于履行维护国际和平与安全等义务的贸易特别措施公告

图4-7　韩国技术出口管制的法律体系

印度技术出口管制的法律体系相互交叉，其管制的具体办法包含于多个相关的法律体系。这些法律包括《对外贸易法》《原子能法案》《大规模杀伤性武器法》《大规模杀伤性武器及运载工具条例》《武器条例》《海关法》《外贸法（发展和规章）》《爆炸物资法》《环境保护法》《化学武器法》等。2010年8月19日，印度议会通过《对外贸易（发展与管理）法》修正案，增加了

第 4 A 章（对特定货物、服务和技术的出口管制），对技术、服务等概念予以完善。2005 年，《大规模杀伤性武器及其运输系统（禁止未经许可的活动）法》的颁布进一步巩固了出口管制的立法基础，并且强化了技术出口的管制，包括对技术明确界定，不仅包括由印度国外公民和在印度学习或工作的国外公民转让的无形技术，也包括 IT、航空、电子、化学和医药等领域的设备和物资[①]；对技术出口行为明确界定，将那些未经允许而占有、出口、再出口、转移、转运和经纪两用物资和技术，包括导弹运输系统的活动视为非法[②]。

（二）管制机构

尽管新兴工业化国家技术出口管制体系建立的时间相对较短，但是吸收发达国家技术出口管制的管理经验、技术出口管制机构权责较为明确，通常与本国出口管制部门保持一致。

韩国的产业通商资源部负责两用品以及战略性技术的出口管制工作，同时设置协调各部门出口管制工作。韩国 2007 年设立了跨部门协调机构：战略物资进出口管理协商会。该机制由产业通商资源部长官和其他出口管制机构负责人担任成员，主要负责协调和沟通各部门出口管制工作，必要时可要求情报部门或者海关机构启动调查或提供协助。对于技术转让的贸易审批部门，主要是设置在产业通商资源部的工业技术委员会，负责审批和与其他部门的协调。此外，涉及上述管制技术的投资收购项目，也需要事先提请该委员会审批，确认与国家核心技术等涉及国家安全利益的相关性。

印度商业与工业部（Ministry of Commerce and Industry，MCI）负责全国对外贸易管理工作，制定和执行对外贸易政策。商业与工业部下设对外贸易总署（Directorate General of Foreign Trade，DGFT），负责出口管制的具体工作，包括受理军品和两用物项出口许可申请、签发出口许可证、制定和更新出口

---

① 张群卉. 高新技术产品出口管制研究 [M]. 北京：经济科学出版社，2012.
② 同①

管制清单（SCOMET），其中也包括技术出口管制。

（三）管制手段

1.出口许可

出口许可是新兴工业化国家对于高技术产品出口以及技术转让的主要管制手段。韩国对自身的技术出口管制主要是通过颁发对管制高技术产品以及技术转移的出口许可实施。其中技术转移的方式不仅包括实际的跨境转让，还包括韩国境内对外国人技术的实际转移。由于管制技术涉及的领域较多，如果出口商对是否需要出口许可存在疑问，可以通过韩国战略贸易研究院的"Yes Trade"在线系统进行物项咨询。

韩国出口管制许可证不仅包括针对清单内物项和技术的单次出口许可以及通用许可，还包括针对清单外物项实施全面管制的特殊情形许可。借鉴发达国家采取的出口许可便利措施，韩国的通用许可对于建立完善的出口管制合规制度的出口商，提供一段时间内多次出口许可，不需要逐单申请出口许可。

2.国别政策

参考发达国家技术出口管制的经验，为明确技术出口管制目标，精准实施技术管制，韩国实施明确的国别政策，也即出口管制"白名单国家"制度。与多数国家的"白名单国家"标准一致，韩国将受到国际多边机制约束的国家都列入白名单，包括参加瓦森纳安排（WA）、核供应国集团（NSG）、澳大利亚集团（AG）和导弹及其技术控制制度（MTCR）以及《化学武器公约》（CWC）和《生物和毒素武器公约》（BTWC）的国家，包括阿根廷、澳大利亚等28个国家。这些国家享受比较宽松的许可标准以及更为简单的许可申请程序。其他国家则执行更为严格的标准。根据政治和外交安全的需要，韩国对出口管制的白名单也在不断调整。2019年为应对日本对韩国半导体出口管制新制裁，韩国将日本移出A类白名单国家，调整国别政策为接近B类国家。这次调整意味着韩国出口商对日本出口管制物项和技术将面临更为严格的许可审查，不仅会经历更长的审批时间（15天），还将执行更为复杂的审批材料（5份证明材料）。

3.视同出口管制

韩国在《对外贸易法执行令》第32条中对技术转移作出规定，其中，第32-2条规定了限制出口或需要申请许可的技术范围。该条规定除公开可用的技术、基础科学研究相关技术、申请专利所需的最低技术外，其他技术的出口均需要申请许可。同时，第32-3条对技术转让的方式也作出规定，受管制的技术转让方式包括：

（1）通过电话、传真、电子邮件等信息通信网络传输。

（2）通过口头或行动传递，如指示、教育、培训、示范等。

（3）通过纸张、胶片、磁盘、光盘、半导体存储器等记录介质或计算机等信息处理设备传输。

4.投资安全审查

除许可管制的手段外，近年来，印度紧跟美国等盟友，采取贸易与投资联动的管制手段，防止外国投资者通过投资并购的方式获得高新技术转移，保护本国高科技领域的技术优势。目前，印度外资安全审查的重点在于三方面：重点审查敏感行业、敏感地区和敏感投资者。技术的审查也集中在下述敏感行业：基础设施建设，如航空基础建设以及港口基础建设；新兴行业和高技术行业，如电信行业、生物制造以及半导体行业；战略资源型产业，如油气勘探、炼油业以及核能技术等。

印度将自动审查和政府审查两种方式相结合，提高投资审查的效率。自动审查也就是在限额范围内的外国投资者在限额内需要向印度储备银行报备投资相关信息（在限额之上的投资需要政府审查），其涉及技术的自动审查的行业包括通信（外资限额49%）、生物制药（外资限额74%）、互联网服务（外资股权49%）；政府审查也就是外国投资者需向印度财政部外国直接投资促进委员会、项目审批委员会和工业援助秘书处申报相关交易信息和材料，如果涉及国防工业，还需申报内阁安全委员会，以上审批机关应在30天内作出批准与否的决定。涉及政府审查的包括核能技术项目、国防工业以及战略产业等。

（四）管制对象

从新兴工业化国家技术出口管制的目的来看，其管制技术主要与国家安全、地区防扩散及本国产业发展需要相关。因此，多数新兴工业化国家管制技术清单来源于其参与的多边机制指导清单，并结合本国技术发展情况调整关键核心技术管制。

韩国管制技术分为三类，包括战略技术、工业技术以及国家核心技术。其中战略技术是"由总统令确定的技术"，是指由贸易、工业资源部（现产业通商资源部）与其他主管部门协商确认的管制技术，与韩国参与的所有多边出口管制机制要求一致。工业技术是指根据《防止扩散和保护工业技术法》以及行政令，可能被用于扩散或者提升产业竞争力的产品开发、制造以及服务的工艺以及相关信息，其涉及行业包括重要基础设施（电力、环境、建筑）、国民健康安全以及其他关键行业。国家核心技术则主要体现在贸易、工业和资源部公布，工业技术委员会审议的《国家核心技术清单》中。

1995年，印度战略性出口管制小组发布了正式的物项以及技术管制清单，并于1999年进行了审查和更新。随后，原子能部以及外贸局也发布了管制技术清单，针对相关原子能领域以及特殊化学品、有机体等两用物资和技术实施管制。2005年外贸局对上述清单进行修订，印度作为核供应国集团成员国和导弹及其技术控制制度成员国，修改后的清单与上述多边机制清单保持一致，包含9类两用物项和技术：核材料、与核有关的其他原材料、设备和技术；有毒化学制剂和其他化学品；微生物、毒素；原材料、原材料加工设备以及相关技术；与核有关的其他设备和技术（0类下的除外）；航天系统、设备，包括生产和检测设备以及相关技术；弹药清单；预留；电子、计算机和信息技术，包括信息安全。

2018年，对SCOMET清单进行较大更新，以使其与瓦森纳安排（WA）、核供应国集团（NSG）、导弹技术控制制度（MTCR）和澳大利亚集团（AG）等4个多边出口管制制度的准则和管制清单保持一致。该清单最近一次修订在2020年11月。

第五节　技术出口管制实践的发展规律

在全球化不断深入的过程中，技术出口管制始终聚焦于贸易与技术两个关键领域，统筹发展和安全的关系，调整管制具体目标和管制实施手段，评估管制技术领域以及实施效果，不断丰富个体经验，完善管制体系，形成一般性发展规律。

一是管制越来越成为大国战略竞争工具。从技术出口管制发展的演变过程来看，一国或多国的技术管制政策出台都具有鲜明的政治色彩，军事利益、国家安全以及经济发展是技术出口管制政策调整的主要考量。

第二次世界大战后，以美国为首的西方多国为了压制苏联的经济以及军事发展，建立多边机制（巴统）对苏联以及中国等社会主义国家进行了30多年的战略物资禁运以及技术管制。技术出口管制的实施阻碍了苏联的发展，到20世纪80年代中后期，美国在十几个高科技领域已经全面碾压苏联，而苏联的国防军事实力现代化也受到极大负面影响，在一定程度上推动了苏联政权解体的进程。而20世纪90年代冷战结束后，美国也通过技术管制措施成功保持军事霸主和经济霸主的地位。

冷战结束后，国际环境发生了重大变化，大规模武器扩散对人类社会的危害成为安全领域最重要的话题。而技术管制，尤其是多边出口管制体系也将管制重点放在扩散物资以及技术的管制上。尤其是随着世界上掌握核技术和核武器国家越来越多，杀伤性武器扩散成为人类命运共同体的重要关切。尤其是中国的技术管制体系，最初也是以防扩散为主要目的、以防扩散国际公约为基本遵循，逐渐建立和完善的。正如之前国别经验借鉴中梳理过的，美国等西方大国作为技术管制防扩散多边机制的创始国，其国内技术管制政策的变化也直接映射在国际技术管制的趋势中；而日本、韩国等作为新兴经济体，也参与了全部的技术管制多边机制，并以多边机制防扩散目标为遵循，制定国内相应的技术管制政策。

随着中国等新兴工业化国家的崛起，世界格局多极化发展趋势越来越明显，技术出口管制工具化越发突出，成为大国博弈、打压战略竞争对手的重要手段。一方面，技术出口管制作用于国家之间的经济和贸易合作，直接或间接地服务于政府的外交需要。因此，技术管制政策会依据国际环境的变化不断调整，也会根据国家外交利益的需要制定国别政策区别对待。对于盟友国家，技术管制相对宽松，政府更重视技术合作与共同发展；而对于竞争对手或博弈对手，技术管制会服务于外交利益，在博弈加剧的同时，管制也会更加严格。近年来，随着中国经济军事领域的全面崛起，美国认为其霸主地位受到实质性威胁，对中国歧视性的技术管制越来越严格，不仅严格限制核心技术的出口以及关键零部件的出口，企图遏制中国正在发展的新兴技术领域；还逐步完善与技术出口联动的投资安审制度，对中国投资严格审查。另一方面，技术出口管制限制核心关键技术流动，直接遏制竞争对手技术发展。一国政府采取适度的技术管制政策以及相应领域的高技术产品出口管制政策，通过干预技术的国际转移和转让以及载体产品的流通，来达到将核心技术以及高技术中间品留在国内，保证本国大量研发投入取得的技术领先优势，在一段时期内不被他国超越。在技术管制的不同历史阶段，技术发达国家的技术管制政策的重要目的都是明确指向保护本国技术优势，也会跟随技术发展的变化不断调整。如一直以来美国对航空航天技术出口的严格限制，保证了美国航天技术自第二次世界大战后至今在全球的绝对优势。而对于计算机领域的技术管制政策也会随着科技的发展不断调整，对于并非垄断的该领域技术，也就不存在管制的必要，直接从管制清单中删除或提高管制的门槛。

二是管制趋势由单边向多边联盟化发展。随着经济全球化不断深入，全球产业链分工日益精细，无论是一个企业还是一个国家都很难独享某一项高新技术或高新技术产品研发、生产、制造和销售的全部环节，因此，一国越来越难以独立实现对高新技术的出口管制。尤其是美国、欧盟等主要经济体，凭借自身管制体系甚至附加"长臂管辖"的手段，都很难达到打压特定国家发展、保护技术领先优势以及防止杀伤性武器扩散的目的。多边技术管制合作，包括多边出口管制机制以及出口管制联盟正在发挥越来越重要的作用，多个国家统一的管制要求以及管制手段，各国之间通畅的执法协调机制，能够形成对特定技术的有效保护以及对特定竞争对手的精准打压。因此，多边技术管制合作成为技术管制体系的重要组成部分。

近年来，疫情后影响不断蔓延，地缘政治风险不断攀升，经济发展持续低迷，直接导致单边主义、贸易保护主义的持续上升，全球开放合作的不确定性增强。部分国家纷纷出台保护性、歧视性产业政策和出口管制措施，拉小圈子，建立以盟友为基础的管制"小多边"机制。2022年年底，美国继颁布半导体技术出口管制新规后，拉拢荷兰、日本组成半导体联盟，签署了限制半导体设备以及技术出口的三方协议，并开始实施相应的管制。此外，2023年5月，美国、日本、韩国经过多轮高级别领导人会晤，同意建立三边经济安全对话机制，在出口管制以及供应链安全领域加强合作。此类联合盟友共同压制竞争对手的"小多边"机制，直接推动集团对抗，对目前全球贸易投资自由化进程造成干扰。

三是管制更加关注各种形态的技术转移。多数发达国家以及新兴工业化国家已经逐步形成针对不同技术交换形态的管制手段，包括对无形技术转让（包括企业投资合作与科研交流）以及"视同出口"的管制、贸易与投资联动的管制。

如前所述，以智力形态存在的技术，是以"人"为载体的经验、技能、知识、智慧和创造力，且是特定或具体的知识，而非泛化的一般性科学技术知识；这种技术输出的途径通常是"人"之间的交流。通俗来说，这种技术就是凝结在科创人员脑子里的技术知识。这种技术是鲜活的，具有巨大的生产潜力，但同时是最难以监控其流动的。为了弥补技术出口管制的漏洞，美国率先加强跨国人员交流监管。美国一直以来非常强调"视同出口"制度，也就是说，无论是在美国境内还是境外，只要向外国人传授技术即被视为技术出口行为。因此，外国人去美国大学学习、科研机构交流、公司行业参观等，只要是涉及管制技术，就需要向美国商务部产业和安全局申请出口许可。此外，政府还会通过颁布特定外交政策、教育政策来实施对技术载体——科研人员的管制，如通过签证规定来限制科研人员流动。2017年12月，美国发布的《国家安全战略报告》明确提出，为防止外国人盗用知识产权，美国将会限制签证，而这里的"外国人"则特指前往美国学习科学、工程、数学和高科技（STEM）的中国留学生。2020年5月29日，美国国务卿蓬佩奥发布行政令，宣布限制中国公民赴美留学修读美国高校STEM专业研究生，特别是暂停为执行和支持中国军民融合战略的实体支持的学术或研究活动。2020年6月，美国总统特朗普又签署了一项行政命令，暂停了部分非移民签证，包括临时H-1B签证和J-1签证，其中前者是在美高精尖技术科技工作者通常使用的签证，后者则是参加美国国务院批准的"交流访问者计划"（Exchange-Visitor Programs）的各类外籍人士使用的签证。

此外，随着技术管制趋严，部分国家逐渐关注对科研机构或者高科技企业的合规监管，从而达到限制技术流出的目的。主要包括颁布相关监管法规，明确对科研信息以及科研资料的管制要求，如德国颁布的《科研出口管制规定》，要求科研人员不在电子邮件和云端存储关键数据，防止技术泄露；规范科研机构内部合规制度，督促科研机构自觉防止出口，关注约束的技术转移行为，如科研机构合规声明都包括承诺督促所有教职人员、学生遵从出口管制法律，严肃对待违反出口管制法律的行为。

除对高技术产品贸易、技术贸易、服务贸易进行出口审批以外，审查国外投资者通过入股或者并购方式，取得技术的实际控制权和所有权，或者高技术产品的所有权的行为，也是技术出口管制的实施手段。一国政府的投资审批部门，与贸易管制部门对管制技术清单达成一致意见，对管制审批形成联动机制，可以有效保障关键技术领域的转移安全，一旦涉及敏感国别以及敏感物项，就会予以否决，阻止外国投资者通过投资获得高新技术。日本的外资审查领域已经扩大到两用技术领域，其中可能增强军事实力的网络安全等12个相关高技术行业的直接投资都需要事前申报。2022年生效的英国《国家安全与投资法案》将人工智能、核能技术等17个高技术领域列为需要事前强制申报的行业。

四是管制更加重视技术的安全性、可获得性和链动性。为有效实施贸易管制，统筹考虑产业发展和安全，提升管制效率和降低管制负面影响，定会对技术出口管制的对象进行科学评估。随着技术发展的日新月异，技术出口管制越来越关注技术的以下特点，具体包括：

第一，管制越来越关注技术的安全属性。管制技术需要考虑技术的安全性，也就是技术是否可能被用于生产制造破坏世界和平和地区稳定的杀伤性武器，或者可能被用于助力恐怖主义提升其武装实力。对于可能用于扩散的技术、威胁到人类生存的技术，以及可能违背人类文明进步或者有损人类道德进化的技术，具备被管制的目标属性，需要谨慎限制使用。

第二，管制越来越关注技术的可获得性。管制取得较好效果的前提是管制对象具有本领域的垄断优势或者具有不可替代性，也就是技术（或者高技术产品）无法或者很难从其他渠道获取。如果管制技术不具备上述特性，对其进行出口管制就会直接影响实施国产业国际竞争力，从长期来看也会是浪费行政资源的无效管制行为。

第三，管制越来越重视技术的链动性，也就是技术（高技术产品）能够对产业链上下游生产制造产生联动影响效应，直接影响下游成品生产或者上游研发制造。对于关键链动技术的管制将会直接影响该产业链的布局，打乱现有分工布局，从而形成管制技术的有效属性。

五是管制的效率不断提升，统筹发展和安全。技术出口管制属于贸易保护主义政策，其实施是通过政府的行政手段干预自由贸易，影响国际市场的供需平衡，破坏自由状态下的产业发展。因此，技术出口管制的实施需要统筹安全利益与发展利益，在实施过程中通过改进管制手段以及管制方式，提升管制效率，降低对实施国产业发展的负面影响。

第一，管制手段更加多样化。目前，多数国家采取出口许可的方式对技术转让以及高技术产品出口实施限制。为了便利出口商的申请程序，许可证分为一般许可、单项许可和特殊许可，对不同国别、不同敏感度的产品分级管理，以在保证产业安全的前提下提升管制效率。英国在2003年《货物出口、技术转让及提供技术援助（管制）令》中对受管制物项进行了规定，其中，清单1为"禁止出口货物、软件及技术"，清单2为"禁止出口两用货物、软件及技术"。对于列入清单1中的物项，任何人不得将其出口或转让到其他国家。同时，属于清单2中的两用物项及技术，任何人不得出口至欧盟外的国家。此外，若需要向欧盟成员国进行出口及转让则需要获得国务大臣的许可批准。英国的出口许可证种类丰富，出口商可以根据出口地和出口物项的敏感程度，申请不同种类的出口许可证。英国还对于可能用于核、生、化、导等大规模杀伤性武器的清单外技术或软件实施全面管制原则，即使有些物项没有被纳入管制清单，也必须获得主管部门的批准才能出口。通常情况下，对最终用途的考察决定了哪些物项纳入全面管制范围。

第二，管制对象更加精准化。为了对特定企业实施精准管制，精确打压行业关键龙头企业，部分国家采取了直接针对进口实体的清单管理制度，也就是将重点关注实体或者认为违法实体列入清单，对清单内的实体出口高技术产品实施更加严格的出口许可和审查程序。这种黑名单制度在技术管制的执法中发挥着越来越重要的作用，尤其是在对个体或者敏感用户的精准管制方面，黑名单制度可以对管制对象实施单个精准的制裁。

第三，关注与产业界的互动。尽管技术出口管制是由国家主管部门制定的政策，但它的实现对象还是产业界实体。为顺畅与产业界的沟通，确保管制的效果，减少对产业发展的损害，多数国家建立了较为完善的技术出口管制外联机制。一方面，技术管制的制定和调整需要产业界的反馈。技术管制的目的之一就是保护产业的竞争优势，因此管制技术的确定需要产业界的最终确认。此外，由于技术管制本质上还是保护政策，会干扰市场的正常运作，因此管制的效果也需要产业界及时反馈才能取得最佳利益平衡。另一方面，技术管制的执行离不开产业界的合规经营。由于企业是市场的主体，也是管制行为的主体，为了达到技术管制防止扩散以及维护国家安全利益的目的，企业需要遵守相关管制法律法规，合法合规经营，这样才能保证敏感技术不流入风险地区，也能切实保护国家核心技术不外流。

六是管制产生的影响更加复杂和多样化。在实践中，技术出口管制通过对关键核心技术（高技术中间品）、基础技术以及战略产业技术产品的限制，对贸易规模、技术创新以及产业发展产生影响，达到管制实施国统筹产业发展和产业安全的目的。

第一，技术出口管制对高技术产业的贸易与投资产生直接影响。技术出口管制影响正常的高技术产品进出口贸易，导致高技术产业贸易规模缩小，管制产品的贸易成本增加，进而破坏高技术产品国际市场供需平衡。如果技术出口管制是单个国家的行为，原有的贸易渠道可能发生改变，目标国转向管制宽松的新的贸易伙伴，破坏高技术产业原有贸易格局。与此同时，近年来投资安全审查制度越来越聚焦于关键技术行业以及新兴技术行业的投资审查，与贸易出口管制形成联动机制，阻碍目标国通过对外直接投资获取先进核心技术。不断收紧的技术投资安全审查，不仅让目标国对外投资面临更长时间的审查以及更加烦琐的手续，而且会影响投资者对未来收益的预期以及对投资产业的担忧，直接限制了目标国向关键技术产业以及战略产业的投资规模。

第二，技术出口管制影响高技术产业国际竞争力。冷战时期，美国实行严格的技术出口管制政策限制向以苏联为代表的对手阵营的出口。严格的高技术产品出口管制政策的确限制了美国的先进设备以及工业制品流向苏联等社会主义国家，但同时也限制了美国在全球市场的出口规模。与此同时，日本等国家在诸多高科技产业迅速崛起，并成为美国在国际市场上的重要竞争对手。以计算机为例，尽管20世纪美国在计算机领域拥有绝对的技术优势和尖端产品，但是由于其两用性的特点，计算机尤其是超级计算机，一直是美国技术出口管制的重点领域。同时，对于最大的市场，包括中国在内的发展中国家，美国还会采取明显的歧视性国别政策，短期内直接导致中国等国家寻求其他的采购渠道，从而影响美国本土生产商的出口额和销售收入，而长期将影响美国本土企业的研发投入以及创新积极性，导致其技术优势被日本等国家赶超。

第三，技术出口管制对高技术产业技术创新产生影响。尽管技术管制政策的初衷是保持一国在特定领域的技术领先优势，但是在管制实践中限制了高技术产品的正常贸易，干扰了技术发展的自由竞争。由此可见，过于严格地进行技术管制或者禁止出口很难达到保持竞争优势的目的。过于严格的技术管制确实能够把技术留在国内，但是过分限制正常流通，企业新研发的技术无法为其带来市场效益，直接影响企业后续技术开发以及产品应用，给其继续投入维持技术领先优势带来负面影响。因此，技术出口管制的实施需要政府建立在大量调研基础上的适度管制，也就是既增加了目标国取得技术的成本，阻止先进技术的迅速扩散；又能为技术的研发带来后续动力，使得技术管制实施国企业愿意继续增加研发投入，保持其在行业的技术领先优势。

第四，技术出口管制有利于维护实施国军事和经济安全。管制一般可以分为扩散技术管制和其他技术管制。其中，扩散技术管制集中在核、生物、导弹以及化学武器相关的领域，直接关系到一国的军事和国防安全，影响一国对敌对国家的威慑能力。其他技术管制多为战略产业管制，近年来，技术管制重点放在影响一国国家安全以及经济安全的基础产业、关键行业以及关系未来发展的新兴技术行业。这些行业不仅与一国经济发展紧密相关，也一定程度上极大地推动军事软实力以及军事装备现代化的提升。尤其是信息领域和数据安全领域，直接关系到一国自身军事系统的安全运转以及对他国军事和情报进入的预警和防范。因此，对关系到军事发展的技术以及扩散性的技术进行有效管制，不仅可以保障自身军事实力的提升和发展，也能有效阻止他国对本国的军事威胁。

　　七是管制体系不断成熟和完善。研究发现，无论是发达国家还是新兴工业化国家，根据其经济技术发展要求以及国家安全利益要求，都已经建立了较为完整的、符合本国技术发展实际的技术出口管制体系，并逐渐形成管制实施的一般经验。

　　第一，管制依据与时俱进，更加完整明确。经过多年的实践，主要国家（地区）都已经建立了相对完整的出口管制法律法规体系，通常包括国内法和国际法两个层面。其中国内制度实施包括国家立法机关颁布的法律、主管部门的执行规章、管制实施办法以及临时管制通告等。尽管制度层级不同，但形成的制度体系在各自层级上互相呼应、保证管制实施的灵活性以及全面性。立法层级的出口管制法为管制行为提供管理基础，部门层级的实施细则为管制提供操作指导，临时清单以及公告弥补了技术快速发展的管制漏洞。

　　第二，管制机构不断调整，更加统一协调。技术管制的实施需要有协调统一的主管机构。技术出口一般是由贸易主管部门、投资主管部门以及科技主管部门共同管理。由于技术管制涉及的物项领域越来越广泛，其管制物项的判定也经常需要多部门协商决定，一般会涉及国防部、外交部、海关、能源部以及卫生管理等部门。技术管制的贸易主管部门主要从事管制物项的许可、贸易流程的审查以及最终用户和最终用途的核查，而涉及技术的判定以及保密审查等，则需要科技主管部门判定。总之，技术管制的归口统一在一个部门，且已经建立多部门会商的协调制度，是多数国家技术管制实践的经验。

　　第三，管制手段不断丰富，更加精准全面。技术作为重要的生产要素，已经成为各国产业发展的主要动力。多数国家在对技术以及高技术产品进行限制时，都会尽量减少对相关产业的负面影响，保证管制的精准高效。由此可见，在实践中，管制手段不仅针对有形产品流动，还包括无形技术转移，力求全面控制核心关键技术。同时，管制对象精准定位到特定国别，甚至市场主体，力求在安全的基础上追求管制效率。目前，主要国家管制手段不断丰富，具体包括针对有形产品的出口货物管制、针对无形技术的人员控制以及文件资料管制。同时，主要国家还通过制定国别政策（美国、日本等），对特定战略竞争对手进行技术打压；甚至结合实体清单，对清单内行业龙头企业限制技术以及高技术产品流动，实现对市场主体的精准控制。此外，由于技术管制涉及多领域，需要各领域专家咨询体系的技术支撑或者技术小组的技术支撑，专家咨询和技术判定也是技术管制体系中十分重要的环节。

第四，管制对象复杂多样，领域种类不断增加。技术出口管制的技术主要体现在管制清单中，包括法规清单以及临时管制公告。当今技术日新月异，主要国家对管制技术及时更迭，结合产业发展优势以及经济安全利益，对关键核心技术识别评估，及时调整管制重点，力求做到管制高效精准，统筹经济安全与产业发展。随着人工智能、生物技术、3D打印、新材料技术的蓬勃发展，美国商务部首先在2018年发布针对十四大类的新兴技术管控清单，评估对美国经济安全至关重要的技术，开展新的转移控制。随后，日本、欧盟等国家和地区纷纷以临时管制公告、出口管制法规调整等方式，关注人工智能、新材料、网络安全等新兴技术领域，通过出口许可以及审查外国投资的方式对技术转移进行控制。可以看到，随着新技术的不断涌现，为保障经济发展利益以及军事国防实力，越来越多的核心关键技术将成为未来管制的重点。

第五章

技术出口管制对目标国影响的效应分析

part 5

一国（地区）实施技术出口管制对目标国的贸易、技术以及产业等均有影响。以美对华技术出口管制为例，以技术出口管制的理论基础为依据，本章从高技术产业贸易规模、技术创新能力以及全球价值链的参与度三方面开展技术出口管制对目标国的影响研究，提出影响机制和效应假设，通过构建双重差分以及回归模型进行验证，综合评估技术出口管制的制度效应。

第一节　技术出口管制对目标国影响的机制

一、技术出口管制对目标国贸易的影响机制

按照比较优势论，技术领先国家通过出口高技术产品或者国际技术转移，实现国际贸易利益最大化。技术出口管制政策限制具有技术比较优势国家的高技术产品出口，破坏现有贸易条件，导致国际收支失衡，阻碍目标国管制产业获取高技术中间品，干扰目标国管制产业出口质量的提升、制成品（下游产品）的正常生产和出口，从而影响目标国管制产业（高技术产业）的贸易。具体来说，通过以下途径产生影响。

第一，技术出口管制直接限制双边贸易。技术出口管制限制两国高技术产品流动，直接影响管制国与目标国的双边贸易流量。出口国为保障其产品技术优势以及产业安全利益，对技术转让以及高技术产品出口采取了严格的限制措施，导致其在高科技贸易方面的比较优势不能发挥（强永昌等，2004；郎丽华，2006；沈国兵，2006），贸易出现严重扭曲，技术优势国成为技术输入国，而技术落后国成为技术输出国（冯伟杰，2019）。同时，管制导致实施国贸易失衡，高技术产品的出口管制是造成管制国与目标国贸易失衡的主要

原因（李志军、李邢西，1998；姜辉，2019）。

第二，技术出口管制限制目标国进口高技术中间品，对目标国高技术产业制成品（下游产品）的出口产生负面影响。技术出口管制对目标国的产业出口贸易也产生影响。由于高技术产业生产链条长，涉及核心中间品贸易以及技术转让，管制国实施高技术中间品出口管制，实际上降低了相关高技术产业制成品的出口概率，影响企业的出口产品品类以及国际市场份额，使关键零部件进口受阻，对企业的出口扩张产生负面影响。

第三，技术出口管制限制目标进口高科技产品，对目标国通过技术引进改善出口产品质量产生负面影响。技术出口管制的实施，将直接阻断目标国企业通过国际贸易方式，进口高科技产品或者引进技术，以及通过技术外溢方式提升企业产品质量（张群卉，2016），影响高技术产业的国际竞争力，阻碍目标国管制行业出口质量的提升。

在以上三种途径的影响下，本书提出以下假说：

假说 1：技术出口管制制度实施对目标国管制产业产生了显著的贸易遏制效应。

二、技术出口管制对目标国创新的影响机制

技术管制是技术领先国家为保持技术优势或者关键产业的垄断优势采取的限制措施。对于目标国而言，最重要的影响就是技术引进受到限制，无论是通过贸易转让还是通过投资获取，都会受到极大阻碍，外部依赖性技术创新模式会受到极大限制，技术发展也会受到负面影响。根据波特假说，在管制实施后，技术落后国家都会及时调整技术创新的支持政策，转向内部依赖性技术创新模式，重视基础科研以及自我创新的技术发展道路，不仅由政府提供创新创业的外部支持更多，企业也会自发性选择以我为主的技术研发模式。因此，就某种程度而言，尽管技术管制限制了目标国的模仿创新或者引进创新的外部创新发展，但是促进了内部依赖性技术创新模式的发展，长期来看，对于技术落后国家选择具有自我特色的技术发展道路有积极影响。具

体来说，通过以下途径产生影响。

第一，技术出口管制阻碍目标国技术引进，不利于目标国通过模仿的方式进行技术创新。技术优势国家限制新技术流出，阻断了目标国引进技术进行产业技术升级，短期内目标国将受到极大影响，尤其是对外部技术以及核心零部件依赖性极强的企业。首先，技术出口管制限制先进技术向落后国流动，直接影响目标国引进先进技术，打压目标国技术升级。其次，技术出口管制限制高附加值的技术中间品流动，直接影响目标国关键核心零部件进口，阻碍目标国高技术产业的技术创新。

第二，技术出口管制倒逼目标国自主研发技术，反而促进目标国自主创新能力的提升。虽然管制国实施出口管制政策对目标国产生了负面影响，但是部分研究认为，限制引进技术的影响是暂时的，随着目标国企业自主创新能力的提升，外部限制的影响会越来越小（邓俊荣、陈学芬，2022）。在管制趋紧的压力下，企业和市场充分认识到国家创新驱动发展战略的重大意义，企业将逐步调整技术创新策略，加大研发基础投入力度，完善人才引进和激励机制，逐渐形成以自主创新为主的创新模式，为本产业安全自主发展提供保障。同时，对于本土研发型企业来说，外部引进技术受限提供了其潜在的发展机会，目标国下游企业，尤其是制成品企业很难获取国外关键零部件以及制造设备，会更多关注本土上游企业，为目标国上游企业提供更多的发展空间和市场订单，甚至建立研发共同体保障生产经营的正常运转，在一定程度上也促进了被管制产业链的健康、可持续发展。

在以上两种途径的影响下，本书提出以下假说：

假说 2：技术出口管制制度实施对目标国管制产业创新产生了显著影响：管制趋严将直接限制目标国管制产业引进先进技术以及产品，遏制目标国产业引进创新能力；长期来看，管制趋严倒逼目标国管制产业提升自主创新能力。

三、技术出口管制对目标国产业的影响机制

根据全球价值链理论，技术领先国对高技术产业出口中间品实施管制，可能使产业链下游国家（进口国）无法获取一些关键技术和组件，从而导致产业价值链中的某些环节无法完成或受到限制。技术引进的限制使进口国高技术产业的附加值水平下降，影响其整体竞争力和创新能力，从而影响进口国高技术产业的全球价值链参与度以及行业在全球价值链上的位置，对产业的全球竞争力产生负面影响。具体来说，通过以下途径产生影响。

第一，技术出口管制限制高技术中间品流动，导致目标国相关下游产业参与国际分工受限。技术出口管制直接作用于产业发展中的"卡脖子"技术和全球生产线中的核心零部件，目标国产业进口受到管制后，直接影响目标国进口高技术中间品和核心零部件，目标国的产业内贸易指数出现下滑（冯伟杰，2019），严格的管制还可能引起断供。高技术中间品的进口受限影响下游制成品生产，降低下游国家全球价值链的后向参与度，阻碍目标国参与高技术产业全球分工。

第二，技术出口管制改变目标国中间品供给渠道，改变目标国管制产业的供应链布局。由于高技术产业的产业链都较长，上下游关联产业较多，一旦其中某个环节的技术或者中间品受到管制，无法从国外获取，相关环节的生产和研发就会受到全产业链企业的关注，将会获得更多的外部政策支持和内部创新动力。因此，长期来看，目标国管制产业将会积极推进核心关键产品本地化生产，从而取代受到限制的供给渠道，改变原有的全球供应链布局，逐渐建立目标国管制产业自主、可控的产业链条。

在以上两种途径的影响下，本书提出以下假说：

假说 3：技术出口管制制度实施对目标国管制产业参与全球价值链产生了显著影响。

技术出口管制影响机制如图 5-1 所示。

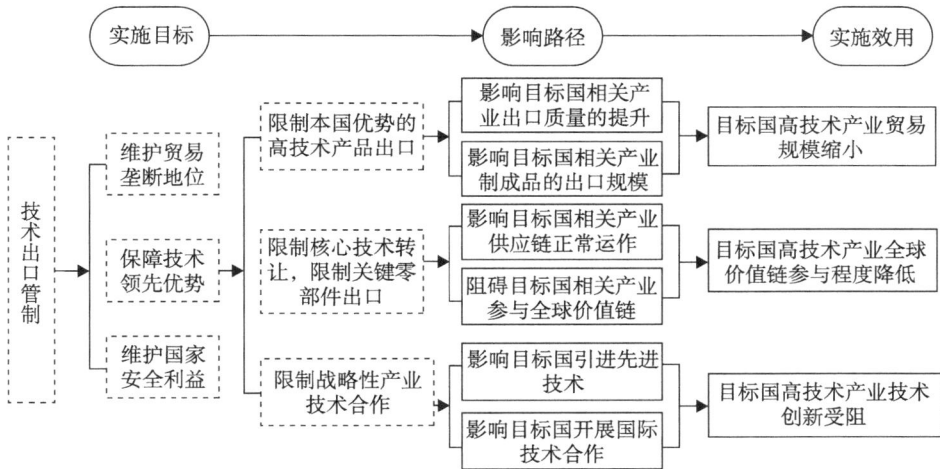

图5-1 技术出口管制影响机制

第二节 美对华技术出口管制的演变与特点

一、美对华技术出口管制的历史演变

第二次世界大战后，东西方两大阵营对立局面不断强化，以美国为首的西方国家为保护其军事实力以及工业优势，对以苏联、中国为代表的社会主义国家采取了严格的出口管制，其中对先进机械设备、先进工业产品的技术出口管制是重要内容。随后，在不同的历史阶段，为保障本国安全利益和科技优势，美国不断调整对华技术出口管制政策，将技术出口管制作为与中国展开战略博弈的重要工具。

（一）冷战时期对华的技术封锁

1949年新中国成立，同年杜鲁门政府通过了《出口管制法》，主要目的是遏制社会主义国家军事实力的发展，防止先进的技术产品落入社会主义阵营。在1949年《出口管制法》中，除了产品管制清单，已经出现明显歧视性的国别管制制度（从严到宽将国家分为 Z、S、Y、W、Q、T、V）。其中，中国和苏联都在管制严格的 Y 组，按照其规定，严禁对 Y 组国家出口任何可能有助于提高军事实力的物项和技术。

为了将美国的单边管制变为与盟友的意志行动，1950 年，美国与英国、法国、意大利、比利时以及荷兰宣布成立巴统，统一了对苏联等社会主义国家的出口管制等贸易限制。巴统在 1952 年成立了"中国委员会"，并公布了295 项禁运外资清单，其中包含物项比对苏联等国的管制清单物项还要多，直接导致了当时中国贸易结构以及对象的重大变化，使中国与苏联、东欧的贸易联系更紧密。1953 年艾森豪威尔政府对苏联的贸易政策发生了很大变化，但是对于中国以及朝鲜的管制更加严格，提出对中国的贸易管制不仅要阻碍其战争潜力本身的增长，而且要阻碍其工业化发展。

20 世纪 60 年代中苏关系紧张，出于战略制衡和拉拢的考虑，肯尼迪以及后期的约翰逊政府内部都有调整放松对华技术出口管制的声音，尤其是政府内商务部等经济部门，但是面对国会主流的反华压力，对华技术出口管制的政策没有太多调整。1969 年，尼克松任职后，对华整体限制出现明显松动，调整了一系列政策缓和与中国的外交关系，不仅《1969 出口管制法》出现缓和管制的调整条款，调整专门针对"社会主义国家"的国别政策；对华禁运也大幅度取消，多项民用高技术产品允许向中国出口，包括随后对华出口的10 架波音 707 飞机。此后，卡特政府延续尼克松的对华松绑的态势，除出口非杀伤性高技术军事装备外，还将中国由 Y 组调整到单独组别 P 组，允许扩大对华出口的高技术产品范围。在一系列宽松的贸易政策引导下，中美在高能物理、空间技术等 27 个高技术领域开展了 500 多个合作项目。1981 年上台的里根总统延续卡特的贸易鼓励政策，中美高技术合作进入快速增长期，对华管制进一步放宽，由 P 组调整到与日本、部分欧洲国家待遇一致的 V 组。在里根总统执政后期，中美高技术合作取得史上最好成绩，美国向中国出口高技术产品达 30 亿美元（见图 5-2）。

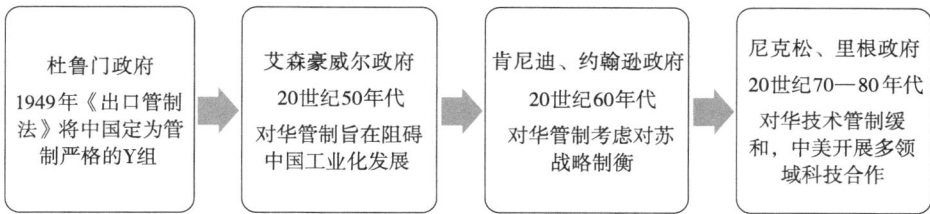

图5-2　冷战时期美对华技术封锁时间轴

（二）冷战后对华技术合作与调整

苏联解体后，中国成为与美国意识形态不一致阵营里最大的"战略竞争对手"。一方面，美国在科技领域面临来自后起之秀日本以及欧盟的竞争，很难在航天、电子等关键领域"一家独大"，因此维护市场垄断地位是美对华技术出口管制考虑的因素之一；另一方面，面对中国更加开放包容的对外发展环境，合作与发展成为美对华技术出口管制考虑的另一个主要因素。

1. 20世纪90年代对华技术出口的接触与遏制

布什政府执政初期，来自美国国会遏制中国技术发展的声音仍占主流，在此形势下，布什政府对华技术出口管制有短暂趋紧，甚至中止长征火箭发射休斯卫星的合同。但是随着布什政府内部保障经济利益、恢复对华贸易的压力不断增加，为了高技术产业的经济利益，布什政府执政后期，在保证最终用户以及最终用途的情况下，部分放开计算机领域以及商用卫星的出口，总体而言，布什政府时期技术管制仍然十分严格。克林顿政府时期，中国日新月异的技术发展速度以及庞大的国内市场需求使得中国成为美国高技术产品以及高技术出口的重要市场。但是由于"中国威胁论"甚嚣尘上，美对华高技术出口管制始终在"遏制"与"接触"之间寻求平衡，美国政府既希望保持中国这个新兴且规模巨大的市场，又希望保证本国技术垄断优势，延缓中国现代化工业进展。计算机作为代表性民用市场高技术产品，技术更新速度快、国际市场竞争激烈、可获得性高，美国逐渐放松其技术出口管制，在此时期对华出口迅速增长。但涉及美国核心国防安全利益的技术合作仍被严格管制，包括叫停对华出口商用通信卫星项目。技术出口管制政策在经济利益与国防安全之间寻求"平衡"。

2. 2000年防扩散技术出口管制

2002年的"9·11"事件催生了美国以打击恐怖主义、防止扩散为主的国家安全战略，美对华技术管制政策也出现了一定程度的松动，中国不再成为"战略竞争对手"，而是期待与中国建立"建设性合作关系"。由此，在确保最终用户以及最终用途的前提下，美国恢复多项对华高科技产品出口，保证产品不得用于军事而是流通于民品市场。与此同时，在小布什政府执政时期，美国开始关注中国半导体产业的发展，以及提升半导体产业对华技术出口管制。2002—2008年，美国问责署先后发布三份报告，关注中国半导体产业发展以及美国对中国技术出口管制情况，系统梳理了中国半导体行业的发展以及美对华半导体出口管制的情况。报告认为，在当时的历史阶段，中国的半导体生产行业分布不均匀，大部分的企业无法生产尖端芯片，且不掌握半导体研发和设计的先进技术，因此并未在半导体行业实施严格的技术出口管制。

为通过贸易和投资提振"2008金融危机"后的美国经济，奥巴马上台后宣布改革贸易政策，其中出口管制体系改革是重要组成部分。尽管这次出口管制改革对许可程序以及主管部门等管理机制进行诸多调整，但对华技术出口管制并没像其承诺过的那样有明显的改变，中国依旧被排除在美国制定的44个出口受惠国之外；承诺向中国放开的46项高科技产品清单，并非先进技术的产品，且审查仍相对严格，需要逐个合同报批许可。管制收紧直接影响中美间高技术产品贸易，2010年美对华高技术产品出口份额占比已经下降到不足10%，不仅远低于日本、欧盟，甚至低于韩国和马来西亚。此外，半导体行业技术出口管制正式实施，不仅包含针对行业龙头企业的直接制裁，如取消对中芯国际集成电路制造有限公司（SMIC）的"经验证最终用户"许可豁免，还发布行业调查报告，提出遏制中国半导体技术发展的具体措施。

（三）2018年后对华技术出口管制收紧

1. 特朗普政府实施更加严格的对华技术出口管制

2018年，刚上任的特朗普在其任期内的《美国国家安全战略》中高调宣布，中国和俄罗斯是美国重要战略竞争对手，不仅挑战了美国实力和核心利益，而且正在侵蚀美国安全与繁荣。报告33次提及中国对美国的威胁，其中科技领域是特朗普政府关注的重点。中国技术的发展和高科技领域的不断突破，引起特朗普政府的焦虑，其上任后精准管制对华出口高科技产品，增加限制出口清单精准打击中国实体，设置高科技领域中国投资安审壁垒，严格限制对华科技交流，对美国的核心技术严防死守。

首先，2018年《出口管制改革法案》（ECRA）成为近30年来美国在出口管制方面的最重要一次升级，也被外界视为"史上最严"的出口管制政策。ECRA将现有的美国出口管制实践纳入立法，增加了对美国"新兴和基础技术"的出口控制，其中包括半导体（SoC、存储器）、生物技术、先进材料等14类技术领域。对于中国而言，上述管制领域准确对应《中国制造2025》高科技发展纲领，阻碍中国十大高技术领域发展意图明显。同时，《出口管制改革法》取消了中国享受的民用最终用户的许可例外，也就是之前的半导体生产设备、计算机、光学以及电信设备等，都不能再享受许可豁免，需要申请出口许可证。

其次，美国的实体清单成为其单边制裁与打压对手的重要手段，由此带来的精准打击与全面封锁，成为其阻止中国高科技产业崛起的利器。对列入该清单的实体，美国商务部产业和安全局（BIS）将设置特别的许可证要求，中国相关实体很难继续获取来自美国的产品，包括高技术中间品以及关键零部件。特朗普执政期间（2018年8月1日—2021年12月31日），共有607家中国公司、研究院所以及个人进入实体清单，列入原因包括但不限于：①违反美国涉伊制裁；②针对中国军民融合政策，中国企业与中国军工业中相关实体之间存在"活动"，中国实体为支持中国人民解放军的计划，获取和尝试获取了原产于美国的物项；③针对所谓的"人权问题"，认为违反美国的外交政策利益；④干涉中国南海问题；⑤涉美知识产权争议纠纷。除此之外，2020年12月22日，美国商务部产业和安全局在《出口管理条例》中增设《军事最终用户清单》，并纳入第一批103个实体中，其中包含58家中国公司和45家俄罗斯公司。清单内的公司需要额外的出口许可程序，且出口许可申请将使用"推定拒绝"标准审查，基本切断其获取美国技术产品以及技术的渠道。特朗普政府多次以"国家安全"为理由，以"总统令"的方式三次否决在高科技领域的中国收购，多集中在半导体领域。此外，为全面实现贸易领域的"视同出口"管制，2018年出台的《外国投资风险评估现代化法案》明确收紧针对美国"关键技术"、"关键基础设施"以及"敏感数据"的外国投资，包括技术出口管制清单的战略性技术，以及新增的新兴和基础技术，涵盖半导体、航空航天、高性能计算等27个行业。

最后，以智力形态存在的技术，是以"人"为载体的经验、技能、知识、智慧和创造力，且是特定或具体的知识，而非泛化的一般性科学技术知识；这种技术输出的途径通常是"人"之间的交流。通俗来说，这种技术就是凝结在科创人员脑子里的技术知识。这种技术是鲜活的，具有巨大的生产潜力，但同时是最难以监控其流动的。随着中国与各国科研交流的不断深入，部分国家率先加强跨国人员交流监管，并强化对华"视同出口"机制的建设和运行。根据美国出口管制条例，中国人在美国大学、科研机构学习，去美国企业参观有关技术、设备或听取介绍，以及中方人员赴美进行合作研究，美国合作方需要申请出口许可。美国政府还采取多种手段试图切断与中国的科技人才流动，2017年的《国家安全战略报告》明确提出会限制中方赴美学习科学、工程留学生的签证。2020年5月29日，美国国务卿蓬佩奥发布行政令，宣布限制中国公民赴美留学修读美国高校STEM专业研究生，特别是暂停为执行和支持中国军民融合战略的实体支持的学术或研究活动。切断科研人员的自由流动，将改变中美科技合作的基本逻辑，推动中美技术脱钩。在大国竞争加剧的背景下，未来一段时期，美国很可能延续甚至进一步强化这一策略。

2. 拜登政府推进全方位对华技术脱钩

2021年上台的拜登政府，在其上台后的《美国国家安全战略》中，把中国界定为最主要的战略竞争对手，认为中国是世界上唯一能改变美国霸权地位的对手，并表示未来将与中国展开激烈的竞争。可以看到，尽管拜登政府制定贸易政策更加谨慎，但会继续特朗普政府对中国高技术产业以及关键产业的高压遏制趋势，不仅丰富美国现有技术出口管制手段，限制美对华技术转让以及高技术中间品出口；而且颁布一系列"自强性"脱钩措施，通过促进自身科技发展，维护美国在关键产业的科技优势。

拜登政府上台伊始，签署了《美国供应链》行政令，计划对美国关键行业供应链进行审查，包括半导体、电池、关键矿产以及生物医药，旨在产业链的关键环节隔绝来自中国的供应渠道，尽量减少关键产品的对华贸易依赖。2022年10月7日，美国商务部产业和安全局发布临时最终规则，修订《出口管理条例》，对先进计算集成电路（ICs）、包含此类ICs的计算机产品以及特定半导体制造物项实施必要管制。新规用出口管制"强杀伤性"措施对中国半导体产业进行多方位的遏制，意在全方位地限制中国制造先进芯片、获取先进芯片以及开发高性能计算技术的能力。此外，美国还宣布将31家中国实体加入"未经核实清单"（Unverified List，UVL），并更改UVL的适用规则，以确保美国在科技竞争中处于优势地位。美国的这套组合拳一方面使得相关行业的中国企业未来发展受到严重的限制，另一方面会为企业带来复杂全新的合规要求，甚至会使企业陷入复杂的行政程序和繁复的证明文书，扰乱企业的发展规划，还会波及全球芯片半导体产业链的稳定发展和世界经济的恢复。

拜登政府对华技术出口管制最鲜明的特点就是一系列"自强性"科技脱钩措施。2022年2月以及3月，美国众议院接连通过《美国竞争法案》以及《美国创新与竞争法案》，两个法案强调美国自身发展和强大科技研发，将大幅度增加科研投入，支持关键产业以及关键技术的研发，保障半导体在行业内的供应链安全。同时，成立技术与创新基金会，支持相关科学、基础科学的本土人才培养。

此外，拜登政府强调与盟国的协同行动，遏制和打压中国高科技产业的发展。2021年美国与欧盟成立美欧贸易和技术委员会，促进与盟国在全球贸易和技术问题上形成框架协议，在共同的价值观层面深化贸易与技术合作关系，强化美国以及盟国在科技领域的领导力，保证其在关键以及新兴领域对抗中国的实力和影响力。美国还试图通过左右包括瓦森纳安排、五眼联盟等在内的外部同盟组织，控制中国半导体以及高新技术产业的发展。历史上，欧洲与美国在出口管制领域的合作就十分紧密。从20世纪50年代针对社会主义国家的巴统合作到今天的出口管制领域重要的多边机制瓦森纳安排合作，欧盟和美国在对华武器禁运以及科技封锁方面一直保持对话合作。瓦森纳安排名义上是建立在自愿基础上的出口管制合作机制，以达到国家之间管制信息畅通、管制政策协调、执法手段有效的目的。但其在实际执行和清单调整中，却带有明显的以美欧为首的西方国家垄断先进技术保障其政治、经济和军事利益的意图。与此同时，随着中美大国博弈的升级，美国急切地巩固与欧盟统一的对华战线。2021年4月美国通过的《战略竞争法案》明确提出，希望和欧盟等盟友以及伙伴国家统一对华外交战略，应对中国在西半球等多地区构成的挑战。而欧盟2021年出口管制新条例呼应了美国的号召，在管控物项分类、管控逻辑、包含人权问题在内的管制理由以及对新兴技术的关注等方面逐步一致，美欧出口管制体系趋同更加明晰。

作为拜登政府在亚太地区重要的战略合作伙伴，日本与美国对华技术管制趋同明显。在日本"最终用户名单"中，有多个实体与美国BIS"实体名单"重合，尤其是研究所与高校。其中，日本"最终用户名单"中的7家中国高校均列于美国BIS"实体名单"之中。研究所方面，除北京航天二院23所（北京无线电测量研究所）、中国航天科技集团有限公司第四研究院、中国航发北京航空材料研究院、中国航空工业集团公司雷华电子技术研究所4个研究所未在美国BIS实体名单中以外，日本"最终用户名单"中的其他16家研究所均已被纳入美国BIS实体名单。除在"名单"方面加强与美国的"联动"

外，美日在半导体领域的合作动向尤其值得关注。2022年美国半导体供应链上的企业巨头，如Applied Materials（应用材料）、Lam Research（泛林）均已被限制与中国企业进行交易。美国也希望尼康、佳能等日本的半导体设备巨头能够与美国"步调一致"，共同限制中国半导体的崛起。2023年伊始，日本、美国和荷兰就先进半导体制造设备出口管制达成新的合作协议，联手在半导体领域遏制中国发展。

二、美对华技术出口管制的特点

随着中国科技实力的迅速提升，作为重要战略竞争对手，美国对中国的技术管制更加严格，甚至借政治、军事同盟拉拢日本、韩国、印度等加强对中国的技术转让限制以及高技术产品出口管制。可以看到，现阶段美对华技术出口管制主要呈现以下特点。

（一）加强"增能"核心技术管制，保持"持续领先"优势

2015年中国发布的《中国制造2025》，以产业结构优化为根本目标，明确未来十年重点发展的十大领域，包括新一代信息技术产业、航空航天产业、新材料、生物医药、机器人等。上述领域对未来中国经济、产业发展具有核心意义，也让美国等国家接收到在产业领域"中国威胁"的重要信号。2018年以来，美国在半导体、量子技术以及生物医药等"增能"领域的对华技术管制也逐渐建立和完善，无论是美国2018年的出口管制改革法案还是2022年以及2023年的半导体芯片新规，都将管制重点放在上述领域的规则制定以及平台治理上。

此外，美对华技术竞争的战略目标已经从谋求"相对优势"调整为"持续领先"。2023年美国总统国家安全事务助理称，美国绝对不允许中国获取关键技术，要保证对华的技术领先地位。

第一，对于自身技术绝对领先的领域采取"全面控制"。对于半导体、新材料等具有绝对技术优势的领域，美国通过调整商务部出口管制清单，颁布

新的法案，全面遏制中国技术能力的提升。以半导体为例，除美国商务部修改管制清单，增加半导体列管物项外，拜登总统也于2022年10月和2023年10月两次签署对华半导体管制法案，将对华打压的重点从"限制进口芯片及使用"拓展到"限制设计、开发、制造等"产业链关键环节。

第二，对于技术优势尚未确定的领域趋于"细化管制"。对于生物、量子技术等技术优势尚未完全确定的领域，美国政府衡量管制与产业开放的平衡，力求做到精准管制，防止管控阻碍正向技术交流合作，影响产业国际竞争力。以量子技术为例，尽管自2021年起，美国政府已经采取措施监控量子技术的出口，但是由于产业总体规模较小，美国政府仍通过对量子工业基础进行周期性评估来调整技术管制强度。

（二）实施行业"链条"管制，破坏行业生态体系

根据中国工程院的评估，中国有8类产业对外依赖度极高，包括光刻机（集成电路产业）、高端芯片（通信装备产业）、轴承和运行控制系统（轨道交通装备产业）、燃气轮机热部件（电力装备产业）、设计和仿真软件（飞机、汽车等行业）等。以集成电路产业和通信装备产业为例，我国小米等手机制造企业多数依赖高通等美国企业提供的芯片，而华为高度依赖的高端手机芯片代工商台积电也因使用美国技术而受到美国出口管制规则的约束，一旦断供，短期内无法找到替代品。与此同时，主要国家也利用自身已有的技术优势和供应链的核心地位，通过技术以及高技术产品出口管制实现对华供应链精准管控。如美国的产业和安全局于2020年5月15日针对华为修订了出口管制规则。新规则规定，华为及其关联公司生产、设计的半导体、芯片类产品，只要采用受管制技术、软件，或受控设备生产的产品都属于美国出口管制范围，这就突破了美国成分占比25%的限制。

此外，技术管制的重点从打击龙头企业转为破坏高科技行业生态。此前，中国高科技龙头企业一直是美国政府科技打压的重点，但其实施效果的局限性也越来越突出，对链条上某个枝节的管制并不能影响链条的流动。因

此，对单个企业的限制并不足以阻碍中国相关产业的科技进步。美国通过修改"外国直接产品规则"（以下简称"FDP规则"）、新增研究机构等实体限制以及修改许可规则，对中国管制行业的供应链上下游进行全方位打击。

（三）扩张"长臂"管辖，加强管制执法

"长臂"管辖是指"依托国内法规的触角延伸到境外，管辖境外实体的做法"。随着大国博弈的不断加剧，美欧等国家或地区以国内法为基础，全面升级技术管制的手段，对中国高技术企业以及行业龙头企业实现精准打压。与此同时，利用其出口管制法律与国内其他法律之间多种多样触发"长臂"管辖的连接点，极大地扩张了对华技术管制制度的管辖范围。其对华技术管制手段与经济制裁、外资安全审查等制度紧密联动、相互配合，更进一步使相关中国境外实体和活动受其管辖。其手段不仅包括将中国高科技企业以及研究机构列入黑名单，切断其获取技术以及高技术中间品的贸易渠道，还包括在执法中获取企业核心商业秘密以及供应链布局等。如近年来，上百家中国企业、大学和研究所等实体由于人权、军民融合以及知识产权等各种理由被美国商务部列入实体清单，且名单有不断扩大的趋势，导致中国相关行业供应链安全和业务发展受到严重影响。

拜登时期，美国出口管制的"长臂"越伸越长，多次修订其"长臂"依据——FDP规则，扩大美国出口管制法对外国产品的管辖效力，干扰非美国实体开展贸易活动和技术转让。修订后的规则规定，凡是美国境外的，利用美国技术生产的，或者主要利用美国设备生产的物项，均受到美国《出口管制条例》的约束。此项规则直接作用于非美国境内生产的产品，在对华技术出口管制中发挥越发突出的作用，企图用国内法的管制"长臂"限制境外企业的经营生产。

此外，美国不断加强对华的执法威慑。2021年，BIS主导实施的66%的刑事处罚和40%的行政处罚都与涉及中国的出口违规行为有关；2022年，BIS对中国9个个人和实体开展调查执法，处罚涉及约152个月监禁和18.55万美元

罚款。

（四）建立"伙伴"联盟，寻求多边管制

随着中国经济体量的不断扩大，与发展水平相似的新兴国家之间贸易和投资额不断扩大，经济领域联系更加密切。但是随着西方大国"中国威胁论"的不断传播，在政治利益和军事合作的裹挟下，新兴国家被迫权衡与中国在关键战略领域的技术合作以及正常贸易，针对中国作出高技术产品出口管制的特殊安排。如近年来，美国出访韩国、日本时频频提到出口管制领域的深度合作，尤其是半导体、信息科技领域对华政策和标准的一致性。2021年10月，美国又提出"印太经济框架"，联合东盟国家强调在经济、科技领域的多边合作机制，无疑让在军事和外交上长期依赖美国的亚洲国家在贸易和科技领域选边站，增加其对华战略博弈的筹码。但是目前来看，多数新兴国家并未作出明确表态，也没有特别针对中国的技术管制政策出台。

技术管制作为一项国家政策，必然服务于国家意志以及发展需要。随着"中国威胁论"甚嚣尘上，对华技术管制越来越多地作为西方国家对华经济斗争工具之一，直接体现其对华意识形态层面的围堵，一个正在崛起的中国就是对现有国际秩序的挑战，并与原来的超级大国争夺国际事务主导权的"异质对手"。因此，多数国家对华技术管制带有典型的意识形态斗争因素，"人权""民主"这些与经济领域无关的话题经常作为新一轮对华技术管制的原因，而对中国"专制国家"的歧视性定义又成为一国在核心技术上封锁中国、强化民主同盟、遏制中国高科技发展的重要借口。

（五）占据标准高地，从标准以及规范加强"制衡"

传统意义上，美欧等西方国家或地区对国际技术标准具有无可替代的影响力。但是随着科技水平的不断提升，尤其是中国在信息通信等领域影响力的不断扩大，引起了主要国家围绕技术标准对中国的新一轮技术管制压制。在关键数字基础设施5G的技术标准制定上，中国在信息技术委员会（JTC）

中的参与度始终超过美国以及欧盟国家，也就意味着中国可以将自身的专利技术转化为公认的国际标准，这引起了主要国家的极大不安和恐慌。2020年美国出台的《5G安全国家战略》，强调了维护国际标准制定领导力的重要性。2021年成立的美欧技术贸易委员会，提出将建立包括网络安全、人工智能、半导体在内的行业技术规则，以抗衡中国在上述领域的迅猛发展。

2023年5月4日，拜登政府颁布的《关键和新兴技术国家标准战略》，强化了标准对技术出口管制的重要作用，战略涵盖了技术出口管制新增的所有领域，包括半导体、人工智能等备受出口管制关注的新兴和基础技术。

第三节　美对华技术出口管制的效应分析

一、美对华技术出口管制的贸易影响

（一）研究问题及假设

技术出口管制作为限制技术（高技术产品转移）的手段，根据其对目标国最直接的影响，体现在贸易流量的变化上，然而由于管制强度的不同，其贸易流量的变化程度也有差异。从2000年后美对华技术管制政策历史变迁的视角出发，2018年特朗普出口管制政策被认为是近30年来美国在出口管制方面最重要的一次升级，也被视为"史上最严"的出口管制政策，是"技术防扩散"到"遏制新技术"的转变，同时中美高技术产品贸易逆差变化产生了极为显著的拐点。因而针对技术出口管制政策对中美高技术行业产品贸易流量变化的影响，本书提出如下研究假设：

H_1：2018年美对华技术出口管制政策实施产生了显著的贸易遏制效应。

从实施国角度来看，美国对中国高新技术行业的出口管制限制高技术出口贸易，影响正常贸易流动，进而影响目标国高技术产业的生产能力以及管制产业出口。基于假设H_1，本书提出如下子假设：

H_{11}：美对华技术出口管制政策实施后，管制行业双边贸易额显著减少。

H_{12}：美对华技术出口管制政策实施后，管制行业贸易逆差显著增加。

H_{13}：美对华技术出口管制政策实施后，管制行业对外贸易总额显著减少。

（二）研究设计

1. 模型构建与说明

美国商务部产业和安全局于2005年修订了《出口管制条例》中的出口国别分组管制表，将对出口国家的管制程度按强弱分为A、B、C、D、E五个组别，其中A组受管制程度最弱，大部分是多边出口管制机制的成员国，如澳大利亚、加拿大、日本；B组受管制程度相对较弱，属于美国战略伙伴，约有176个国家（地区），如智利、希腊、南非；C组是受管制程度适中的国家，目前是空白状态；D组受管制程度较强，属于受关注的国家或地区，包括国家安全、核、生化武器以及有导弹发展计划等方面的管控考虑，如中国、白俄罗斯、以色列等；E组受管制程度最强，为出口禁运国，包括古巴、伊朗、朝鲜、苏丹、叙利亚五个国家（见表5.1）。

表5-1　美国《出口管制条例》对国家的分类

分组	国家	定位
A 组	澳大利亚、加拿大、日本、法国、英国、德国等	多边出口管制机制成员国，多为美国战略合作伙伴
B 组	智利、希腊、南非、印度等176个国家（地区）	受管制较少的国家，享受美国出口许可例外
C 组	（空白）	（保留）
D 组	中国、白俄罗斯、以色列、越南等	受关注的国家或地区，包括国家安全、核、生化武器以及有导弹发展计划等方面的管控考虑
E 组	古巴、伊朗、朝鲜、苏丹、叙利亚	单边禁运国家

资料来源：美国产业和安全局。

2018年美国颁布的《出口管制改革法案》（ECRA）是其近三十年来在出

口管制方面最重要的一次升级，也被外界视为"史上最严"的出口管制政策。ECRA将现有的美国出口管制实践纳入立法，增加了对美国的"新兴和基础技术"的出口控制，其中包括半导体（SoC、存储器）、生物技术、先进材料等14类技术领域。对于中国而言，《出口管制改革法案》以高技术产业精准制裁为主，取消了中国享受的民用最终用户的许可例外，也就是之前的半导体生产设备、计算机、光学以及电信设备等，都不能再享受许可豁免，需要申请出口许可证，中国属于受政策冲击较大的国家；同属亚洲邻国的越南、韩国和日本则基本不受此法案限制，由此形成了该政策实施效果的鲜明对比。在研究设计中，本书以目标国即中国是否受到美国技术出口管制政策对其高技术产业发展限制影响为基本目标，检验该政策是否显著减少了中国高技术产业国际贸易流量。

在评估政策实施效果的方法中，双重差分法是近年来被广泛运用的一种计量经济学方法。政策前后数据的差异不仅是政策变化引起的，还可能受到其他因素的影响，使用双重差分法可以有效消除政策变化前后非政策因素对研究结果的影响。例如，美对华技术出口管制政策可能会受到其他国家同类政策的影响，或者受国际经济环境的影响。而双重差分法通过对比政策变化前后两组数据的差异，并排除其他因素的影响，将数据的随机误差和系统偏差降至最低，得出更加准确的研究结果。

双重差分法的基本思想是将制度政策实施视为一次外生于经济系统的"自然实验"或"准实验"。美对华技术出口管制政策的实行，一方面可能使得中美高技术产业双边贸易流量在技术出口管制政策实施前后产生差异，另一方面可能使得在同一时点上美国与其他非技术出口管制国家之间高技术产品贸易流量相较于中国产生差异。基于该双重差异进行的模型回归估计，可有效控制其他共时性政策的影响及目标国与非目标国的事前差异，进而识别出政策冲击对目标国和非目标国产生的净影响。因此，美对华技术出口管制政策可被视作"准自然实验"。

此外，双重差分法要求作为虚拟变量的政策尽量严格外生，同时要尽量保证实验组与对照组为同质个体。从美国的技术出口管制政策来看，其核心目标是限制和控制对华技术出口，以保护美国国家安全和科技优势，是以美国自身利益为出发点的。同时，美对华技术出口管制政策的实施也依靠其法律和监管机构，与中美两国经贸往来的协议和框架并没有直接关系，政策具有相对的独立性。因此，可以将美对华出口管制政策视为具备外生性特征的政策。在表5-1中，可以根据作为实验组的中国的国家特征对控制组国家进行选取，因而也在一定程度上保证了实验组与对照组为同质个体的要求。综上所述，使用双重差分法评估美对华出口管制政策的贸易效应是可行的。

2. 双重差分模型设计

根据上文的论述，本书从国家层面评估技术出口管制政策对高技术产业贸易流量产生的影响，用于检验假设 H_1 的双重差分模型设定：

$$Biltradeflow_{it} = \alpha + \theta Strain_{it} + \sum \delta_n X_{it} + \lambda_i + \mu_t + \varepsilon_{it} \qquad （1.1）$$

$$Biltradesum_{it} = \alpha + \theta Strain_{it} + \sum \delta_n X_{it} + \lambda_i + \mu_t + \varepsilon_{it} \qquad （1.2）$$

$$Regcountrade_{it} = \alpha + \theta Strain_{it} + \sum \delta_n X_{it} + \lambda_i + \mu_t + \varepsilon_{it} \qquad （1.3）$$

式中，$Biltradeflow_{it}$ 代表目标国和非目标国与美国高技术行业之间的贸易差额，$Biltradesum_{it}$ 代表目标国和非目标国与美国高技术行业之间的贸易规模大小，$Regcountrade_{it}$ 代表目标国和非目标国高技术行业的总贸易规模，$Strain_{it}$ 代表政策虚拟变量，X_{it} 代表控制变量，λ_i 代表个体固定效应，μ_t 代表时间固定效应，ε_{it} 是随机干扰项。

3. 控制变量选取与解释

根据以往研究，本书分别将地理距离、经济发展水平、人口数、贸易双边技术差距作为控制变量。

（1）地理距离 DIS_{it}

地理距离是评估贸易影响的常用变量，从传统贸易成本的角度反映了国家间开展贸易活动的物理空间限制。一般认为，贸易国之间的地理距离越远，贸易交易的成本越高，本书预期贸易国之间的地理距离对贸易流量的影响为负。

（2）经济发展水平 GDP_{it}

GDP是衡量一国经济发展的重要指标，也是评估贸易影响的常用变量。一般认为，贸易国的GDP越高，其商品的供给能力就越强，在双边和多边贸易中的贸易流量就越高。本书预期贸易国经济发展水平对贸易流量的影响为正。

（3）人口数 POP_{it}

人口数是衡量一国供给能力的重要指标，也是评估一国市场潜力的重要指标。一般认为，贸易国人口总数越多，其商品的供给能力和对产品的需求能力就越强。本书预期贸易人口总数对贸易流量的影响为正。

（4）技术差距 $TecGap_{it}$

贸易国之间生产某类产品的技术差距代表了两国该产品的生产能力，反映了一国供应该类产品的能力和另一国对该类产品的需求能力。一般认为，贸易国之间生产某类产品的技术差距越大，该产品在贸易双方中的贸易流量就越大。本书预期贸易国之间生产某类产品的技术差距对贸易流量的影响为正。

表5-2 双重差分模型（1.1）（1.2）（1.3）各变量含义

变量类型	变量名称	变量含义
核心解释变量	$Strain_{it}$	技术出口管制政策虚拟变量
核心被解释变量	$Biltradeflow_{it}$	双边高技术行业贸易差额
	$Biltradesum_{it}$	双边高技术行业贸易规模
	$Regcountrade_{it}$	管制国与目标国高技术行业贸易总规模
控制变量	$Population_{it}$	目标国与非目标国人口数
	$Distance_{it}$	目标国与非目标国与美国地理距离
	GDP_{it}	目标国与非目标国的经济发展水平
	$TecGap$	贸易双方技术差距
个体固定效应	λ_i	
时间固定效应	μ_t	

变量类型	变量名称	变量含义
随机干扰项	ε_{it}	

（三）样本选取与数据来源

1. 关键解释变量

本书将技术出口管制政策 Strain 作为关键解释变量。本书将美国2018年出台的《出口管制条例》作为其出口管制政策，对全球范围内国家高技术产品国际贸易形成政策冲击，其中中国受影响较大，可视为实验组的目标国家，同属亚洲国家的日本、韩国和越南基本不受政策冲击影响，同时与中国相比，国家地理位置相似、文化环境相对一致，在样本数量相对有限的情况下可以看作同质性的个体，可视为对照组的非目标国家，由此形成政策冲击的实验组和对照组。研究时间选择政策出台前四年（2015—2018年）以及政策生效后四年（2018—2022年）。

政策变量：实施前 Strain=0，实施后 Strain=1。

政策选择：2018年特朗普出台对华管制政策——《出口管制改革法案》。

2. 关键被解释变量

贸易效应侧重于技术出口管制引起的贸易流量变化、贸易结构变化、贸易对象变化以及贸易条件变化，包括管制国与目标国之间的贸易规模、贸易平衡以及贸易合作等。本书将贸易效应最直接的体现——贸易流量作为技术出口管制的结果。具体来说，本书将美国对中国高技术产业出口贸易总额、中美贸易平衡、中国高技术行业对外贸易总额、美国高技术行业对外贸易总额作为关键被解释变量，选取的时间范围为2016—2022年，数据来源于联合国贸易数据库（UN Comtrade）。

3. 控制变量

两国之间的地理距离数据来源于法国国际经济研究所CEPII数据库中的Gravity部分；GDP数据来源于世界银行开放数据库；人口规模用人口总数表

示，数据来源于联合国统计司的人口普查数据库（PCD）；与美国之间的技术差距用高技术产业专利数量比率来表示，数据来源于全球知识产权统计数据中心（WIPO）。以上控制变量选取的时间范围为2016—2022年。

（四）实证结果与检验

1. DID回归结果

考虑到面板数据中同时存在的个体固定效应和时间固定效应，本书利用Stata17.0软件，采用双向固定效应模型方法检验技术出口管制政策给目标国和非目标国带来的贸易效应，基准回归结果如表5-3所示，列（1）（2）（3）分别对应前文模型（1.1）（1.2）（1.3）的回归结果。总体来看，在控制了可能影响的变量后，美国技术出口管制政策为中国高技术产业国际贸易带来了显著的贸易效应，为中美贸易平衡、中美贸易规模和中国高技术产业国际贸易总额都带来了显著的负向影响，但显著性存在差异。

从分模型回归结果来看，美国技术出口管制政策对中国高技术产业国际贸易规模的负向影响最为显著，表明技术出口管制政策有效遏制了目标国高技术产业国际贸易规模的扩大；相比之下，美国技术出口管制政策对中美高技术产业双边贸易虽然也呈现出显著的负向影响，但显著性要稍小于对中国高技术产业贸易规模的影响，同时对中美双边贸易（规模以及平衡）影响的回归系数（0.0495、0.0511）也要小于对中国高技术产业总体国际贸易规模影响的回归系数（0.0602）。对于这一差异，本书认为美国的技术出口管制政策并非对中国实行完全限制禁运，削减双边高技术产业贸易流量是政策手段，遏制中国高技术产业在全球贸易中的总体规模是核心效应，从而维护美国高技术产业在全球贸易中的垄断地位。从控制变量对被解释变量的影响来看，国家经济发展水平和人口总数对中国贸易效应均呈现出显著的正向影响，技术差距和地理距离对中国贸易效应均呈现出显著的负向影响，符合前文作出的判断；值得关注的是，国家间技术差距对中国贸易效应的影响，尤其是对中美贸易平衡产生了极为显著的负向影响，进一步验证了分模型回归结果中技术出口管制政策影响系数的显著性差异，即形成垄断、提高他国高技术产业贸易对本国依存度是美国技术出口管制政策实施的主要意图。综上所述，假说H_1得证。

表5-3 双重差分模型（1.1）（1.2）（1.3）基准回归结果

		（1）	（2）	（3）
		$Biltradeflow_{it}$	$Biltradesum_{it}$	$Regcountrade_{it}$
解释变量	$Strain_{it}$	−0.0495** (0.0152)	−0.0511** (0.0170)	−0.0602*** (0.0221)
控制变量	GDP_{it}	0.0589* (0.0009)	0.0594* (0.0133)	0.0676* (0.0029)
	POP_{it}	0.0591* (0.0851)	0.0602* (0.1582)	0.0813* (0.0673)
	$TecGap_{it}$	−0.4987*** (−0.0231)	−0.5301* (−0.0784)	−0.5827** (−0.0375)
	DIS_{it}	−0.0821* (−0.86)	−0.0732* (−0.14)	−0.0862* (−0.32)
时间效应		控制	控制	控制
个体效应		控制	控制	控制
R^2		0.989	0.885	0.934

注：*、**、***分别表示在10%、5%和1%的水平上显著。

2. 平行趋势检验

使用双重差分模型的关键前提是平行趋势假设，即在政策实施前，目标国（中国）和非目标国（日本、韩国、越南）的高技术产业国际贸易流量变化趋势应该是平行的，以确保在美国技术出口管制政策实施前，目标国和非目标国不存在明显的差异。平行趋势检验一般有时间趋势图和事件研究法两种，时间趋势图是一种比较直观的方法，但其仅仅是将控制组和对照组的因变量的均值共同画在一幅图中，凭研究者直观的感受判定是否存在显著性差异，无法从数理意义上判断两类群体的变化趋势。相较于时间趋势图，事件研究法则更为准确，即生成年份的虚拟变量后与treat变量做交互项，然后进行回归。故本节用事件研究法对所有国家的高技术产业总贸易流量进行平行趋势检验，检验结果以置信区间图的形式呈现，如图5-3所示。

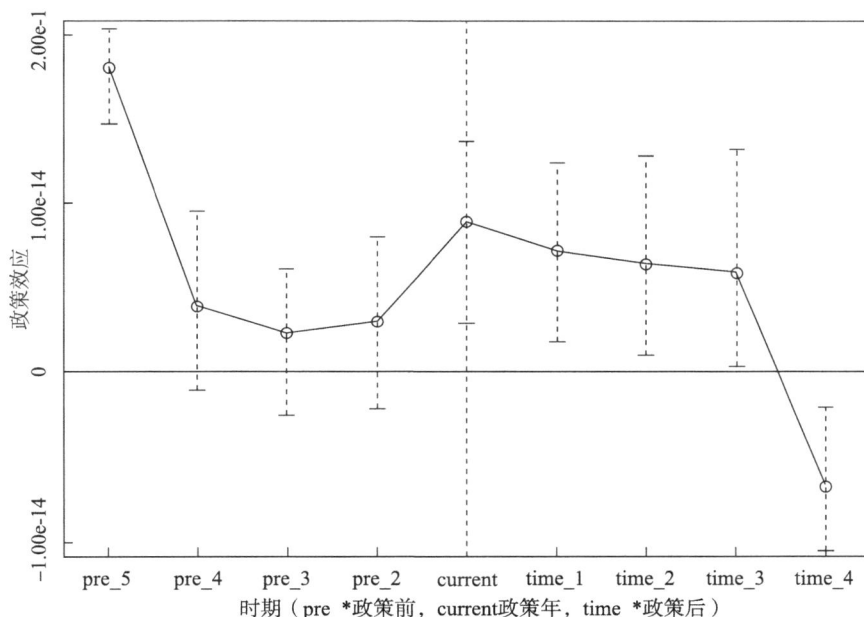

图5-3　目标国（中国）高技术产业国际贸易流量变化的平行趋势

由图5-3可知，从2018年美国实施技术出口管制政策开始，中国高技术产业贸易流量呈现出显著的下降趋势，但随后下降的幅度整体上呈现出边际递减的趋势；在政策实施后第四年也就是2022年，中国高技术产业贸易流量出现大幅度的下降，说明该年受疫情影响较大。综上所述，忽略疫情给全球经济发展带来的冲击，美国技术出口管制政策对中国高技术产业贸易流量产生了显著的影响，且随着时间长度呈现出边际递减的趋势，产生的贸易效应逐渐减弱。整体来看，本书的识别策略依然是有效的。

3. 安慰剂检验

为了进一步检验基准回归结果中其他非观测的随时间变化的个体特征对估计结果产生的影响，本书将采用安慰剂检验进一步验证。本书使用计算机生成美国技术出口管制政策对所有国家形成随机政策冲击并重复1 000次，这样的随机处理能保证政策不会对相应国家高技术产业贸易流量产生影响，这种随机虚构的回归估计出来的系数值主要分布在零两侧。如果估计系数不显著，则间接证明即使存在不可观测的因素，基准估计结果依然有效。结果表明在衡量高技术产业贸易流量影响的三类指标中，对应的随机估计系数分别为 −0.0583、−0.0517、−0.0794且均不显著，说明其他未观测因素几乎不会对美国技术出口管制政策给目标国带来的贸易效应产生影响，安慰剂检验得以通过，本书前文得出的结果具有稳健性。同时，随机冲击对应1 000次回归的系数分布、t值分布均接近于正态分布，且平均值接近于0，说明模型中并未遗漏其他重要变量，目标国贸易流量的变化确实是由政策发生带来的，结果稳健。具体检验结果如表5–4所示。

表5–4　双重差分模型（1.1）（1.2）（1.3）稳健性检验结果检验

		（1） $Biltradeflow_{it}$	（2） $Biltradesum_{it}$	（3） $Regcountrade_{it}$
解释变量	$Strain_{it}$	−0.0583 （−7.6968）	−0.0517 （−1.2741）	−0.0794 （−3.2836）
控制变量	GDP_{it}	控制	控制	控制
	POP_{it}	控制	控制	控制
	$TecGap_{it}$	控制	控制	控制
	DIS_{it}	控制	控制	控制
时间效应		控制	控制	控制
个体效应		控制	控制	控制
R^2		0.475	0.712	0.589

4. 滞前滞后检验

考虑到美对华技术出口管制政策可能在时间上存在滞后效应，同时为了更好地说明本模型较好地控制了遗漏变量和控制变量引起的内生性问题，本书对核心被解释变量与控制变量分别滞后一期、二期与前置一期、二期处理，利用双重差分模型对系数的估计结果显示，滞后处理的估计系数（−0.0468、−0.0498、−0.0601、−0.0368、−0.0415、−0.0499）依然显著，但前置处理的估计系数（0.0056、0.0287、0.0083、0.0018、0.0392、0.0029）不显著且符号为正，说明技术出口管制政策只对实施后的年份产生影响，被解释变量的变化确实是由美对华技术出口管制政策所引起的。此外，前置处理时的估计系数显然要低于未前置时的估计系数，说明美对华出口管制政策对中国管制产业贸易产生的影响随时间推移而减弱。具体检验结果如表5−5、表5−6所示。

表5−5　双重差分模型（1.1）（1.2）（1.3）滞后性检验结果滞后处理检验

		滞后一期处理			滞后二期处理		
解释变量	$Strain_{it}$	−0.0468** （0.0512）	−0.0498** （0.0012）	−0.0601* （0.0097）	−0.0368* （0.1874）	−0.0415* （0.2564）	−0.0499* （0.1076）
被解释变量	GDP_{it}	控制	控制	控制	控制	控制	控制
	POP_{it}	控制	控制	控制	控制	控制	控制
	$TecGap_{it}$	控制	控制	控制	控制	控制	控制
	DIS_{it}	控制	控制	控制	控制	控制	控制
时间效应		控制	控制	控制	控制	控制	控制
个体效应		控制	控制	控制	控制	控制	控制
R^2		0.931	0.893	0.981	0.901	0.798	0.900

表5−6　模型（1.1）（1.2）（1.3）滞后性检验结果前置处理检验

		前置一期处理			前置二期处理		
解释变量	$Strain_{it}$	0.0056 （0.2756）	0.0287 （0.3145）	0.0083 （0.2415）	0.0018 （0.2776）	0.0392 （0.7531）	0.0029 （0.4622）
被解释变量	GDP_{it}	控制	控制	控制	控制	控制	控制
	POP_{it}	控制	控制	控制	控制	控制	控制
	$TecGap_{it}$	控制	控制	控制	控制	控制	控制
	DIS_{it}	控制	控制	控制	控制	控制	控制
时间效应		控制	控制	控制	控制	控制	控制

个体效应	前置一期处理			前置二期处理		
	控制	控制	控制	控制	控制	控制
R^2	0.475	0.671	0.435	0.349	0.575	0.821

（五）基本结论

研究以2018年美国出台的《出口管制改革法案》作为外生经济政策的"准实验"，利用联合国贸易数据库，测度了美国技术出口管制政策对中国高技术产业贸易的影响。结果表明，美对华技术出口管制影响中国高技术产业国际贸易，给中美贸易平衡、中美贸易规模和中国高技术产业国际贸易总额都带来了显著负向影响，但显著性存在差异。其中，美国技术出口管制政策对中国高技术产业国际贸易规模的负向影响最为显著，表明技术出口管制政策有效地遏制了目标国高技术产业国际贸易规模的扩大；相比之下，美国技术出口管制政策对中美高技术产业双边贸易虽然也呈现出显著的负向影响，但显著性要稍小于对中国高技术产业贸易规模的影响。研究认为，美国的技术出口管制政策并非对中国实行完全限制禁运，削减双边高技术产业贸易流量是政策手段，遏制中国高技术产业在全球贸易中的总体规模是核心效应，目的是维护美国高技术产业在全球贸易中的垄断地位。

二、美对华技术出口管制的技术创新影响

（一）研究问题及假设

根据国际技术转移理论，在不存在技术出口管制的情况下，由于国家间技术差距的存在，技术先进国可能通过多种方式进行技术转移，技术落后国也会用多种方式进行追赶，包括技术引进、模仿或者技术创新。而技术落后国的这些行为，又反过来给技术领先国家施压，促使其技术不断创新，双方形成一个互相促进的循环过程。当一国实施技术出口管制时，对于目标国来说，技术出口管制政策改变了技术转移的路径。短期来看，高技术产品进口

受限，技术转移也受限，以引进为主的技术创新模式受到压制，技术升级遇到阻碍；但是长期来看，技术出口管制以及进口受限倒逼落后国增强自主研发能力，促进技术创新模式改变，也可能对技术升级存在积极影响。

由于受到美国严格的技术出口管制，尤其是近年来，中国电子及通信产业外部技术引进受到极大限制。如图5-4所示，尽管中国电子以及通信产业新产品开发经费支出逐年上涨，且趋势明显，但其引进外部技术经费支出的发展趋势与整体研发投入趋势并不相符，在某些年份出现明显下降趋势，说明美对华技术出口管制对中国企业外部依赖性创新可能存在影响。与此同时，电子以及通信产业内部研发支出逐年增长，且增长趋势平稳，说明美对华技术出口管制并未阻碍企业自主创新，反而形成了有效的倒逼机制，存在正向影响。

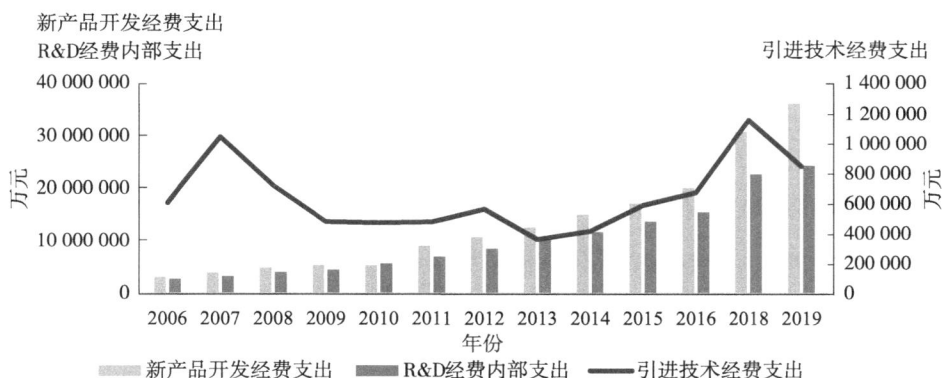

图5-4 中国电子及通信产业新产品研发支出以及外部技术引进情况

由此，本书提出如下研究假设：

H_2：美对华技术出口管制强度将影响中国高技术产业的技术创新能力。

从中国角度来看，美对华高新技术行业的技术出口管制将阻碍中国从美国引进技术（高技术中间品），遏制中国引进技术创新能力；可能倒逼中国高技术产业强调自我研发，强化自主创新能力。因此基于假设H_2，本书提出如下子假设：

H_{21}：美对华技术出口管制强度将遏制中国高技术产业引进创新能力。

H_{22}：美对华技术出口管制强度将倒逼中国高技术产业自主创新能力。

（二）研究设计

1. 模型设定

本书以自主创新能力、引进创新能力为因变量，以美对华电子产业技术出口管制强度 TC 为自变量，以电子以及通信产业主营业务收入（技术创新能力的提升与产业的发展相辅相成）、新产品销售收入、电子通信产业企业数量以及出口额为控制变量，对美对华技术出口管制对创新能力影响进行回归分析。

本书构建如下计量模型来检验美对华技术出口管制强度对中国管制产业技术创新的影响：

$$ER_{it}=\beta_0+\beta TCit+ \sum Control_{it}+\delta_{it} \tag{2.1}$$

$$IR_{it}=\beta_0+\beta TC_{it}+ \sum Control_{it}+\delta_{it} \tag{2.2}$$

式中，i、t 分别为所处行业和年份，ER_{it}、IR_{it} 表示 i 产业在 t 年的引进技术创新能力以及自主技术创新能力；TC_{it} 表示 i 产业在 t 年受到的技术出口管制程度，$\sum Control_{it}$ 表示其他控制变量，包括产业高技术企业数、新产品销售收入、主营业务收入以及产业出口额。此外，δ_{ijt} 表示随机误差项。

2. 变量说明以及数据来源

本书以自主创新能力、引进创新能力为因变量，以美对华电子产业技术出口管制强度 TC 为自变量，以电子以及通信产业主营业务收入（技术创新能力的提升与产业的发展相辅相成）、新产品销售收入、电子通信产业企业数量以及出口额为控制变量，对美对华技术出口管制对创新能力影响进行回归分析。

（1）关键解释变量

本书研究的是技术出口管制的技术创新效应，因此技术出口管制程度（TC）是核心解释变量。技术出口管制是通过实施贸易管理政策直接限制正常的技术贸易活动以及商品贸易活动。因此，一国高技术产业的出口额的变化以及高技术产业出口占比制造业出口额的变化理论上可以用于判断一国政府技术出口管制的强度变化，尤其是高技术产业出口占制造业出口额比例的数值变化，可以作为技术出口管制强度纵向测量的主要指标。

本书参照Baldwin（2003）贸易自由度指数，对高技术产业的贸易自由度进行测算，贸易自由度越高，说明对高技术产业管制越宽松，也就是技术出口管制程度越低；贸易自由度越低，说明对高技术产业管制越严格，也就是技术出口管制程度越高。其中管制实施国为A，管制目标国为B，管制程度用TC表示，A国对B国的高技术产业出口额为EX_{AB}，A国对全球的出口额为EX_{AW}；B国对A国的高技术产业出口额为EX_{BA}，B国对全球的出口额为EX_{BW}。计算公式表达如下：

$$TC = \sqrt{EX_{AB} / EX_{AW}} * \sqrt{EX_{BA} / EX_{BW}}$$

（2）关键被解释变量

姜辉（2018）将双元性创新理论［March J.（1991）］运用到对产业创新能力的评估中，将产业技术创新分为内部依赖性技术创新和外部依赖性技术创新。本书借鉴上述观点，用引进创新能力（外部）（ER）以及自主创新能力（内部）（IR）来衡量中国电子及通信设备制造业的创新能力。自主创新能力是指行业通过加大内部研发投入，增强企业自主创新能力，推动企业技术创新，本书用R&D内部支出占主营业务收入的比例体现自主创新能力。引进创新能力是指行业通过增加技术引进支出，鼓励企业技术模仿和技术追赶，推动企业技术创新，本书用引进技术经费支出占技术改造、消化吸收以及购买国内技术支出的比例体现引进技术创新能力。数据来源于《中国高技术产业统计年鉴》（2005—2022年）。

（3）控制变量

影响企业技术创新，包括自主创新以及引进创新的还有其他重要的因素，在本书模型设计中均作为控制变量判断影响。综合梁琦（1998）、宗庆庆等（2015）以及姜辉（2018）的研究分析以及高技术产业统计年鉴数据统计，将产业内企业数量（Z_1）、新产品销售收入（Z_2）、产业主营业务收入（Z_3）以及新产品出口额（Z_4）作为控制变量。数据来源于《中国高技术产业统计年鉴》（2005—2022年）。

其中，自主创新能力与新产品销售收入密切相关，也就是只有新产品收入不断增加，企业才能有更多自主研发投入的来源和积极性。此外，产业内企业数量越多也会引发自主创新的积极性不断提升，竞争越发激烈直接影响企业自主创新能力的提升。

引进技术创新能力与主营业务收入及新产品出口额密切相关，也就是说，产业的营业收入越高，引进技术以及内部研发投入规模就会相应越高；产业的开放程度越大，从国外引进技术的需求就越强，引进技术的实力就越雄厚。

（三）实证结果与分析

1. 描述性统计分析

本书选取的数据年度跨度为2004—2021年，数据根据《中国高技术产业统计年鉴》（2005—2022年）以及UN Comrade数据库，整理计算得出。其中，外部技术创新能力、自主技术创新能力以及技术出口管制程度数值都比较小（0～1），直接用于模型分析；其他数值数量级较大，做自然对数处理后用于模型分析。

使用描述性统计分析对所有整理过且进行自然对数处理的变量数据进行统计性描述，以获取感兴趣的变量的分布特征以及对内部结构获得一个尽可能直观的感性认识。从表5-7描述统计中可知，引进技术创新能力的数据值范围为0.0233~0.266，平均值为0.0826；内部技术创新能力的数据范围为0.0131~0.0243，平均值为0.0171；技术出口管制程度的数据值范围为11.29~14.62，平均值为13.35。其他绝对量取对数后数据标准差显著降低，本书最终选定数据的标准差均较小，数据较为平稳。

表5-7　回归模型（2.1）（2.2）变量描述性统计分析

Variable		数据量	平均值	标准差	最小值	最大值
ER	引进技术创新能力	18	0.0826	0.0754	0.0233	0.266
IR	自主技术创新能力	18	0.0171	0.00330	0.0131	0.0243
TC	技术出口管制强度（贸易自由度）	18	13.35	0.960	11.29	14.62
Z_1	取对数后的高技术企业数	18	9.437	0.198	9.060	9.779
Z_2	取对数后的新产品销售收入	18	18.76	0.740	17.59	19.84
Z_3	取对数后的主营业务收入	18	10.80	0.550	9.956	11.51
Z_4	取对数后的出口额	18	9.947	0.375	9.403	10.50

2. 实证回归及检验

在所有变量描述性统计分析的基础上，对面板数据进行相关检验，明确其关联程度，排除其自相关性，进一步保证回归的显著性结论。

（1）相关性检验以及多重共线性检验

首先，用相关性检验验证解释变量与被解释变量的关联程度。如表5-8所示，核心解释变量X与Y_1的相关系数为0.339，在10%的显著性水平上呈现显著正相关。核心解释变量X与Y_2的相关系数为-0.581，在5%的显著性水平上呈现显著负相关。控制变量之间的相关系数大部分也显著，其Z_2与Z_3的相关程度最高，达到0.990，说明控制变量之间可能存在共线问题。为避免出现多重共线性，需要进一步对变量进行多重共线性检验。

表5-8　回归模型变量相关性检验分析

Variable	ER	IR	X	Z_1	Z_2	Z_3	Z_4
TC	0.339*	-0.581**	1				
Z_1	-0.603**	0.459	0.205	1			
Z_2	-0.798***	0.896***	-0.328	0.640**	1		
Z_3	-0.831***	0.856***	-0.336	0.624**	0.990***	1	
Z_4	-0.603**	0.0380	0.264	0.511*	0.443	0.524*	1

注：* $P<0.1$，** $P<0.05$，*** $P<0.01$。

如表5-9所示，多重共线性检验中左边为未剔除变量的结果，可以发现 Z_2、Z_3 的方差膨胀因子（VIF）值超过10，而剔除 Z_3 后，模型中变量的 VIF 均小于5，低于 Mason 和 Perrault 所推荐的 10 的分界点，表明变量间不存在多重共线性。

表5-9　模型（2.1）（2.2）变量多重共线性检验

HE	VIF	1/VIF		VIF	1/VIF
Z_3	101.452	0.01	Z_1	4.461	0.224
Z_2	80.734	0.012	Z_2	4.351	0.23
Z_4	6.863	0.146	Z_4	2.855	0.35
Z_1	4.472	0.224	TC	2.362	0.423
TC	2.535	0.394			

（2）自相关检验以及异方差检验

模型存在自相关和异方差会影响模型的有效性、假设检验、预测准确性，显著性检验结果不再准确。因此需要对此进行检验分析。

自相关检验采用D.W检验，结果为Durbin–Watson d–statistic（5，13）=1.847781，距离2近说明不存在自相关。采用D-W's h检验结果见表5-10，结果 Prob=0.9119>0.1接受 H_0 原假设，两种方法均表明模型不存在自相关。

表5-10　模型（2.1）（2.2）的自相关检验结果

lags（p）	chi2	df	Prob>chi2
1	0.012	1	0.9119

采用怀特异方差检验，对数据验证结果见表5-11，结果Prob=0.3690>0.1，接受 H_0 原假设，表明不存在异方差。

表 5-11 模型（2.1）（2.2）的异方差检验结果

Source	chi2	df	p
Heteroskedasticity	13.00	12	0.3690
Skewness	7.49	4	0.1121
Kurtosis	1.55	1	0.2133
Total	22.04	17	0.1831

（3）基准回归

对上述变量进行回归分析，回归结果见表5-12。

表 5-12 回归模型（2.1）（2.2）变量回归结果

	ER	IR
TC	0.0332* (0.0875)	−0.0006** (0.0239)
Z_1	−0.1079 (0.2857)	0.0014 (0.3167)
Z_2	−0.0287 (0.3372)	0.0042*** (0.0000)
Z_4	−0.0895* (0.0552)	−0.0033*** (0.0003)
_cons	2.0860*** (0.0062)	−0.0337*** (0.0024)
N	18	18
R^2	0.8068	0.9812
F	8.3494（0.0059）	104.4786（0.0000）

注：*$P<0.1$，**$P<0.05$，***$P<0.01$。

根据表5-12线性回归结果，可以发现解释变量TC（技术出口管制程度）对ER（引进技术创新能力）和IR（自主技术创新能力）的影响分别在10%和5%的显著性水平下显著。

其中，在10%的显著水平下，贸易自由度对引进技术创新能力产生显著正向影响，也就是说技术出口管制程度对引进技术创新能力产生显著负向影响，在假定其他变量保持不变的情况下，贸易自由度增加 1，也就是技术出口管制放松 1，引进技术创新能力将增加 0.0332。

其中，在 5% 的显著水平下，贸易自由度对自主创新能力产生显著负向影响，也就是说技术出口管制程度对自主创新能力产生显著正向影响，在假定其他变量保持不变的情况下，贸易自由度减少 1，也就是技术出口管制增强 1，自主技术创新能力将提升 0.0006。

同时，F 检验为回归联合显著性检验，其中 P 值小于 0.01，说明回归模型联合显著性检验通过。

（4）内生性检验

通过查阅文献，参考 Barro、Lee（1994）[1]，陈晓（2021）[2] 将解释变量的滞后期作为工具变量，Bellemare 等（2017）[3] 也指出可以用滞后一期作为当期变量的工具变量，本书采用同样的处理方法，即采用核心解释变量的滞后期作为工具变量进行 Hausman 内生性检验。Hausman 检验的假设就是若解释变量具有内生性，则两种方法的估计量并不相同，也就是通过对内生解释变量与随机误差项相关的检验，判断一个变量是否为内生变量，原假设为 Cov（X，ui）=0，接受原假设表明解释变量 X 为外生变量。若是拒绝原假设，则说明内生性问题的存在。可以发现，Prob>chi2=0.4941，是大于 0.1 的，接受原假设表明模型不考虑内生性问题。

（四）基本结论

通过对共线变量的剔除，通过异方差、自相关、内生性的检验分析，最终所做模型与实际情况符合程度较高，也就是技术出口管制对目标国技术创新产生效应。随着美对华电子及通信产业技术出口管制的趋严，中国电子及

① BARRO R J，LEE J W. Sources of economic growth[J]. Carnegie-Rochester Conference Series on Public PoliCy，1994，11-46.

② 陈晓.互联网普及率对区域经济增长的影响研究：基于县域面板的实证研究[D].北京：中国人民大学，2021.

③ BELLEMARE M F，MASAKI T，PEPINSKY T B. Lagged explanatory variables and the estimation of causal effect[J]. The Journal of Politics，2017，79（3）：949-963.

通信产业进口高科技中间品以及引进技术都会受到影响，由此，倒逼企业的技术创新选择发生调整，会增加研发内部经费支出的比重，更加重视自我创新能力的提升，自主技术创新指标将会不断提升。与此同时，引进美国先进技术和高技术中间品都会面临更多的障碍，但是由于企业灵活调整引进渠道，拓展潜在的技术合作方，美国单方面加强技术管制并不能完全抑制中国电子和通信产业发展引进技术创新能力。

可以看出，技术出口管制强度（贸易自由度）遏制目标国引进技术创新能力，在10%显著性水平上呈现出负向影响。本书认为，单一国家的单边技术出口管制不能完全抑制管制目标国引进先进技术，企业可能通过购买国际技术或者从他国（非管制实施国）引进技术来应对实施国的技术出口管制，因此影响仅在10%水平上显著。此外，主营业务收入以及产业出口额对引进技术创新能力有显著影响，且随着产业出口额的提升、产业发展的开放程度不断提升，引进技术创新能力也会随之提升。

可以看出，技术出口管制强度（贸易自由度）会产生倒逼效应，改变目标国创新路径，在5%显著性水平上存在显著正向影响，提升自主创新能力。本书认为，技术出口管制严格到一定程度（贸易自由度指数越低），根据波特假说可能形成管制倒逼效应，目标国将主动改变创新路径，提升自主创新能力。此外，新产品的销售收入对自主创新能力也具备显著影响，自主创新能力的提升离不开新产品销售收入的增加。

三、美对华技术出口管制的全球价值链参与度影响

（一）研究问题及假设

根据全球价值链理论，技术出口管制限制目标国获取先进技术以及高技术中间品，影响目标国产业链下游制成品的生产，阻碍目标国相关产业参与全球价值链。由此，美对华技术出口管制可能会限制中国高技术产业的技术获取和发展，降低相关产业在全球范围内的比较优势和竞争力，进而改变高技术产业在国内的规模和在国际价值链和供应链中的参与程度。具体来说，

美对华技术出口管制导致中国受限技术所涉及的相关产业比较优势降低，促使其全球价值链参与度发生变化。根据以上分析，本书提出如下研究假设：

H_3：美对华技术出口管制对中国高新技术产业参与全球价值链产生负面影响。

基于 H_3，提出如下子假设：

H_{3_1}：美对华技术出口管制降低了中国高新技术产业的全球价值链前向参与度。

H_{3_2}：美对华技术出口管制降低了中国高新技术产业的全球价值链后向参与度。

H_{3_3}：美对华技术出口管制降低了中国高新技术产业的全球价值链整体参与度。

（二）研究设计

1. 双重差分模型设计

在这里我们仍然遵循前文的方法，将2018年美国出台的《出口管制条例》视为一次"准自然"实验，将中国及其在亚洲的四个邻国视为核准自然实验冲击的对象，选取政策构建差分模型研究该条例对目标国即中国高技术产业在全球价值链中参与度的影响。研究时间选择政策出台前四年（2015—2018年）以及政策生效后四年（2018—2022年）。具体构建模型如下：

$$FronGVC_{it} = \alpha + \theta Strain_{it} + \sum \delta_n X_{it} + \lambda_i + \mu_t + \varepsilon_{it} \qquad （3.1）$$

$$BeGVC_{it} = \alpha + \theta Strain_{it} + \sum \delta_n X_{it} + \lambda_i + \mu_t + \varepsilon_{it} \qquad （3.2）$$

$$TotGVC_{it} = \alpha + \theta Strain_{it} + \sum \delta_n X_{it} + \lambda_i + \mu_t + \varepsilon_{it} \qquad （3.3）$$

式中，$FronGVC_{it}$ 代表目标国与非目标国在全球高技术产业价值链中的前向参与度，$BeGVC_{it}$ 代表目标国和非目标国在全球高技术产业价值链中的后向参与度，$TotGVC_{it}$ 代表目标国和非目标国在全球高技术产业价值链中的整体参与度，$Strain_{it}$ 代表政策虚拟变量，X_{it} 代表控制变量，λ_i 代表个体固定效应，μ_t 代表时间固定效应，ε_{it} 是随机干扰项。根据以往研究，本书分别将经济发展水平、人口数、研发投入作为控制变量。测算使用的增加值数据均来自亚洲开发银行编制的2015—2022年多区域投入产出表。

2. 控制变量选取与解释

根据以往研究，本书分别将地理距离、经济发展水平、人口规模、高技术行业研发投入差距作为控制变量。

（1）经济发展水平 GDP_{it}

GDP代表了一个国家整体的经济规模。一般认为，一国GDP越高，产业发展水平越高，其参与全球价值链的程度就越深。本书预期经济发展水平对中国高技术行业产业效应的影响为正。

（2）人口规模 POP_{it}

人口数代表了一个国家市场需求和劳动生产的规模。一般认为，一国人口总数越大，其商品的供给能力和消费能力就越强，本书预期经济发展水平对中国高技术行业产业效应的影响为正。

（3）高技术行业研发投入 RD_{it}

研发投入代表了政府对高技术行业的支持力度，本书预期研发投入对中国高技术行业产业效应的影响为正，本书使用高技术行业研发人员总数来代替。

（三）样本选取和数据来源

1. 关键解释变量：美国技术出口管制政策冲击

仍然遵循第二节本节贸易影响中，将2018年美国出台的《出口管制条例》这一政策设定为核心解释变量。

2. 关键被解释变量与事实特征

（1）高技术行业全球价值链前向参与度 GVC_For

全球价值链前向参与度代表了一国生产并出口中间品参与全球高技术行业价值链的程度，公式计算为前向参与度＝出口中的间接增加值占其总出口的比重。

$$GVC\_For_i^r = \frac{IV_i^r}{V_i^r (I - A^r)^{-1} Y_i^r} \tag{5.1}$$

式中，$GVC\_For_i^r$ 表示 r 国 i 行业在 GVC 国际分工中的前向参与度，即该行业出口的中间产品被其他国家用于生产其出口产品占总出口的比例；IV_i^r 表示 r 国 i 行业的间接增加值出口，即 r 国 i 行业出口中间品的贸易额；V_i^r 表示 r 国 i 行业增加值总额，$(I-A')^{-1}$ 表示里昂惕夫矩阵，Y_i^r 表示 r 国 i 行业的出口总额。根据亚洲开发银行数据计算，中国、韩国、越南和日本高技术产业全球价值链的前向参与度结果和趋势如图5-5所示，可以看到，除了中国，韩国、越南在2018年后高技术产业全球价值链前向参与度有上升的趋势，日本在小幅振荡后也有稳定上升的趋势。

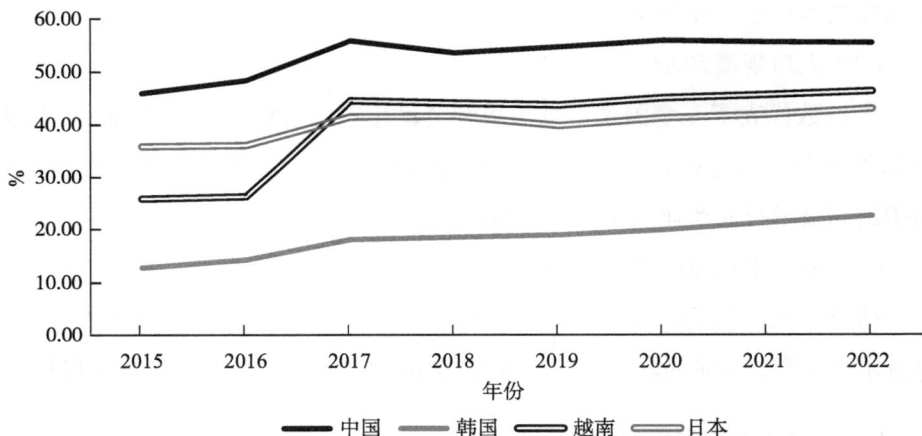

图5-5　各国高技术产业全球价值链前向参与度趋势

（2）高技术行业全球价值链后向参与度 GVC_Back

全球价值链后向参与度代表了一国进口并加工中间品参与全球高技术行业价值链的程度，公式计算为后向参与度=出口最终产品中包含的国外增加值比重。

$$GVC\_Back_i^r = \frac{FV_i^r}{V_i^r (I-A')^{-1} Y_i^r} \qquad (5.2)$$

式中，$GVC\_Back_i^r$ 表示 r 国 i 行业在 GVC 国际分工中的后向参与度，即该行业在其生产过程中使用的其他国家提供的中间产品占总出口的比例。FV_i^r 则表示 r 国 i 行业出口最终产品中包含的国外增加值，即 r 国 i 行业出口最终产品中包含的国外进口中间品价值；V_i^r 表示 r 国 i 行业增加值的总额，$(I-A^r)^{-1}$ 表示里昂惕夫矩阵，Y_i^r 表示 r 国 i 行业出口总额。根据亚洲开发银行的数据测算，中国、韩国、越南和日本高技术产业全球价值链的后向参与度结果和趋势如图5-6所示，可以看到，中国和越南的高技术产业全球价值链后向参与度一直处于下降趋势，而其他国家趋势不明显。

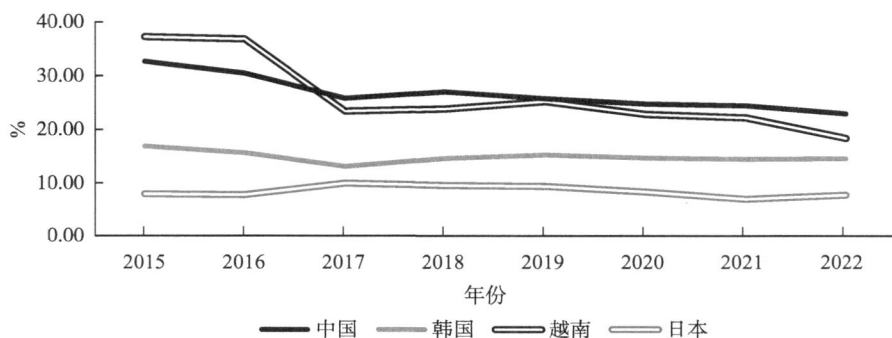

图5-6 各国高技术产业全球价值链后向参与度趋势

（3）高技术行业全球价值链整体参与度TotGVC

全球价值链整体参与度代表了一国生产、加工、出口高技术中间产品和最终产品参与全球高技术行业价值链的程度，公式计算为整体参与度=前向参与度与后向参与度之和。

（四）实证结果与检验

1. DID回归结果

考虑到面板数据中同时存在的个体固定效应和时间固定效应，本书利用Stata17.0软件，采用双向固定效应模型方法检验技术出口管制政策给目标国和非目标国带来的产业效应，基准回归结果如表5-13所示，列（1）（2）（3）分别对应前文模型（3.1）（3.2）（3.3）的回归结果。总体来看，在控制了可能影响的变量后，美国技术出口管制政策给目标国即中国高技术产业全球价值链后向和整体参与度都带来了显著的负向影响，但显著程度存在差异；而给中国高技术产业全球价值链前向参与度带来了并不显著的负向影响。

从分模型回归结果来看，美国技术出口管制政策对中国高技术产业全球价值链后向参与度的负向影响最为显著，表明美国技术出口管制政策通过限制中国进口高技术产业中间产品进行加工贸易，有效遏制了中国高技术产业全球价值链后向参与度的上升；相比之下，美国技术出口管制政策虽然对中国高技术产业全球价值链前向参与度也呈现出负向影响，但并不显著，可能是由于中国本身在全球高技术产业上游中间品生产方面处于相对弱势的地位，而美国技术出口管制政策主要针对的是高技术中间品加工贸易；美国技术出口管制政策对中国高技术产业全球价值链整体参与度也呈现出显著的负向影响，但由于整体参与度由前向参与度和后向参与度共同决定，所以显著性要低于后向参与度的负向影响，同时说明美国技术出口管制政策主要通过限制中国高技术产业在全球价值链中的后向参与度来影响其在整体参与度中的地位。从控制变量对被解释变量的影响来看，国家经济发展水平和人口总数对中国高技术产业全球价值链参与度均呈现出显著的正向影响，符合前文作出的判断。值得关注的是，高技术研发投入对国家高技术产业全球价值链参与度均产生了十分显著的正向影响，从影响系数来看，对整体参与度的影响最大，后向参与度次之，前向参与度最小，说明提高自身高技术产业研发投入能够有效缓解技术出口管制政策带来的冲击。综上所述，假说H_3得证。

表 5-13　双重差分模型（3.1）（3.2）（3.3）基准回归结果

		（1） $FronGVC_{it}$	（2） $BeGVC_{it}$	（3） $TotGVC_{it}$
解释变量	$Strain_{it}$	−0.0114 （−0.1961）	−0.0132** （−0.0185）	−0.0206* （−0.1017）
控制变量	GDP_{it}	0.2807* （0.0159）	0.3182* （0.0183）	0.1664* （0.0412）
	POP_{it}	0.0295* （0.0163）	0.0756* （0.0237）	0.0518 （0.2899）
	RD_{it}	0.0021*** （0.0007）	0.0024*** （0.0009）	0.0025*** （0.0009）

	（1）	（2）	（3）
	$FronGVC_{it}$	$BeGVC_{it}$	$TotGVC_{it}$
时间固定效应	控制	控制	控制
个体固定效应	控制	控制	控制
R^2	0.384	0.965	0.815

注：*、**、***分别表示在10%、5%和1%的水平上显著。

2. 平行趋势检验

使用双重差分模型的关键前提是平行趋势假设，即在政策实施前，目标国（中国）和非目标国（日本、韩国、越南）高技术产业全球价值链各类参与度的变化趋势应该是相同的，以确保在美国技术出口管制政策实施前，目标国和非目标国不存在明显的差异。平行趋势检验一般有时间趋势图和事件研究法两种，时间趋势图是一种比较直观的方法，但其仅仅是将控制组和对照组的因变量的均值共同画在一幅图中，凭研究者直观的感受判定是否存在显著性差异，无法从数理意义上判断两类群体的变化趋势。相比于时间趋势图，事件研究法则更为准确，即生成年份的虚拟变量后与treat变量做交互项，然后进行回归。故本节用事件研究法对所有国家的高技术产业全球价值链三类参与度进行平行趋势检验，检验结果以置信区间图的形式呈现，如图5-7、图5-8以及图5-9所示。

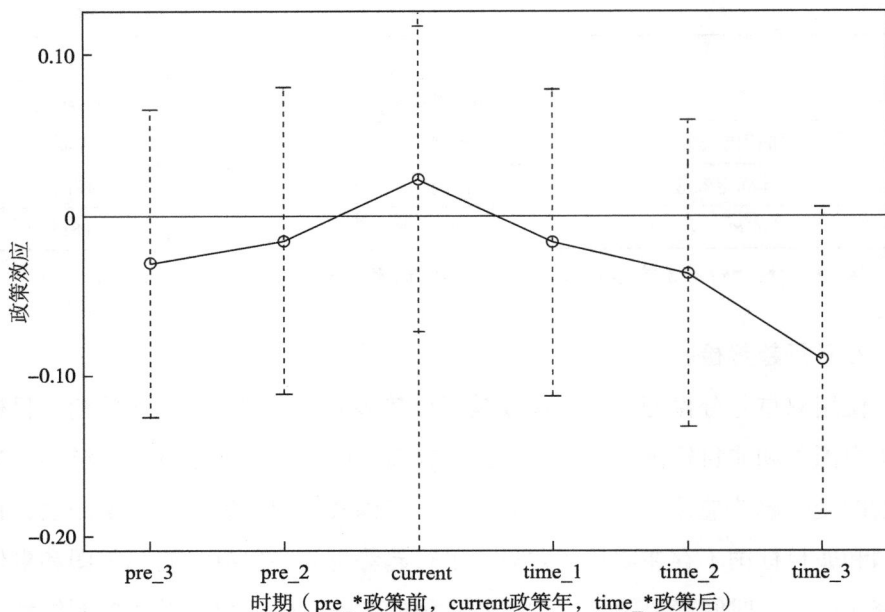

图5-7 双重差分模型后向参与度平行趋势检验

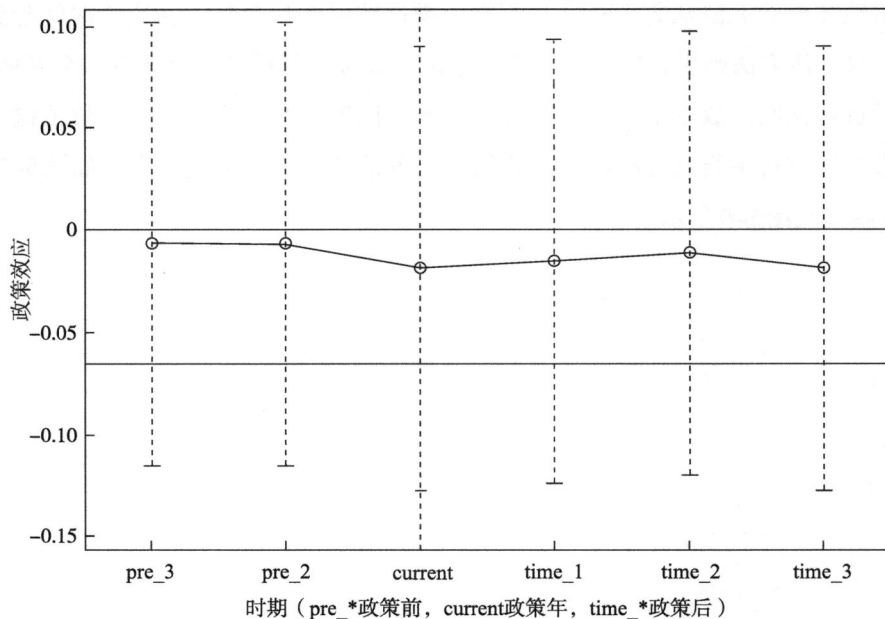

图5-8 双重差分模型前向参与度平行趋势检验

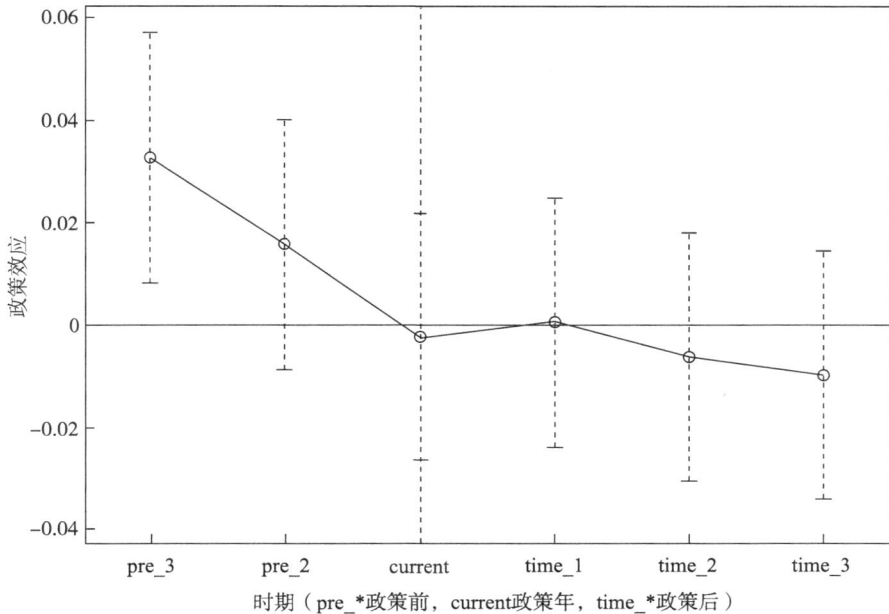

图5-9　双重差分模型整体参与度平行趋势检验

在2018年美国技术出口管制政策开始前，中国高技术产业全球价值链前向参与度处于下降的趋势，后向参与度处于上升的趋势，整体参与度处于下降的趋势；在2018年美国实施技术出口管制政策后，后向参与度出现了显著的下降趋势，且下降幅度呈现出边际递增的趋势；前向参与度的变化趋势相较于政策实施前变化并不大，整体仍然处于波动下降的趋势；整体参与度则是在第一年出现上升后，在后两年呈现出连续下降的趋势，说明技术出口管制政策对整体参与度的影响具有一定的时滞性。但从整体来看，政策实施前后向参与度的动态系数不显著的居多，而在政策实施后各系数趋于显著。综上所述，即使存在其他的政策或者事件的冲击，美国技术出口管制政策也对中国高技术产业全球价值链后向参与度产生了显著的影响，且随着时间长度呈现出边际递增的趋势，产生的产业效应逐渐增强。从整体来看，本书的识别策略依然是有效的。

3. 安慰剂检验

为了进一步检验基准回归结果中其他非观测的随时间变化的个体特征对估计结果产生的影响，本书将采用安慰剂检验进一步验证。本书使用计算机生成美国技术出口管制政策对所有国家形成随机政策冲击并重复1 000次，这样的随机处理能保证政策不会对相应国家高技术产业贸易流量产生影响，这种随机虚构的回归估计出来的系数值主要分布在零两侧。如果估计系数不显著，则间接证明即使存在不可观测的因素，基准估计结果依然有效。结果表明在衡量高技术产业全球价值链参与度影响的三类指标中，对应的随机估计系数分别为 –0.0098、–0.0275、–0.0173 且均不显著，具体见表5–14所示，说明其他未观测因素几乎不会对美国技术出口管制政策给目标国带来的产业效应产生影响，安慰剂检验得以通过，本书前文得出的结果具有稳健性。同时，随机冲击对应1 000次回归的系数分布、t值分布均接近于正态分布，且平均值接近于0，说明模型中并未遗漏其他重要变量，目标国全球价值链参与度的变化确实是由政策发生带来，结果稳健。

表 5–14　双重差分模型（3.1）（3.2）（3.3）稳健性检验结果

		（1）	（2）	（3）
		$FronGVC_{it}$	$BeGVC_{it}$	$TotGVC_{it}$
解释变量	$Strain_{it}$	–0.0098 （–0.7154）	–0.0275 （–1.1880）	–0.0173 （–2.2751）
控制变量	GDP_{it}	控制	控制	控制
	POP_{it}	控制	控制	控制
	RD_{it}	控制	控制	控制
时间固定效应		控制	控制	控制
个体固定效应		控制	控制	控制
R^2		0.472	0.588	0.391

4. 滞前滞后检验

考虑到美对华技术出口管制政策可能在时间上存在滞后效应，同时为了更好地说明本模型较好地控制了遗漏变量和控制变量引起的内生性问题，本书对核心被解释变量与控制变量分别滞后一期、二期与前置一期、二期处理，利用双重差分模型对系数的估计结果显示，滞后处理的后向与整体参与度的估计系数（-0.0127、-0.0198、-0.0091、-0.0100）依然显著，但前置处理的估计系数（0.0215、0.0013、0.0052、0.0029）不显著且符号为正，说明技术出口管制政策只对实施后的年份产生影响，说明被解释变量的变化确实是由美对华技术出口管制政策所引起的。此外，前置处理时的估计系数显然要低于未前置时的估计系数，说明美对华出口管制政策对中国全球价值链参与度产生的影响随时间推移而减弱。具体检验结果如表5–15以及表5–16所示。

表 5–15　双重差分模型（3.1）（3.2）（3.3）滞后性检验结果滞后处理检验

		滞后一期处理			滞后二期处理		
解释变量	$Strain_{it}$	-0.0101（0.2518）	-0.0127*（0.0913）	-0.0198*（0.00995）	-0.0084（0.3861）	-0.0091*（0.0513）	-0.0100*（0.1923）
控制变量	GDP_{it}	控制	控制	控制	控制	控制	控制
	POP_{it}	控制	控制	控制	控制	控制	控制
	RD_{it}	控制	控制	控制	控制	控制	控制
时间效应		控制	控制	控制	控制	控制	控制
个体效应		控制	控制	控制	控制	控制	控制
R^2		0.575	0.813	0.822	0.437	0.685	0.805

表 5–16　模型（3.1）（3.2）（3.3）前置性检验结果前置处理检验

		前置一期处理			前置二期处理		
解释变量	$Strain_{it}$	0.0002（0.2998）	0.0215（1.3153）	0.0013（0.7913）	0.0003（1.2373）	0.0052（2.3124）	0.0029（0.1932）
控制变量	GDP_{it}	控制	控制	控制	控制	控制	控制
	POP_{it}	控制	控制	控制	控制	控制	控制
	RD_{it}	控制	控制	控制	控制	控制	控制
时间效应		控制	控制	控制	控制	控制	控制
个体效应		控制	控制	控制	控制	控制	控制
R^2		0.213	0.446	0.412	0.711	0.129	0.355

（五）基本结论

研究以 2018 年美国出台《出口管制改革法案》作为外生经济政策的"准实验"，利用亚洲开发银行的多区域投入产出表数据，测度了中国高技术制造业在全球价值链中的前向、后向参与度以及整体参与度，并结合双重差分模型，考察了美对华技术出口管制对中国高技术制造业在全球价值链中参与度的影响。结果表明，美对华技术出口管制对中国高技术制造业 GVC 后向参与度产生了显著的负向影响，美国通过限制中国进口高技术产业中间产品进行加工贸易，有效遏制了中国高技术产业全球价值链后向参与度的上升；相比之下，美国技术出口管制政策虽然对中国高技术产业全球价值链前向参与度也呈现出负向影响，但并不显著，可能是由于中国本身在全球高技术产业上游中间品生产方面处于相对弱势的地位，而美国技术出口管制政策主要针对的是高技术中间品加工贸易；美国技术出口管制政策对中国高技术产业全球价值链整体参与度也呈现出显著的负向影响，但由于整体参与度由前向参与度和后向参与度共同决定，所以显著性要低于后向参与度的负向影响，同时说明美国技术出口管制政策主要通过限制中国高技术产业在全球价值链中的后向参与度来影响其在整体参与度中的地位。

第四节　结论与政策建议

一、技术出口管制对目标国影响的研究结论

研究结果证实，美对华技术出口管制对中国高技术产业的贸易规模、技术创新以及全球价值链参与度产生影响，技术出口管制的实施能够遏制目标国贸易发展，影响目标国技术创新的路径选择，影响目标国管制产业参与国际分工合作，具体包括：

第一，美对华技术出口管制对中国高技术产业的贸易产生影响。双重差

分模型研究证实，技术出口管制政策对目标国高技术产业国际贸易规模的负向影响最为显著，技术出口管制政策有效遏制了目标国高技术产业国际贸易规模的扩大；相比之下，美国技术出口管制政策对中美高技术产业双边贸易虽然也呈现出显著的负向影响，但显著性要稍小于对中国高技术产业贸易规模的影响，同时对中美双边贸易（规模以及平衡）影响的回归系数（0.0495、0.0511）也要小于对中国高技术产业总体贸易规模影响的回归系数（0.0602）。研究认为，美国的技术出口管制政策并非对中国实行完全限制禁运，削减双边高技术产业贸易流量是政策手段，遏制中国高技术产业在全球贸易中的总体规模是核心效应，从而维护美国高技术产业在全球贸易中的垄断地位。从控制变量对被解释变量的影响来看，国家经济发展水平和人口总数对中国贸易效应均呈现出显著的正向影响，技术差距和地理距离对中国贸易效应均呈现出显著的负向影响，符合前文作出的判断。值得关注的是，国家间技术差距对中国贸易效应的影响，尤其是对中美贸易平衡产生了极为显著的负向影响，进一步验证了分模型回归结果中技术出口管制政策影响系数的显著性差异，即形成垄断、提高他国高技术产业贸易对本国依存度是美国技术出口管制政策实施的主要意图。综上所述，假说 H_1 得证，技术出口管制通过遏制目标国（中国）高技术产业贸易规模的扩张，维护本国高技术产业垄断地位。

第二，美对华技术出口管制强度对中国高技术产业创新能力产生影响。回归模型研究证实，一方面，技术出口管制强度（贸易自由度）对目标国引进技术创新能力在10%显著性水平上呈现出负向影响，单一国家的单边技术出口管制不能完全抑制管制目标国引进先进技术，企业可能通过购买国际技术或者从他国（非管制实施国）引进技术来应对实施国的技术出口管制，因此影响仅在10%水平上显著。此外，主营业务收入以及产业出口额对引进技术创新能力有显著影响，且随着产业出口额的提升、产业发展的开放程度不断提升，引进技术创新能力也会提升。另一方面，技术出口管制强度（贸易自由度）产生倒逼效应，改变目标国创新路径，在5%显著性水平上存在显著正向影响，提升自主创新能力。技术出口管制严格到一定程度（贸易自由度指数越低），根据波特假说可能形成管制倒逼效应，目标国将主动改变创新路径，提升自主创新能力。此外，新产品的销售收入对自主创新能力也具备显著影响，自主创新能力的提升离不开新产品销售收入的增加。

第三，美对华技术出口管制强度对中国高技术产业全球价值链参与度产生影响。双重差分模型研究证实，技术出口管制对目标国高技术产业全球价值链后向参与度的负向影响最为显著，表明美国技术出口管制政策通过限制中国进口高技术产业中间产品进行加工贸易，有效遏制了中国高技术产业全球价值链后向参与度的上升；相比之下，美国技术出口管制政策虽然对中国高技术产业全球价值链前向参与度也呈现出负向影响，但并不显著，可能是由于中国本身在全球高技术产业上游中间品生产方面处于相对弱势的地位，而美国技术出口管制政策主要针对的是高技术中间品加工贸易；美国技术出口管制政策对中国高技术产业全球价值链整体参与度也呈现出显著的负向影响，但由于整体参与度由前向参与度和后向参与度共同决定，所以显著性要低于后向参与度的负向影响，同时说明美国技术出口管制政策主要通过限制中国高技术产业在全球价值链中的后向参与度来影响其在整体参与度中的地位。从控制变量对被解释变量的影响来看，国家经济发展水平和人口总数对中国高技术产业全球价值链参与度均呈现出显著的正向影响，符合前文作出的判断。值得关注的是，高技术研发投入对国家高技术产业全球价值链参与度均产生了十分显著的正向影响，从影响系数来看，对整体参与度的影响最大，后向参与度次之，前向参与度最小，说明提高自身高技术产业研发投入能够有效缓解技术出口管制政策带来的冲击。综上所述，假说H₃得证，技术出口管制通过限制高技术中间品向目标国出口，阻碍目标国相关产业参与全球价值链。

综上所述，研究认为，一国实施技术出口管制，能够实现其遏制目标国高技术产业贸易、阻碍目标国高技术产业参与全球合作，以及短期内限制目标国引进先进技术的效应。

二、政策建议

面对日益复杂的外部环境，基于本书的研究结论，我国高技术制造业应持续增强自主创新能力，提升两链韧性和安全水平，提升关键环节高附加值的服务质量，通过更加开放的国际合作，积极应对美国技术出口管制，具体包括：

第一，持续增强高技术制造业自主创新能力，推动技术创新模式转型升级。面对美对华趋严走实的出口管制和愈演愈烈的技术"脱钩"，中国应围绕高技术产业链关键环节，集中优质资源合力推进核心技术攻关，持续加大自主研发投入，增强产业自主创新能力；加快国家制造业创新中心建设布局，以龙头企业为首带动上下游企业形成创新联合体，促进产业创新路径升级，推动产业链、创新链双向深度融合。

第二，稳步提升高技术制造业国际分工地位，提升两链韧性和安全水平。加快高技术制造业产业链升级步伐，持续促进新兴产业与传统产业融合，推动数字技术赋能高端制造业，不断提升高技术产品的技术附加值和核心竞争力；研究剖析高技术制造业产业链的薄弱环节，做好链条关键环节的原辅材料、零部件等生产供应情况的应急准备，并定期评估，视情调整关键零部件采购渠道，保障产业链可持续发展的健康生态。

第三，深入推动针对复杂产品生产和技术应用的专业培训，提升高技术制造业关键高附加值环节服务质量。针对高技术制造业中的关键高附加值环节，建立完善的职业培训和继续教育体系，尤其是促进人工智能、自动化、半导体、航空航天等高附加值领域的技能提升，以增强中国制造业在全球价值链复杂分工中的竞争力；制订国际化人才引进计划，吸引具备国际经验的高技术人才参与中国高技术制造业的发展，提升企业在全球价值链关键节点的创新和管理能力，推动企业更好地融入全球高附加值生产网络；推动高技术制造业供应链配套服务的升级，提升物流、信息化管理、金融支持等关键服务的效率和水平，提升企业的生产效率和应对外部政策冲击的能力，增强中国制造业在全球复杂分工中的适应能力。

第四，积极开拓新兴国家市场，推动更高水平开放，服务产业高质量发展。抓住全球价值链重构的机遇，顺应趋势加强区域价值链建设，加强与"一带一路"沿线国家的经济合作，通过自贸协定升级、深化RCEP贸易及投资便利化，并争取早日加入CPTPP，积极应对美国等西方国家对我国关键产业的"脱钩断链"；积极参与多边出口管制规则的制定和调整，强化与美国等主要国家双边出口管制政策和规则的沟通，积极参与产业链、供应链标准的制定，与多数国家一起构筑安全稳定、互利共赢的全球产业链、供应链。

中国技术出口管制研究

part 6

第六章

中国的人口与发展

在一般性研究的基础上，本章从共性延伸到个性，聚焦中国技术出口管制实践，梳理中国技术出口管制体系的发展、现状和问题，结合总体国家安全观的要求和高质量发展的需要，提出完善中国技术出口管制体系的总体思路、基本原则以及政策建议。

第一节　中国技术出口管制的建立和发展

作为发展中国家，中国出于发展经济和建立现代化工业体系的需要，高度重视先进技术的引进以及高技术制成品的进口贸易，在新中国成立初期尚未形成完整的出口管制体系。随着改革开放的不断深入和现代化产业体系的建立，中国技术出口规模不断扩大，技术贸易管理政策与国际要求逐渐接轨。随着综合国力的提升，中国积极履行国际责任，承担维护全球安全的大国担当，统筹发展和安全的技术出口管制体制逐渐建立和完善。整体来看，中国的技术出口管制体系经历了鼓励技术引进的技术进出口管理制度、加入世界贸易组织后与WTO规则接轨的技术出口管制政策以及2019年后统筹发展和安全指导下技术出口管制体系的建立不同的历史发展阶段。

一、加入世界贸易组织前管制体系的初步建立

新中国成立后，由于当时受到以美国为首的西方国家阵营的物资封锁和技术封锁，中国对外经济交往非常有限，国内经济百废待兴，工业领域发展也比较滞后。因此，对于当时的中国政府经贸和科技管理部门，并未出台具体规章约束技术出口以及高新技术产品出口。《对外贸易管理暂行条例》以及《进出口贸易许可证制度实施办法》是管理对外贸易的法律依据。改革开放

后，中国进入了经济社会高速发展的新时代，对外贸易活动逐渐活跃，国际技术合作也进入稳步推进的阶段。改革开放初期，中国与发达国家存在明显的技术差距，技术贸易以及高新技术产品贸易多是以进口为主，中国政府大力发展技术引进以及高新技术国际合作。同时，在防扩散技术管制领域，中国开始与多边组织开展具体的有成效的管制交流，而且据此出台基于防扩散考量的技术出口管制政策。在这个时期，中国两用技术与民用技术分别管理的技术管制体系初步建立。

（一）基于防扩散合作颁布两用物项和技术管制制度

改革开放后的中国积极参与防扩散国际合作。作为世界上最大的发展中国家以及第五个核武器拥有国，1984年，中国正式成为国际原子能机构的成员国，接受其原子能技术和平利用的监管。1992年，中国签署《全面禁止核试验条约》，承诺遵守核武器公约，并在和平使用核能方面提供技术合作。除此之外，1984年，中国加入《禁止发展、生产、储存细菌（生物）及毒素武器和销毁此种武器公约》，积极参与国际生物、化学等多边管制组织以及交流；1997年，中国批准了《禁止化学武器公约》，成为该公约的原始缔约国。

在遵守防扩散国际公约的基础上，中国积极完善国内相关领域防扩散出口管制规章制度。在此阶段，中国陆续颁布了《核材料出口管制法》《监控化学品管理条例》《核出口管制条例》，逐渐建立起以防扩散为主的出口管制的管理体系。

（二）基于技术引进目的出台普通技术的进出口管理办法

随着中国对外贸易规模的迅速扩大，贸易产品的技术附加值不断提升，相关部委对技术出口以及高新技术产品出口也出台了管理办法和部门规章，以适应当时的贸易管理需要，但是并没有明确的技术出口管制或者限制办法。相关部门规章和管理办法包括《技术出口管理暂行办法》《发电成套设备及其技术出口管理办法》《成套机电设备和单机对外投标协调管理办法》《关于对外承包工程和举办海外企业涉及技术出口有关问题的处理意见的通知》《关于加强技术出口中成套设备、生产线出口管理的通知》等。1990年颁布的《技术出口管理暂行办法》中第5条规定可限制出口的技术种类，也就是"技术项目根据其对国家安全的影响、经济和社会效益、技术水平，分为禁止出口、控制出口和允许出口三类"。具体管制技术对象如表6-1所示。

表6-1　《技术出口管理暂行办法》管理的技术说明

限制措施	技术种类
禁止出口	1. 出口后将危及我国国家安全的技术； 2. 我国特有的、具有重大经济意义的传统工艺和专有技术； 3. 对外承担不出口国际义务的技术
控制出口	1. 在国际上具有首创或领先水平的技术； 2. 具有潜在军事用途或者具有较大经济、社会效益，尚未形成工业化生产的实验室技术； 3. 我国特有的传统工艺和专有技术； 4. 出口后将给我国对外贸易带来不利影响的技术

资料来源：根据相关文件整理。

在这个发展阶段，技术出口由外经贸部科技司和国家科委归口管理。其中，科技口负责对技术的审查和判定是科技口负责，商务口负责对合同的审查、重大项目的协调管理以及有关政策法规的制定和实施由商务口负责。尽管存在《技术出口管理暂行办法》（1990），但由于法律层级不高以及审批程序不清晰，在行政管理、贸易促进等方面，管理制度难以保证宏观层面的协调性和微观层面的实操性都难以保证。

二、加入世界贸易组织后至2019年管制体系的发展

加入世界贸易组织后，中国积极推进管制法规与国际规则的接轨，对外贸易管理政策更加规范和透明，管制机制也越来越健全，更加适应经济全球化的要求。

（一）履行大国责任建立两用技术出口管制体系

1.遵循多边机制要求出台管制清单

在防扩散领域，中国在世界和平与发展的舞台上扮演着越来越重要的角色。2004年中国正式申请加入"导弹及其技术控制制度"多边机制，并以"制度"准则和技术附件作为指导，建立了中国导弹出口管制条例和清单。除此之外，中国还加入核供应国集团，并与澳大利亚集团以及瓦森纳安排开始谈话。在完善国内防扩散体系的过程中，中国与出口管制多边机制保持密切交流，从而保障中国遵循国际认可的话语体系和管制标准。

2.形成完整的防扩散技术出口管制体系

随着中国国内科技水平的不断提升以及工业体系的不断完善，以相关领域国际规则为指导，中国已经构建起一套比较完整的，覆盖核、生、化、导、临时管制物项的出口管制体制，管制对象不仅包括产品，也涵盖技术。商务部作为两用物项和技术出口的主管部门，与国家科工局等其他主管部门在此期间陆续发布了《核出口管制清单》《导弹及相关物项和技术出口管制条例》《生物两用品及相关设备和技术出口管制条例》《有关化学品及相关设备和技术出口管制办法》《两用物项及技术出口通用许可证管理办法》等一系列行政法规以及部门规章，逐渐构建起一套涵盖核、生物、化学、导弹等两用技术的出口管制体系。

（二）考量产业发展和技术安全建立普通技术出口管制体系

1.遵循WTO要求管理技术进出口

加入世界贸易组织后，中国通过了《对外贸易法2004修正案》，为技术出口管制提供了更为严谨的法律依据。《中华人民共和国对外贸易法》禁止和限制出口的技术主要包括涉及国家安全、社会公共利益的，涉及健康安全的，涉及供给安全的，涉及贸易安全的，涉及金融安全的，涉及能源安全的，涉及产业安全的，以及遵守国际义务。①《中国禁止出口限制出口技术目录》也于2001年12月由当时的对外贸易部和科技部联合发布，成为主管部门技术出口管制的主要依据。此外，《中华人民共和国技术进出口管理条例》（2001）第30条到第36条规定了禁止出口以及限制出口的技术管理规定，限制出口的技术需要申请出口许可证，明确了技术出口的许可证管理方式以及登记管理方式。

2.明确技术出口管制的机构、内容以及手段

2008年，商务部和科技部调整并完善了《中国禁止出口限制出口技术目录》，提出技术限制出口的参考原则为国家安全、健康安全、环境安全、法律规定以及国际义务。其中禁止出口的技术包括"医药制造业、有色金属冶炼业、交通设备制造业、仪表仪器制造业和电信以及信息传输服务业"等17个产业，限制出口的技术包括"软件业、计算机服务业、电信和其他信息传输服务业、通信设备、计算机及其他电子设备制造业"等高技术产业在内的33个行业的技术。本次调整的重点以及考虑主要是基于国家安全利益以及产业发展优势，具体修改重点以及考虑见表6-2。

表6-2　中国2008年一般技术管制清单修改要点以及考虑

产业	禁止出口以及限制出口技术的领域	技术出口管制的重点以及考虑
第一产业以及矿采业	畜牧业、渔业、农林牧渔服务业、有色金属矿采选业	1.保护行业领先的采矿工程技术，如离子型稀土矿山浸取工艺； 2.环境保护与可持续发展，如紫杉醇以及相关技术； 3.保护行业领先的种育技术，如水产种质资源繁育技术

①《中华人民共和国对外贸易法》第16条："国家基于下列原因，可以限制或者禁止有关货物、技术的进口或者出口：（一）维护国家安全、社会公共利益或者公共道德，需要限制或者禁止进口或者出口的；（二）为保护人的健康或者安全，保护动物、植物的生命或者健康，保护环境，需要限制或者禁止进口或者出口的；（三）为实施与黄金或者白银进出口有关的措施，需要限制或者禁止进口或者出口的；（四）国内供应短缺或者为有效保护可能用竭的自然资源，需要限制或者禁止进口或者出口的；（五）输往国家或者地区的市场容量有限，需要限制出口的；（六）出口经营秩序出现严重混乱，需要限制出口的；（七）为建立或者加快建立国内特定产业，需要限制进口的；（八）对任何形式的农业、牧业、渔业产品有必要限制进口的；（九）为保障国家国际金融地位和国际收支平衡，需要限制进口的；（十）依照法律、行政法规的规定，其他需要限制或者禁止进口或者出口的；（十一）根据我国缔结或者参加的国际条约、协定的规定，其他需要限制或者禁止进口或者出口的。"

产业	禁止出口以及限制出口技术的领域	技术出口管制的重点以及考虑
高技术产业（制造业）	医药制造业、航天器以及设备制造业、通信设备、计算机及其他电子设备、仪器仪表制造业、电信以及其他信息传输服务业	1. 保护行业领先技术，如地图制图技术； 2. 保护中国传统行业独有技术，如中药材资源以及生产技术； 3. 具有一定领先优势的关键核心技术，如航天器测控技术、集成电路制造技术以及机器人制造技术
其他制造业		1. 保护中国传统工艺以及制造技术，如金华火腿的生产工艺、珠茶初制炒干设备生产工艺等； 2. 保护中国独有发明技术，如宣纸生产技术、古代建筑工艺； 3. 保护战略资源以及加工技术，如稀土的提炼、加工以及利用

在这个阶段，技术出口管制的手段主要为许可证管理。主管部门对于限制出口的技术实行许可证管理。根据《中国技术进出口管理条例规定》的规定，商务部和科技部为技术出口的管理部门，商务部会同科技部对申请企业的技术出口意向进行技术审查、贸易审查以及保密审查，决定是否颁发出口许可证。企业在完成申请程序后，获准出口的技术可以继续签订技术出口合同。

第二节　中国技术出口管制的现状与问题

一、中国技术出口管制的现状与特点

随着中国在经济、军事以及科技各个领域的崛起，中国实施自主技术管制的必要性凸显。近年来，中国在通信技术、计算机以及航空航天领域多项技术取得突破，中国企业保障自身竞争优势，灵活主动地开展国际技术合作的需求更加迫切。与此同时，世界正处于百年未有之大变局，随着中美博弈的不断加剧，传统和非传统安全领域风险提升，技术管制防扩散的重要性凸显。2019年，中国政府适时起草并于2020年出台了《中华人民共和国出口管制法》，以立法的方式明确了两用技术出口管制的依据，两用技术出口管制的立法基础不断夯实；2019年，商务部和科技部对《禁止出口限制出口技术目录》进行重要修订，完善普通技术出口管理方式，依据技术发展水平适时调整管制范围，普通技术出口管制的水平不断提升。

（一）管制依据

1. 以基本法为基础规范两用技术出口

2019年，商务部牵头相关部委着手起草《中华人民共和国出口管制法》，草案公开征求意见。2019年全国人大常委会第十五次会议对《中华人民共和国出口管制法（草案）》进行了审议，并于2020年10月第二十二次会议表决通过了《中华人民共和国出口管制法》。《中华人民共和国出口管制法》的公布实施标志着中国出口管制真正进入法治化治理的新时代，技术出口管制也有了明确的法律依据。《中华人民共和国出口管制法》按照贸易分类标准，将管制物项分解为"货物、技术、服务等"，特别明确了"数据"等无形技术的出口管制，为技术出口管制提供了法律依据。

2. 统筹发展和安全指导下完善普通技术管制依据

2019年3月，《中华人民共和国技术进出口管理条例》再次修订，对于技术进出口的管制更加清晰和明确。2019年修订删除了"单方技术限制条款"，体现了中国对技术进出口管理的中外公平以及技术自信。以修订的《中华人民共和国技术进出口管理条例》为基础，2020年8月商务部、科技部调整发布了《中国禁止出口限制出口技术目录》，内容与时俱进，调整涉及53条项目的删除、新增以及要求修订，具体包括删除了9项之前限制或者禁止的技术条目，新增了23项涉及国家安全、产业竞争力的技术管制条目，修订21条管制的技术要求以及管制内容。新目录的调整充分体现了中国积极参与全球技术合作，致力于经济社会可持续发展，保障国家国防安全、经济安全以及科技安全的意愿和行动。

随着技术更迭发展，2023年12月21日，商务部、科技部再次修订发布

《中国禁止出口限制出口技术目录》。本次修订后，技术条目总数从2020年版的164项减少至134项，共删除34项，新增4项，修改37项。管制技术包括24项禁止出口类技术以及110项限制出口类技术，整体减少了30项管制技术；同时，根据新技术的发展情况，增加了4项新的技术管制条目，包括新增1项禁止出口技术，用于人的细胞克隆和基因编辑技术（因其涉及伦理争议和潜在重大风险），以及新增三项限制出口技术，包括农作物杂交优势利用技术（保护濒危物种遗传资源）、散料装卸输送技术（涉及大型设备制造）、以及激光雷达系统（脉冲功率和精度达国际领先水平）。此次修订是例行技术贸易管理措施，体现了中国在扩大开放中统筹发展与安全的原则。

（二）管制机构

现阶段技术出口管制的主管部门为商务部。区分于普通技术以及军民两用技术，商务部实施两套相对独立的管理机构和管理模式。

1. 普通技术的管理机构

根据《中华人民共和国对外贸易法》《中华人民共和国技术进出口管理条例》等规定，普通技术的进出口审批权限，由省级商务主管技术贸易的部门负责，商务主管部门收到申请后，应当会同有关部门对技术进口申请进行审查，会同科技主管部门对技术出口申请进行审查。

2. 两用技术的管制机构

根据《中华人民共和国出口管制法》《两用物项出口管制管理条例》等规定，两用技术的出口管制机构，由商务部产业安全与进出口管制局负责。产业安全与进出口管制局根据企业出口申请，会商外交部、工信部、国防科工局等出口管制协调部门，对企业管制技术出口给予审批决定。例如，涉及外交政策的管制物项出口，由主管部门会同外交部进行审查；海关总署负责管制物项和技术的出口监管工作，并参与相关违法出口案件的处理。

《中华人民共和国出口管制法》还规定了国家应建立出口管制工作协调机制，统筹协调出口管制工作重大事项。

（三）管制手段

中国的技术出口管制对普通技术以及两用技术分别管理，对敏感程度不同的技术，采取不同的管制手段。

1. 普通技术的出口审查

根据技术更新的要求以及产业发展的需要，普通技术的进出口管制方式一直在进行积极的调整，提升管制效率，减少审批程序，使行政监管更加市场化、法治化、透明化。目前，事前审查和事中监管是普通技术进出口管制的主要方式。技术出口商在达成出口意向之前，递交技术出口意向审查，保证技术进出口行为合理合法；获取技术进出口许可意向书之后，技术出口商进行实质性的商务谈判，对出口合同进行真实性审查，颁发技术进出口许可证。

2. 两用技术的出口许可与出口咨询

基于统筹发展和安全的需要，关系到国家利益以及国防安全的两用技术的出口管制主要通过出口许可的方式集中管理。技术出口商提交出口申请，主管部门会商外交部、工信部、卫健委等协调机制部门，对出口技术的技术指标进行判断，结合最终用户以及最终用途统筹考虑，给予许可或者不予许可的审批。

由于两用技术涉及核、生物、化学、导弹、无人机、商用密码、半导体等多个领域，专业性强，管制范围繁杂，技术出口商对于出口技术的管制要求很难十分明确。由此，出口许可还设置物项咨询的前置流程，对于不确定是否属于两用技术出口管制范围的出口事项，技术出口商可以提交物项出口咨询，商务部会同两用物项出口管制咨询中心出具专家意见后，履行直接出口或者办理许可的流程。

3. 视同出口

《中华人民共和国出口管制法》对于技术出口管制的规定，相较中国以往对技术出口的管理有两大变化：一是将"技术资料等数据"纳入管制物项，扩大了管制物项范围；二是将"向外国组织和个人提供管制技术"作为"技术出口"的一种形式，实现了对不同"出口"行为的管控。

4. 全面管制

为最大限度地维护国家安全利益，对于未被列入管制清单中的物项，也并非必然不受管制。《中华人民共和国出口管制法》第12条第3款规定了"全面控制"原则，如果物项可能存在危害国家安全和利益，被用于设计、开发、生产或使用大规模杀伤性武器及其运载工具，或被用于恐怖主义目的这三类风险之一的，那么即使该物项为管制清单以及临时管制物项之外的物项，也仍然受到管制。

"全面控制"的作用主要是弥补出口管制清单范围的局限性，因此，"全面控制"针对的是清单外物项和技术；其适用标准既包括"知道"标准，亦包括"通知"标准，都需要履行出口许可的程序再行出口。

（四）管制对象

2023年12月21日，商务部发布了《中国禁止出口限制出口技术目录》，基于技术竞争以及国家安全的技术管制要求，对管制技术进行调整。

1. 先进技术管制的不断调整

随着技术发展以及中国科技实力的不断提升，关系到中国产业安全、经济安全以及国家安全的技术内容发生了重大变化。由此，根据对外贸易管理以及科技管理需要，2023年商务部会同科技部对普通技术出口管制内容进行较大调整，发布了最新一版的《中国禁止出口限制出口技术目录》。相比2020年调整后的《中国禁止出口限制出口技术目录》，本次公布的《中国禁止出口限制出口技术目录》的技术条目删除34项技术条目，新增4项，修改37项。主要包括的内容：一是根据技术发展的实际情况，结合产业发展的要求，新目录删除部分已经不具备独特性以及先进性的技术，如绿色植物生产调节剂制造技术、医用诊断器械及设备制造技术等（包括医用核磁共振成像装置主磁体制造技术等）34项限制出口的技术条目。二是根据目前最近的技术突破以及国际社会的要求，新目录增加1项禁止出口的技术，即用于人的细胞克隆和基因编辑的技术条目；新增激光雷达系统、农作物杂交优势利用技术、散料装卸输送技术等3项限制出口的技术条目。三是根据技术迭代调整，新目录对37项技术条目的控制要点和技术参数进行调整和进一步限缩，涉及中药材资源及生产、计算机网络技术等6项禁止出口的技术条目，以及信息处理技术、计算机网络技术等31项限制出口的技术条目。

2. 发挥关键技术在维护安全利益中的重要作用

随着经济全球化的不断深入，产业链布局日益繁杂，关键环节、关键零部件以及关键技术的正常供给对链条企业的正常经营产生重要影响，甚至关系到下游企业的存活。面对美国等西方国家在半导体、人工智能等新兴行业对中国发展的打压，中国也应评估自身在产业链中的关键作用，对核心技术环节以及生产环节实施管制，主动出击，维护自身在全球价值链中的位置，获取更多的应对制裁的谈判筹码。

2023年12月，商务部和科技部发布2023版《中国禁止出口和限制出口技术目录》，在禁止出口部分明确将"稀土的提炼、加工、利用技术"列入其中，包括稀土萃取分离工艺技术、稀土金属及合金材料生产技术、稀土硼酸氧钙制备技术等。在限制出口部分，围绕稀土产业链关键节点，新增离子型稀土矿山浸取工艺（采矿与选矿环节），限制稀土冶炼技术（冶炼与材料制备环节），限制含稀土的铝锂合金制备技术（军工等高端制造环节）等。上述对战略产业关键技术的修订，一方面，是保护国家经济安全利益的通行做法，尤其是在目前经贸关系紧张的外部环境下，保护关键技术对产业发展至关重要。另一方面，是在面对他国对华技术封锁下的非对等反制，面对他国对华技术脱钩断链的一系列操作，中国规范核心技术出口，也能为谈判争取更多筹码。

二、中国技术出口管制的问题

在当前复杂的外部形势下，技术出口管制不仅需要保护产业核心技术、保障产业安全优势，还需要具有完备的制度和手段维护国家安全利益。与他国技术出口管制实施的先进经验相比，中国的技术出口管制在管制依据、管制机构、管制手段和管制对象上仍有不足，有待进一步完善。

（一）管制依据：部分依据的更新仍不够及时

外部安全形势不断变化，技术发展日新月异，技术管制政策实施时效也需要及时调整。普通技术的管制目录最近一次的调整时间是2023年12月，间隔3年的周期；部分两用物项和技术出口管制清单调整仍滞后。其中，2002年颁布实施的《导弹及相关物项和技术出口管制清单》和《有关化学品及相关设备和技术出口管制清单》至今未作调整；《核出口管制清单》和《核两用品及相关技术出口管制清单》最近一次修订为2018年年底，也没有周期性调整机制。与此同时，技术管制清单覆盖范围仍显滞后。现有《两用物项出口管制清单》以及《中国禁止出口限制出口技术目录》等法规对人工智能、量子计算、生物技术等新兴领域的界定尚不清晰，部分技术未被纳入管制清单。管制清单不能及时修订，对已经普及的技术或者没有管制必要的技术继续管制，不仅对该产业维持技术优势没有任何积极作用，反而还会由于管制成本增加导致产业失去现有客户和潜在机会。2022年以来，大国博弈日趋激烈，地域政治局势危机不断，技术出口管制清单应结合维护国家利益和地区和平的要求，对敏感物项和技术的贸易进行控制，及时修订管制依据。

（二）管制机构：两用技术和普通技术分开管理

中国的技术管制分为对两用物项（包括核、生物、化学、导弹以及商用密码）的技术出口管制以及其他技术出口管制两套体系。尽管主管部门都是商务部，但两套体系相对独立，具有不同的法律体系以及管理体系，主管司局与许可颁发机构不一致，很容易导致管理混乱，缺乏协调性。首先，对于技术出口商而言，分别管理可能造成申请出口手续混淆，增加企业负担。技术出口方对所出口技术属于哪套管理体系可能存在疑惑，不知道是申请商务部产业安全与进出口管制局两用技术出口许可，还是申请商务部服贸司限制出口技术许可。其次，管制法律体系相对独立可能导致技术重复管理或者规定冲突。对于同一种技术，随着科技应用的日益广泛，可能也会军民两用，具有扩散的风险，这类技术到底是依据《中国禁止出口限制出口技术目录》管理，还是依据《两用物项和技术进出口许可证管理目录》管理，容易混淆不清。如2023年最新修订的禁止和限制技术出口目录中提到的密码技术，其控制要点包括密码芯片设计和实现技术，量子密码技术等；2020年，商务部产业安全与进出口管制局也对密码技术实施管理，包括安全芯片的算法管理、以量子力学和密码学为基础，利用量子技术实现密码功能的设备合和技术管理等。对同一类物项技术的不同管制体系很可能造成重复或者自相矛盾的管制。最后，在执法过程中行政主管部门也会存在限制出口技术和扩散管制出口技术管理的差异，包括执法要求、处罚标准都可能存在冲突。

（三）管制手段：手段较单一，尚不能精准管制

近年来，主要国家都在形成和完善出口管制与投资安全审查相结合的技术管制体系，颁布了明确的法律依据，建立了贸易与投资管制机构之间的协调机制，技术管制领域也高度匹配。尽管中国在2020年12月颁布了新的《外商投资安全审查办法》，但目前技术管制仍以出口管制为主，且对关键技术的出口管制和投资安全审查并没有明确的协调制度，管制清单和管制手段也相对独立。实践中，技术的安全审查很难对限制出口以及可能扩散的技术实施有效管理。

此外，对于技术出口管制来说，目前的管制手段仍以许可证管理为主，无论是敏感扩散技术还是其他技术，都是向主管部门申请出口许可证后从事出口活动。随着技术的发展更迭，可以采取更为灵活精准的管制方式，如强调对特定用户的名单管制，避免由于过度扩大管制范围影响行业发展以及丢失国际市场。

（四）管制对象：技术清单调整机制仍待完善

技术管制涉及领域众多，而且多数是国家最先进技术和核心领域，单靠

主管部门的行政管理人员很难做到对技术的准确判断和有效管制。因此，技术管制体系需要一个专业性强、权威的专家支撑体系为管制政策以及管制物项提供专家意见。目前，商务部在两用物项技术管制领域已经建立起包括核、生物、化学以及导弹、常规武器、商用密码等领域的技术专家支持队伍，对于管制的技术进行许可前判定以及技术咨询。但是对于目前备受关注的人工智能、新材料等新兴技术以及关系到我国战略核心利益的信息领域、电子领域还没有专家支撑体系，专家咨询队伍亟待建设。除此之外，技术发展日新月异，需要专业的技术专家对未来趋势以及应用场景提前预判，提前进入管制序列或做好管制准备。中国并没有建立起比较明确的技术评估体制，没有专门的专家队伍对此项工作提供技术支撑。

与产业界的交流机制仍需完善。自中国加入世界贸易组织以来，中国政府才逐渐建立比较完善的技术出口管制体系，遵循国际话语体系制定管制规则，但缺乏明确机制去了解和调研产业界的管制需求，与产业界互动和交流较少。尽管在技术管制实践中，对照中国高技术行业的发展实际，技术管制清单也进行了相应调整，每次修订还是自上而下地进行，企业对管制的目的并不是十分了解。技术管制作为专业性强、涉及领域敏感的管理政策，公开的政府宣贯活动很难组织。同时，中国存在大量的外贸企业，规模不一，性质不同，针对性的管制政策培训和合规宣贯的难度也较大。基于上述原因，多数出口商对在技术合作意向前就需要征求政府主管部门许可意见并不知晓，由于许可证禁止出口或者限制技术合作而使企业遭受经济损失的案例经常出现。更有企业开始技术国际合作或者招商引资，但由于违反技术管制而被主管部门叫停甚至受到处罚，给企业带来沉重的经济损失和信誉损失。

第三节　完善中国技术出口管制体系

在新的历史发展阶段，中国应积极展现大国担当，倡导公平贸易秩序，在维护国家安全利益、统筹产业发展、促进高水平对外开放、推动科技创新、参与公平贸易规则制定、融入全球化进程目标的指导下，遵循技术出口管制发展的一般规律，借鉴他国技术出口管制的先进经验，结合贸易强国的发展需求，从管制依据、管制机构、管制手段、管制对象以及国际合作方面完善现有技术出口管制机制。

一、新时期中国技术出口管制的目标

（一）总体目标

进入新时代新征程，在对外开放日益深化的大背景下，影响国家安全的国内外因素相互交织、相互渗透、相互作用、相互加强，使我国开放发展面临着深层次的风险挑战。面对这些深层次风险挑战，习近平总书记指出，"越开放越要重视安全，越要统筹好发展和安全"，"增强在对外开放环境中动态维护国家安全的本领"。完善中国技术出口管制体系，不仅是中国促进自主技术发展、保障产业安全利益的需要，也是中国贯彻总体国家安全观、统筹国内发展和安全、统筹国内安全与国际安全的要求。由此，新阶段中国技术出口管制体系的总体目标包括：

一是维护国家安全利益。中国作为负责任的贸易大国，在经济全球化的大背景下，坚持统筹发展和安全，坚持统筹开放与安全，坚持统筹自身安全与共同安全。技术出口管制体系的根本出发点是建立在总体国家安全观的基础上，从保障经济安全和科技安全入手，达到有效捍卫国家利益的目的。

二是统筹产业发展利益。作为一项经济管理政策，技术出口管制既要重视国家安全问题，也要兼顾产业发展问题。发展是安全的基础，安全是发展的条件，只有产业实力不断提升、科学技术不断发展，才能具备基础和条件去实施技术出口管制。技术出口管制并不是限制高技术产业发展，而是在保护现有技术优势的同时，鼓励国际市场上的有效竞争和技术合作，寻求积极正向的外部支持，为高技术产业维持领先优势创造更好的发展环境。

三是促进高水平对外开放。对外开放是中国的基本国策和鲜明标识。在世界百年变局的背景下，尽管外部环境的不确定性、不稳定性不断增强，但中国依然坚定不移扩大开放，加快构建更高水平开放型经济新体制。技术出口管制坚持统筹发展和安全、统筹开放和安全，着眼于更好地建设更高水平开放型经济新体制和建设更高水平的平安中国，在高水平对外开放中有效防范重大风险，保障和促进高水平对外开放。

四是推动科学技术创新。作为一项技术管理政策，技术出口管制是通过限制手段将核心和关键技术留在国内。因此，技术领先优势是技术管制的核心。技术出口管制政策绝不是一成不变的，而是根据发展环境的变化和技术水平的变化不断调整，其本质就是保留创新成果以保持技术领先地位。因此，技术出口管制在技术转移限制的同时也需要为创新提供条件，鼓励正向积极的技术合作和交流，力求在不断更迭的技术发展中始终保持技术领先优势。

五是参与贸易规则制定。作为最大的发展中国家，中国始终积极参与多边机制协商，在国际政治经济体系中作为代表为发展中国家的利益发声。当前，全球治理体制变革正处于历史转折点，世界多极化格局日益凸显。在技术管制多边机制协商和规则调整中，应摒弃意识形态之争以及狭隘的霸主心态，创建更为公平、合理、非歧视的技术贸易规则，营造合作共赢的发展环境。

六是融入经济全球化进程。在全球化进程不断深入的当下，技术出口管制作为一项贸易和投资领域的限制政策，需要把握政府干预自由贸易的尺度，在本国利益与全球利益中寻求最佳平衡。作为最大的发展中国家，也是技术高速发展的新兴工业化国家，应当继续坚持公平、自由和合理的技术发展原则，鼓励和平利用军民两用技术，鼓励与世界共享创新成果，从而保证全世界共享技术发展和自由贸易带来的福利。

（二）基本原则

习近平总书记强调："我们要坚持和平发展，坚定奉行互利共赢的开放战略。"随着我国对外开放日益深化，改革逐步走向深入，诸多领域经济安全风险凸显，在更安全的条件下扩大开放并实现高质量发展的任务艰巨而繁重。中国的技术出口管制作为贸易管理领域统筹发展和安全的重要组成部分，服务于高质量发展，护航高水平开放，应具备以下特征：

一是合理管制。作为全球最大的、发展最快的发展中国家，从全球道义观来讲，中国的技术出口管制应当具有理性特征，而不是作为工具，利用自身优势，限制甚至剥夺其他国家尤其是发展中国家和平利用技术发展本国经济的权益。

二是双赢管制。作为负责任的大国，本着积极维护全球和平以及地区安全的考虑，中国的技术出口管制应具有双赢属性，也就是在多双边框架下，建立以及完善管制协调机制，实现对敏感技术以及扩散技术的有效管制，维护人类社会安全以及文明发展，而不是陷入"囚徒困境"[①]，通过管制损害和打压其他国家的发展以及人类社会的进步。

三是链性管制。作为积极参与国际分工、在全球产业链条上占据重要位置的制造大国，中国的技术出口管制需要关注技术的可获取性以及产业链条上的联动反应。对产业链条上不可获得的关键核心技术（高技术中间品）的有效管制，能够最大限度地实现保护技术垄断优势、维护产业核心利益的管制目的。同时，对于产业链条上下游协同链性管制，能够保障产业供应链安全，实现统筹发展和安全，维护本国产业国际竞争力的管制目的。

四是发展管制。技术作为最重要的生产要素，在推动经济发展以及文明进步中发挥着不可替代的作用，中国的技术出口管制是实现中国现代化的重要手段，具有发展属性。一方面，要根据技术的更迭随时调整管制重点以及管制内容，最大限度地降低管制对产业发展的负面影响；另一方面，技术管

---

①囚徒困境最早由梅里尔·弗勒德和梅尔文·德雷希尔于1950年提出，用于描述博弈状态下，各方可能面临的合作与背叛之间的冲突。

制是为了发展经济，利用技术创新助推产业体系升级以及现代化的实现，管制与创新相结合，必要的管制是为了更好地创新和发展。

二、完善中国技术出口管制的建议

作为新兴工业化国家，中国应积极借鉴他国技术出口管制体系的成功经验，结合中国特色经济社会发展需要，从管制依据、管制机构、管制手段、管制对象等方面完善管制体制。

（一）管制依据

1. 制定统一的管制法规

技术出口管制作为贸易领域管理制度，在实施过程中必须要有完善的、全面的法律保障。借鉴发达国家的先进经验，无论是普通技术还是军民两用技术都有统一的法律体系进行约束，目前《中华人民共和国出口管制法》与《中华人民共和国对外贸易法》是技术出口管制的法律基础，但普通技术和两用技术两套行政法规体系需进一步协调统一，调整防扩散技术管制和高新技术管制的部门规章和管理办法，对技术出口管制的运行机制、许可程序以及执法标准进行统一规定，为中国管理先进技术出口、控制敏感技术出口、平衡安全与发展利益夯实法律保障。

2. 及时调整管制清单

当今技术更迭提速，先进技术的定义在不断的调整和更换，管制也需要及时调整技术范围，保证仅对领先技术的出口进行管制。建立技术分类动态评估机制。主管部门应至少每年举行一次技术专家论证会，对已经列管的技术是否继续管制展开论证；开展技术迭代评估，对新出现的涉及国家安全以及具有垄断优势的技术进行列管评估。细化技术参数标准，对模糊条目（如"高性能计算技术"）补充具体性能指标（如算力阈值、应用场景），减少自由裁量权争议。

3. 积极参与国际规则制定

中国作为发展中国家，应广泛与利益同盟国家合作，才能保护本国迅速发展的高技术产业，在实施技术管制的同时不损害高技术产业的国际竞争力。中国应积极参与多边出口管制体系，代表技术新兴国家主动发声，提出与发展中国家利益契合的新一轮防扩散以及敏感技术管制规则。一方面，积极加入现有的出口管制国际机制，把握时机、持续谈判，联合其他发展中国家打破西方国家的技术封锁，争取达成更为公平、合理的管制规则调整；另一方面，融入和引领国际行业标准组织，针对我国技术优势领域加强国际合作，鼓励我国行业协会和龙头企业主动制定技术优势领域的规则和标准，率先形成在特定领域的技术管制国际合作，掌握标准和规则的话语权。

（二）管制机构

1. 加强部门协调机制

技术出口管制涉及的物项繁多，需要技术部门、国内主管部门和涉外主管部门的紧密合作。因此，完善的技术出口管制一定需要统一管理部门，并建立部门间高效的管理会商机制，保证信息及时通报、政策透明可见。目前，中国的技术出口管制主要集中在商务部，在实践中也形成了一定的会商协调机制，如在技术审查上，商务部建立与科技部、卫健委、国防科工局等部门的会商机制，在国别审查上，商务部保持与外交部的密切沟通。但在实践中，仍需加强统一协调机制的完善，不仅商务部对于两用技术以及普通技术的管制需要有效统一，与其他部门间的会商机制也需要周期性固定，并建立信息共享平台，加强监管执法的统一。

2. 建立专家支撑体系

技术出口管制涉及的物项繁多，行业复杂，其管理和管制离不开专业研究体系的支持。权威专家的意见影响管制产业的未来发展以及国家安全利益，美国、韩国、德国、日本等在技术出口管制的政策决策和物项的基本判断中，都会充分倚重该领域权威的科学家以及专职技术专家的意见建议。中国也需要建立权威的专家支撑体系，尤其是在新兴技术领域，如人工智能、新材料以及生物科技等，需要聘任专职技术专家跟踪技术发展趋势以及行业发展需要，定期提供管制意见，从而对管制的范围和重点进行与时俱进的调整和更新，达到技术出口管制统筹发展与安全的基本目的。

3. 推动第三方机构参与

尽管技术出口管制是政策管理行为，但管制措施的落地还需要市场化的操作和配合。技术出口管制中包含的出口管制领域和投资安审领域都是较为专业的贸易和投资领域，企业借助第三方专业咨询机构的帮助可以实现对管制政策更快地消化和吸收。第三方咨询机构可以作为政策实施过程中的重要辅助力量，帮助企业实现和解决在技术贸易过程中的实操问题，包括但不限于：管制物项的甄别与判定、最终用途以及最终用户的风险筛查、技术转移过程风险提示分析以及技术管制应对的建议和受限技术引进的替代方案设计等。随着中国技术管制领域的不断扩展、管制技术先进性和复杂性的不断提升，这类机构作为第三方支持，将在管理体系中起到越来越重要的作用。

4. 建立行业交流平台

技术出口管制涉及多个行业，不仅包括敏感技术行业如航天、核、化学等，也涉及多个高新技术产业，政府部门很难组织面面俱到的宣讲或者外联，亟须建立一个企业自发参与的技术管制行业组织或者交流平台，具体包括以下功能：一是组织技术管制政策的解读和企业培训，包括技术出口清单、投资审查清单以及出口许可办法。二是企业应对国外技术限制的经验交流，包括技术引进障碍、关键中间品进口封锁等。此外，还可以请管制相关领域技术专家对尖端技术限制的必要性进行调研和论证，并反馈给政府主管部门，或定期汇总企业管制措施以及管制流程的反馈和改进意见，提交给相关政府部门进行政策调整或者清单完善。

（三）管制手段

1. 建立高效审查和审批程序

《中华人民共和国出口管制法》以及《中华人民共和国技术进出口管理条例》中分别规定了技术出口的审批流程，《外商投资安全审查办法》也明确了技术投资合作的审查流程。随着技术的不断发展，同一类技术也可能存在基于防扩散、高新技术限制以及安全审查的混合的技术出口管制，因此，需要建立高效统一的技术审查流程以及出口审批机制，为出口商提供明确透明的审查规范和审查机制。可以参照防扩散技术出口管制的审批，建立以商务部为主，地方和中央配合的二级审批流程，对包括防扩散、高新技术等在内的技术出口意向先行审批，审批通过后可以签订技术出口合同，在实际跨国转移前领取出口许可证。

2. 构建投资贸易联动机制

《中华人民共和国对外贸易法》《出口管制法》及配套《技术进出口管理条例》《两用物项出口管制条例》构成技术出口管制的核心法律框架，《中华人民共和国外商投资》则通过外资安全审查机制约束涉及敏感技术的外商投资活动，二者共同服务于维护国家安全的根本目标，涵盖经济、军事、政治等多维度安全需求。在总体国家安全观下，《中华人民共和国国家安全法》作为上位法提供顶层设计依据，商务部据此构建清单协同、信息共享以及审查触发联动机制。一是清单协同机制。商务部（产业安全与进出口管制局等）、科技部、国家发改委联合评估《两用物项出口管制清单》以及《禁止出口限制出口技术目录》与《外商投资准入负面清单》的重合技术领域（如半导体、生物医药），并予以完善。二是信息共享机制。商务部外资司与技术进出口管理部门建立数据平台，监控外资并购中的技术转移风险。三是审查触发机制。对境外投资者获取核心技术的投资项目强制启动安全审查。

3. 完善企业有效合规建设

企业是技术出口的主体，也是限制技术转移的第一道防线。因此，企业自觉执行技术出口管制、建立管制合规管理体系是技术出口管制政策能够有效实施的重要途径。技术的管制具有一定的特殊性，管制对象——技术是无形的，因此技术出口和技术转移不能实际被捕捉到，也不能在各个转移环节通过实体控制，所以主管部门对技术转移的管制和限制有很高的操作难度。企业的技术跨国境转移行为很大程度上需要自觉申报出口、自觉守法经营。普及技术出口企业的合规经营观念十分必要。具体包括：建立企业内部的管制技术清单，并在研发阶段和技术合作阶段充分了解政府对管制技术出口的监管政策；涉及企业或者行业核心领域的国际技术开发与合作需要及时向主管部门申报咨询，是否需要申请相关技术出口许可，避免在技术合作开始后被迫停止；涉及向特定国家的成套设备出口（包含设备的使用技术的）也需要及时向主管部门咨询报备，是否涉及受管制和受限制的技术领域。总之，企业主动构建技术出口的合规体系不仅能避免企业核心技术外泄，享受本国主管部门给予的许可便利以及违法减轻处罚的红利，还能宣传企业正面积极的合规守法经营形象，赢得国际客户的信赖。

（四）管制对象

1. 统筹考虑管制技术分类

中国技术出口管制的清单分为商务部服贸司主管的《中国禁止出口限制出口技术目录》以及商务部产业安全与进出口管制局主管的《两用物项和技术进出口许可证管理目录》。其中，服贸司的技术出口管制目录主要依据国民经济行业分类，包括农业、畜牧业、渔业、化学品制造业、医药制造业、通用设备制造业、专用设备制造业技术及通信设备、计算机及其电子设备制造业，以及计算机服务业等；产业安全与进出口管制局的两用物项技术管理目录主要按照核、生物、导弹、有关化学品、商用密码管制清单制定和执行，包括密码技术、核出口技术、核两用出口管制技术（工业技术等）以及生物出口管制相关技术等。两个管理目录虽然分类依据不同，但在管理上可能存在技术管理重合的问题，也会给技术进出口企业带来政策困扰以及不便。由于技术出口管制除了保障产业竞争优势，其首要关切是国家安全利益以及产业发展安全利益，因此建议商务部统一技术出口管制目录，由产业安全与进出口管制局对敏感技术、扩散技术、核心技术以及尖端技术出口统一管理，制定统一的技术出口目录。

2. 建立关键核心技术管理体系

建立国家层面和部门层面的关键核心技术清单，形成各有侧重、高效协同的关键核心技术清单体系。其中，国家层面的技术清单可以从战略角度出发，确定核心技术领域，如半导体、人工智能等不同的行业领域，并对不同的行业制定技术发展战略。对于目前已经取得一定优势的领域，制定持续领先战略，通过持续投入基础研发，扩展技术应用，加强技术出口管制，保障技术的领先优势。对于目前存在较大差距的领域，制定创新突破战略，通过集中突破技术瓶颈，优化技术国际合作方式，拓展技术引进渠道，培养自主研发能力。部门层面的技术清单需要更加细化，对领域内的基础技术以及应用技术有所区分、领域内的先进技术以及相对落后的技术有所区分，相应技术的管制标准也应不断更新和细化。

3. 建立技术识别和评估机制

技术出口管制的实施关键在于确认管制技术的科学性和有效性。明确我国的关键核心技术以及需要管制的技术是制度实施的重要基础。建议参考美国等发达国家的经验，建立国家层面的技术识别机制，由科学技术部主导，商务部、工信部等各相关部门参与组建关键核心技术识别委员会。为保证技术识别的科学性与权威性，基于统筹发展和安全的制度目标，技术识别委员会应建立与学术界（专家组）以及产业界（商协会、龙头企业）的沟通渠道，对关键核心技术识别进行技术层面和产业层面的可行性以及必要性研判。在研判的基础上，进一步确认需要管制出口的技术以及高新技术产品。

4. 促成技术创新的国际合作

技术出口管制虽限制技术流向国外，但并不阻碍本国企业参与并主导技术创新国际合作。对于敏感技术行业领域以及高技术领域的企业，强大的技术创新能力是企业维持技术优势、获取贸易和投资利益的基础。随着各国对技术的高度重视以及管制的趋严走实，外部技术引进式创新或者外部模仿式创新将面临更多的阻碍和限制，只有将核心技术掌握在自己手里，才能保持企业在国际市场的竞争力。因此，应该积极拓展以我为主的技术创新合作，加大基础领域的研发投入，重视国际研发人才的联合培养，重视与国际顶尖科研机构的深度合作，在不断提升的技术创新能力保障下，获取高技术产业国际分工的优势地位。

附　件

中华人民共和国两用物项出口管制条例

第一章　总　则

第一条　为了维护国家安全和利益，履行防扩散等国际义务，加强和规范两用物项出口管制，根据《中华人民共和国出口管制法》（以下简称出口管制法）等法律，制定本条例。

第二条　国家对两用物项的出口管制，适用本条例。

本条例所称两用物项，是指既有民事用途，又有军事用途或者有助于提升军事潜力，特别是可以用于设计、开发、生产或者使用大规模杀伤性武器及其运载工具的货物、技术和服务，包括相关的技术资料等数据。

本条例所称出口管制，是指国家对从中华人民共和国境内向境外转移两用物项，以及中华人民共和国公民、法人和非法人组织向外国组织和个人提供两用物项，包括两用物项的贸易性出口及对外赠送、展览、合作、援助和以其他方式进行的转移，采取禁止或者限制性措施。

第三条　两用物项出口管制工作坚持中国共产党的领导，坚持总体国家安全观，维护国际和平，统筹高质量发展和高水平安全，完善两用物项出口管制管理和服务，提升两用物项出口管制治理能力。

两用物项的出口及其相关活动，应当遵守法律、行政法规和国家有关规定，不得损害国家安全和利益。

第四条　国家出口管制工作协调机制负责组织、指导两用物项出口管制工作，统筹协调两用物项出口管制重大事项。国务院商务主管部门负责两用物项出口管制工作，国家其他有关部门按照职责分工负责两用物项出口管制有关工作。国务院商务主管部门和国家其他有关部门应当密切配合，加强信息共享。

省、自治区、直辖市人民政府商务主管部门可以受国务院商务主管部门的委托，开展两用物项出口管制有关工作。

第五条　国务院商务主管部门会同国家有关部门建立两用物项出口管制专家咨询机制，为两用物项出口管制工作提供咨询意见。专家应当维护国家安全和利益，客观、公正、科学、严谨地提供咨询意见，并对咨询中所知悉的国家秘密、工作秘密、商业秘密和个人隐私、个人信息等依法负有保密义务。

第六条　国务院商务主管部门拟订并发布两用物项出口管制合规指南，鼓励和引导出口经营者以及为出口经营者提供货运、第三方电子商务交易平台和金融等服务的经营者建立健全两用物项出口管制内部合规制度，依法规范经营。

第七条　国务院商务、外交主管部门会同国家其他有关部门加强两用物项出口管制国际合作，参与有关国际规则的制定。

国务院商务主管部门根据缔结或者参加的条约、协定，或者按照平等互惠原则，与其他国家和地区、国际组织等开展两用物项出口管制合作与交流。国家其他有关部门按照职责分工开展两用物项出口管制相关合作与交流。

第八条　有关商会、协会等行业自律组织应当依照法律法规和章程的规定，为其成员提供与两用物项出口管制有关的信息咨询、宣传培训等服务，加强行业自律。

第二章　管制政策

第九条　国务院商务主管部门会同国家有关部门制定、调整两用物项出口管制政策，其中重大政策应当报国务院批准，或者报国务院、中央军事委员会批准。

第十条　国务院商务主管部门会同外交、海关等国家有关部门可以结合下列因素对两用物项出口目的国家和地区进行评估，确定风险等级，采取相应的管制措施：

（一）对国家安全和利益的影响；

（二）履行防扩散等国际义务的需要；

（三）履行我国缔结或者参加的条约、协定的需要；

（四）执行联合国安全理事会作出的具有约束力的相关决议和措施等的需要；

（五）其他需要考虑的因素。

第十一条　国务院商务主管部门依据出口管制法和本条例的规定，根据两用物项出口管制政策，按照规定程序会同国家有关部门制定、调整两用物项出口管制清单，并及时公布。

制定、调整两用物项出口管制清单可以以适当方式征求有关企业、商会、协会等方面意见，必要时开展产业调查和评估。

第十二条　根据维护国家安全和利益、履行防扩散等国际义务的需要，经国务院批准，或者经国务院、中央军事委员会批准，国务院商务主管部门可以对两用物项出口管制清单以外的货物、技术和服务实施临时管制，并予以公告。临时管制的实施期限每次不超过2年。临时管制实施期限届满前应当及时进行评估，根据评估结果作出以下决定：

（一）不再需要实施管制的，取消临时管制；

（二）需要继续实施管制但不宜列入两用物项出口管制清单的，延长临时管制，延长临时管制不超过2次；

（三）需要长期实施管制的，列入两用物项出口管制清单。

第十三条　根据维护国家安全和利益、履行防扩散等国际义务的需要，经国务院批准，或者经国务院、中央军事委员会批准，国务院商务主管部门会同国家有关部门可以禁止特定两用物项的出口，或者禁止特定两用物项向特定目的国家和地区、特定组织和个人出口。

第三章　管制措施

第一节　两用物项出口许可

第十四条　国家对两用物项的出口实行许可制度。

出口两用物项出口管制清单所列两用物项或者实施临时管制的两用物项，出口经营者应当向国务院商务主管部门申请许可。

相关货物、技术和服务存在出口管制法第十二条第三款规定情形的，出口经营者应当依照出口管制法和本条例的规定向国务院商务主管部门申请许可。法律、行政法规、军事法规另有规定的，从其规定。

出口经营者应当了解拟出口货物、技术和服务的性能指标、主要用途等，确定其是否属于两用物项；无法确定的，可以向国务院商务主管部门提出咨询，国务院商务主管部门应当及时答复。出口经营者提出咨询的，应当同时提供拟出口货物、技术和服务的性能指标、主要用途以及无法确定是否属于两用物项的原因。

第十五条　出口两用物项应当依照出口管制法和本条例的规定获得单项许可、通用许可，或者以登记填报信息方式获得出口凭证。

单项许可允许出口经营者在出口许可证件载明的范围、条件和有效期内，向单一最终用户进行一次特定两用物项出口。单项许可的有效期不超过1年，有效期内完成出口的，出口许可证件自动失效。

通用许可允许出口经营者在出口许可证件载明的范围、条件和有效期内，向单一或者多个最终用户进行多次特定两用物项出口。通用许可的有效期不超过3年。

以登记填报信息方式获得出口凭证出口的，出口经营者应当在特定两用物项每次出口前向国务院商务主管部门办理登记，按照规定如实填报相关信息获得出口凭证后，凭出口凭证自行出口。

第十六条　出口经营者申请单项许可，应当通过书面方式或者数据电文方式向国务院商务主管部门提出申请，如实填写两用物项出口申请表，并提交下列材料：

（一）申请人的法定代表人、主要经营管理人以及经办人的身份证明；

（二）与两用物项出口有关的合同、协议的副本或者其他证明文件；

（三）两用物项的技术说明或者检测报告；

（四）两用物项的最终用户和最终用途证明文件；

（五）国务院商务主管部门要求提交的其他材料。

出口经营者建立两用物项出口管制内部合规制度且运行良好，具有相关两用物项出口记录和相对固定的出口渠道及最终用户的，可以向国务院商务主管部门申请通用许可。申请通用许可，除前款规定的材料外，还应当提交下列材料：

（一）两用物项出口管制内部合规制度运行情况说明；

（二）两用物项出口许可证件申领及使用情况说明；

（三）两用物项出口渠道及最终用户有关情况说明。

第十七条　国务院商务主管部门应当自受理两用物项出口许可申请之日起，单独或者会同国家有关部门依照出口管制法和本条例的规定对出口许可申请进行审查，在45个工作日内作出准予或者不予许可的决定。准予许可的，由国务院商务主管部门颁发出口许可证件；不予许可的，应当书面告知申请人。

对国家安全和利益有重大影响的两用物项出口，国务院商务主管部门应当会同国家有关部门报国务院批准，或者报国务院、中央军事委员会批准。需要报国务院批准，或者报国务院、中央军事委员会批准的，不受前款规定出口许可审查期限的限制。

国务院商务主管部门对出口许可申请进行审查，依法需要组织鉴别，征询专家意见，或者对出口经营者、最终用户进行实地核查的，所需时间不计算在本条第一款规定的出口许可审查期限内。

第十八条　出口经营者应当按照出口许可证件载明的范围、条件和有效期出口两用物项并报告实际出口运输、运抵、安装、使用等情况。

出口许可证件有效期内，出口经营者需要改变两用物项的种类、出口目的国家和地区、最终用户、最终用途等关键要素的，应当依照本条例的规定重新申请两用物项出口许可，交回原出口许可证件，并暂时停止出口。

出口许可证件有效期内，出口经营者需要改变两用物项出口涉及的其他非关键要素的，应当向国务院商务主管部门提出变更两用物项出口许可申请，如实提交有关证明材料，暂时停止使用出口许可证件。国务院商务主管部门应当自受理变更申请之日起20个工作日内作出是否准予变更的决定，并书面告知出口经营者。准予变更的，颁发新的出口许可证件，并注销原出口许可证件；不予变更的，出口经营者应当按照原出口许可证件载明的范围、条件和有效期出口两用物项。

国务院商务主管部门发现准予两用物项出口许可所依据的出口管制法第十三条规定的因素发生重大变化的，应当通知出口经营者暂时停止使用出口许可证件。经核查，有关变化可能对国家安全和利益、履行防扩散等国际义务产生重大风险的，应当依法撤回、撤销或者要求出口经营者申请变更相关两用物项出口许可；没有前述风险的，应当及时通知出口经营者恢复使用相关出口许可证件。

第十九条 出口特定两用物项符合下列情形之一的，国务院商务主管部门允许出口经营者在每次出口前以登记填报信息方式获得出口凭证后自行出口：

（一）进境检修、试验或者检测后在合理期限内复运给原出口地的原最终用户；

（二）出境检修、试验或者检测后在合理期限内复运进境；

（三）参加在中华人民共和国境内举办的展览会，在展览会结束后立即原样复运回原出口地；

（四）参加在中华人民共和国境外举办的展览会，在展览会结束后立即原样复运进境；

（五）民用飞机零部件的出境维修、备品备件出口；

（六）国务院商务主管部门规定的其他情形。

前款规定的特定两用物项出口要素发生变化的，出口经营者应当重新登记填报信息获得新的出口凭证，或者依据本条例第十六条的规定申请单项许可或者通用许可。

出口经营者知道或者应当知道出口不再符合本条第一款规定情形，或者接到国务院商务主管部门通知的，应当立即停止出口并向国务院商务主管部门报告。

第二十条　出口经营者有下列情形之一的，不得申请通用许可或者以登记填报信息方式获得出口凭证：

（一）单位因两用物项出口管制违法行为受过刑事处罚，或者其与两用物项出口相关的直接负责的主管人员和其他直接责任人员因两用物项出口管制违法行为受过刑事处罚；

（二）5年内因两用物项出口管制违法行为受过行政处罚且情节严重；

（三）属于列入本条例第二十八条规定的管控名单内的境外组织和个人在中华人民共和国境内设立的独资企业、代表机构、分支机构；

（四）国务院商务主管部门规定的其他情形。

已经获得通用许可或者以登记填报信息方式获得出口凭证的出口经营者出现前款规定情形的，国务院商务主管部门应当撤销其已经获得的出口许可证件；需要继续出口的，出口经营者应当依照本条例第十六条第一款的规定申请单项许可。

第二十一条　出口货物的发货人或者代理报关企业出口两用物项时，应当向海关交验由国务院商务主管部门颁发的出口许可证件，并按照国家有关规定办理出口报关手续；不能提供出口许可证件的，海关不予放行。

第二十二条　出口货物的发货人未向海关提交或者未如实交验由国务院商务主管部门颁发的出口许可证件，海关有证据表明出口货物可能属于两用物项出口管制范围的，应当向出口货物发货人提出质疑，出口货物发货人应当向海关提供出口货物合同、性能指标、主要用途等证明材料。在质疑期间，海关可以向国务院商务主管部门提出组织鉴别，并根据国务院商务主管部门作出的鉴别结论依法处置。在质疑、鉴别期间，海关对出口货物不予放行。

出口货物存在本条例第十四条第三款、第十八条第四款、第二十五条规定情形，国务院商务主管部门知悉相关情况的，应当及时通知海关；海关收到国务院商务主管部门通知时，出口货物已向海关申报出口但尚未放行的，应当不予放行并依法处置。

第二节　最终用户和最终用途管理

第二十三条　国务院商务主管部门建立两用物项最终用户和最终用途风险管理制度，对两用物项的最终用户和最终用途进行评估、核查，加强最终用户和最终用途管理。

第二十四条　出口经营者申请两用物项出口许可时应当提交最终用户出具的最终用户和最终用途证明文件。国务院商务主管部门可以要求出口经营者同时提交由最终用户所在国家和地区政府机构出具或者认证的最终用户和最终用途证明文件。

两用物项的最终用户应当按照国务院商务主管部门要求作出承诺，未经国务院商务主管部门允许，不得擅自改变两用物项的最终用途或者向任何第三方转让。

第二十五条　出口经营者、进口商发现两用物项出口存在下列情形的，应当立即停止出口，向国务院商务主管部门报告并配合核查；国务院商务主管部门依据本条例第十八条规定予以处理：

（一）两用物项最终用户、最终用途已经改变或者可能改变；

（二）两用物项最终用户和最终用途证明文件存在伪造、变造、失效等情形；

（三）以欺骗、贿赂等不正当手段获取两用物项最终用户和最终用途证明文件。

第二十六条　国务院商务主管部门依法开展两用物项最终用户和最终用

途核查，有关组织和个人应当予以配合。进口商、最终用户未在规定期限内配合核查、提供有关证明材料，导致无法核实两用物项最终用户、最终用途的，国务院商务主管部门可以将有关进口商、最终用户列入关注名单。

出口经营者向列入关注名单的进口商、最终用户出口两用物项，不得申请通用许可或者以登记填报信息方式获得出口凭证；申请单项许可时，应当提交对列入关注名单的进口商、最终用户的风险评估报告，并作出遵守出口管制法律法规和相关要求的承诺。许可审查期限不受本条例第十七条第一款规定期限的限制。

本条第一款规定的进口商、最终用户配合核查，经核实不存在擅自改变最终用途、擅自向第三方转让等情形的，国务院商务主管部门可以将其移出关注名单。

第二十七条　出口经营者应当妥善保存与两用物项出口有关的最终用户和最终用途证明文件以及合同、发票、账册、单据、业务函电等相关资料，保存期限不少于5年。法律、行政法规另有规定的，从其规定。

第三节　管控名单

第二十八条　国务院商务主管部门依职权或者根据有关方面的建议、举报，可以决定将有下列情形之一的进口商、最终用户列入管控名单：

（一）违反最终用户或者最终用途管理要求；

（二）可能危害国家安全和利益；

（三）将两用物项用于恐怖主义目的。

进口商、最终用户有下列情形之一，危害国家安全和利益的，按照前款规定执行：

（一）将两用物项用于设计、开发、生产或者使用大规模杀伤性武器及其运载工具；

（二）被国家有关部门依法采取禁止或者限制有关交易、合作等措施。

依照本条例第二十六条规定列入关注名单的进口商、最终用户存在本条第一款、第二款规定情形的，国务院商务主管部门可以将其列入管控名单，同时移出关注名单。

第二十九条 国务院商务主管部门可以根据情节轻重和具体情况，对列入管控名单的进口商、最终用户采取下列一种或者几种措施：

（一）禁止有关两用物项交易；

（二）限制有关两用物项交易；

（三）责令中止有关两用物项出口；

（四）其他必要的措施。

出口经营者不得违反规定与列入管控名单的进口商、最终用户进行有关两用物项交易。特殊情况下确需进行有关交易的，出口经营者应当向国务院商务主管部门提出申请，经批准后可以与该进口商、最终用户进行相应的交易并按要求报告。

第三十条 列入管控名单的进口商、最终用户配合国务院商务主管部门调查，如实陈述有关事实，停止违法行为，主动采取措施，消除危害后果，按要求作出并履行承诺，不再有本条例第二十八条规定情形的，可以向国务院商务主管部门申请移出管控名单。国务院商务主管部门可以根据实际情况，作出将其移出管控名单的决定。

第四章　监督检查

第三十一条 国家建立健全两用物项出口管制执法协作制度，加强全过程监管，及时发现、制止和查处两用物项出口违法行为。

国务院商务主管部门依法对两用物项出口活动开展监督执法。

第三十二条 国务院商务主管部门单独或者会同国家有关部门依法对两用物项出口活动进行监督检查、对涉嫌违法行为进行调查，有关组织和个人应当予以配合，不得拒绝、阻碍。

进行监督检查、案件调查的执法人员不得少于2人，应当主动出示执法证件和相关法律文书，可以采取出口管制法第二十八条规定的措施；少于2

人或者未出示执法证件和相关法律文书的，被检查、调查的组织和个人有权拒绝。

第三十三条 国务院商务主管部门依职权或者根据海关提出的组织鉴别需要，组织开展相关两用物项鉴别，可以委托有关专业机构或者相关领域专家提供鉴别意见。

第三十四条 国务院商务主管部门依职权或者根据有关方面的建议、举报，发现有关组织和个人存在两用物项出口违法风险的，可以采取监管谈话、出具警示函等措施。

第三十五条 出口经营者发现或者接到国务院商务主管部门通知，其出口活动存在本条例第十四条第三款、第十八条第四款、第二十五条规定情形的，应当及时将有关情况报告国务院商务主管部门，按要求采取措施消除或者减轻危害，并配合调查处理。

第三十六条 任何组织和个人不得为两用物项出口管制违法行为提供代理、货运、寄递、报关、第三方电子商务交易平台和金融等服务。提供代理、货运、寄递、报关、第三方电子商务交易平台和金融等服务的经营者发现涉嫌两用物项出口管制违法行为的，应当及时向国务院商务主管部门报告，国务院商务主管部门应当及时核实、处理。

第三十七条 国务院商务主管部门根据国内进口经营者和最终用户的申请，可以向其他国家和地区政府出具最终用户和最终用途说明文件，并对相关事宜实施管理。

国内进口经营者和最终用户申请最终用户和最终用途说明文件，应当按照国务院商务主管部门要求如实提交有关材料，严格履行获得说明文件时作出的承诺，并接受国务院商务主管部门的监督检查。

第三十八条 中华人民共和国公民、法人、非法人组织接到外国政府提出的与出口管制相关的访问、现场核查等要求，应当立即向国务院商务主管部门报告。未经国务院商务主管部门同意，不得接受或者承诺接受外国政府的相关访问、现场核查等。

第五章　法律责任

第三十九条　出口经营者有下列行为之一的，依照出口管制法第三十四条的规定进行处罚：

（一）未经许可擅自出口两用物项；

（二）超出出口许可证件载明的范围、条件和有效期出口两用物项；

（三）出口禁止出口的两用物项；

（四）以改造、拆分为部件或者组件等方式规避许可出口两用物项；

（五）存在本条例第十八条规定情形，违规使用许可证件出口。

第四十条　出口经营者违反本条例规定，未履行报告义务的，给予警告，责令改正；情节严重的，没收违法所得，违法经营额50万元以上的，并处违法经营额5倍以上10倍以下罚款；没有违法经营额或者违法经营额不足50万元的，并处50万元以上300万元以下罚款。

提供代理、货运、寄递、报关、第三方电子商务交易平台和金融等服务的经营者违反本条例第三十六条规定，未履行报告义务的，给予警告，责令改正，可以处10万元以下罚款；情节严重的，并处10万元以上50万元以下罚款。

第四十一条　教唆、帮助出口经营者、进口商、最终用户规避出口管制法和本条例的规定实施违法行为的，给予警告，责令停止违法行为，没收违法所得，违法所得10万元以上的，并处违法所得3倍以上5倍以下罚款；没有违法所得或者违法所得不足10万元的，并处10万元以上50万元以下罚款。

第四十二条　国内进口经营者和最终用户违反其向国务院商务主管部门作出承诺的，给予警告，责令改正，没收违法所得，违法经营额50万元以上的，并处违法经营额3倍以上5倍以下罚款；没有违法经营额或者违法经营额不足50万元的，并处30万元以上300万元以下罚款。国务院商务主管部门可以自处罚决定生效之日起5年内不受理其提出的最终用户和最终用途说明文件办理申请。

第四十三条　违反本条例规定，擅自接受或者承诺接受外国政府提出的与出口管制相关的访问、现场核查等要求的，给予警告，并处50万元以下罚款；情节严重的，并处50万元以上300万元以下罚款；情节特别严重的，责令停业整顿。

第四十四条　提供咨询、鉴别意见的专家、专业机构违反职业道德和本条例规定的，予以通报批评、责令限期整改；情节严重的，取消其咨询、鉴别资格，并依法追究相应法律责任。

第四十五条　本条例规定的两用物项出口管制违法行为，由国务院商务主管部门进行处罚；法律、行政法规规定由海关处罚的，由其依照出口管制法和本条例进行处罚。

第四十六条　违反出口管制法和本条例规定，危害国家安全和利益的，除依照出口管制法和本条例规定处罚外，还应当依照有关法律、行政法规、部门规章的规定进行处理和处罚。

违反出口管制法和本条例规定，构成犯罪的，依法追究刑事责任。

第六章　附　则

第四十七条　出口管制法第二条规定的其他与维护国家安全和利益、履行防扩散等国际义务相关的货物、技术、服务等物项的出口管制，适用本条例。

两用物项中监控化学品的出口管制，适用《中华人民共和国监控化学品管理条例》的规定；《中华人民共和国监控化学品管理条例》未规定的事项，由国务院工业和信息化主管部门依照出口管制法和本条例执行。

《中华人民共和国导弹及相关物项和技术出口管制条例》所附《导弹及相关物项和技术出口管制清单》第一部分所列物项和技术的出口，纳入军品出口管理清单，依照《中华人民共和国军品出口管理条例》及其他有关规定办理。

第四十八条　两用物项的过境、转运、通运、再出口或者从海关特殊监管区域和保税监管场所向境外出口，依照出口管制法和本条例的有关规定执行。具体办法由国务院商务主管部门会同海关总署制定。

在中华人民共和国境内，两用物项在海关特殊监管区域和保税监管场所之间进出，或者由海关特殊监管区域和保税监管场所外进入海关特殊监管区域和保税监管场所，无需办理出口许可证件，由海关实施监管。

第四十九条 境外组织和个人在中华人民共和国境外向特定目的国家和地区、特定组织和个人转移、提供下列货物、技术和服务，国务院商务主管部门可以要求相关经营者参照本条例有关规定执行：

（一）含有、集成或者混有原产于中华人民共和国的特定两用物项在境外制造的两用物项；

（二）使用原产于中华人民共和国的特定技术等两用物项在境外制造的两用物项；

（三）原产于中华人民共和国的特定两用物项。

第五十条 本条例自2024年12月1日起施行。《中华人民共和国核两用品及相关技术出口管制条例》、《中华人民共和国导弹及相关物项和技术出口管制条例》、《中华人民共和国生物两用品及相关设备和技术出口管制条例》和《有关化学品及相关设备和技术出口管制办法》同时废止。

中国禁止出口限制出口技术目录

中华人民共和国商务部
中华人民共和国科学技术部

禁止出口限制出口技术参考原则

一、禁止出口技术参考原则

（一）为维护国家安全、社会公共利益或者公共道德，需要禁止出口的；

（二）为保护人的健康或者安全，保护动物、植物的生命或者健康，保护环境，需要禁止出口的；

（三）依据法律、行政法规的规定，其他需要禁止出口的；

（四）根据我国所缔结或者参加的国际公约、协定的规定，其他需要禁止出口的。

二、限制出口技术参考原则

（一）为维护国家安全、社会公共利益或者公共道德，需要限制出口的；

（二）为保护人的健康或者安全，保护动物、植物的生命或者健康，保护环境，需要限制出口的；

（三）依据法律、行政法规的规定，其他需要限制出口的；

（四）根据我国所缔结或者参加的国际公约、协定的规定，其他需要限制出口的。

目录格式说明

目录格式：

编　　号：（1）ＸＸＸＸＸＸＪ（Ｘ）

技术名称：（2）＿＿＿＿＿＿＿＿

控制要点：（3）＿＿＿＿＿＿＿＿

说明：

（1）编号：共7位

　　ＸＸ　　　　　ＸＸ　　　　　ＸＸ　　　　　Ｊ（Ｘ）

　年度代码　　行业分类代码　　顺序号　　禁止（限制）代码

1）年度代码为技术条目发布年度后两位数字

2）行业分类代码为国民经济行业分类二级分类序号

3）顺序号为同一行业分类下技术条目依次编码

4）"J"代表禁止出口技术,"X"代表限制出口技术

（2）技术名称：某一类技术的总称。

（3）控制要点：该类技术中需要控制的技术内容、特征及范围。

（4）目录行业分类代码参照国民经济行业分类（GB/T 4754–2017）编辑排序。

《中国禁止出口限制出口技术目录》

禁止出口部分

序号	行业领域	编号	技术名称	控制要点
1	畜牧业	080301J	畜牧品种的繁育技术	《国家畜禽品种出口管理分级名录》列为"一级"类品种的繁育技术
2		080302J	蚕类品种、繁育和蚕茧采集加工利用技术	1.除杂交一代蚕品种以外的蚕遗传资源 2.柞蚕、蓖麻蚕、天蚕等蚕类及近缘绢丝昆虫利用技术
3	渔业	080401J	水产品种的繁育技术	《我国现阶段不对外交换的水产种质资源名录》所列种质的繁育技术
4	造纸和纸制品业	082201J	造纸技术	1.宣纸的生产工艺 2.迁安书画纸的配方及生产工艺
5	文教、工美、体育和娱乐用品制造业	082401J	书画墨、八宝印泥制造技术	1.书画墨的配方 2.八宝印泥的配方
6	化学原料和化学制品制造业	082601J	焰火、爆竹生产技术	鞭炮、烟花制造工艺 1.引燃点爆装置的弹体装填工艺 2.装填药物配方及粘合剂 3.球壳的机械成形工艺 4.多色彩药粒闪光炮药物配方及制作工艺 5.合金粉的配方及生产工艺 6.无烟礼花的药物配方及制作工艺

序号	行业领域	编号	技术名称	控制要点
7	医药 制造业	082701J	中药材资源及 生产技术	1. 世界珍稀、濒危保护动植物中的野生中药资源及其繁育技术 2. 濒危、珍稀药材代用品的配方和生产技术 3. 菌类药材的菌种、菌株、纯化、培养、发酵和生产工艺，包括下列菌种：冬虫夏草、羊肚菌、牛舌菌、云芝、树舌、灵芝（紫芝、赤芝）、雷丸、猪苓、密环菌、松茸、短裙竹荪、长裙竹荪、黄裙竹荪、大马勃、黑柄炭角菌、茯苓
8		082702J	中药饮片炮制技术	1. 毒性中药的炮制工艺和产地加工技术（1）制川乌（2）制草乌（3）制南星、胆南星（4）制白附子（5）清半夏、法半夏、姜半夏（6）制关白附（7）制附子（8）制商陆（9）制马钱子（10）煨肉豆蔻（11）制芫花（12）制蟾酥（13）制藤黄（14）制甘遂（15）制狼毒（16）巴豆霜（17）制斑蝥（18）制青娘子（19）飞雄黄（20）飞朱砂（21）制金大戟（22）千金子霜 2. 常用大宗中药的炮制工艺和产地加工技术（1）熟大黄（2）熟地黄（3）制何首乌（4）制香附（5）鹿茸（6）紫河车（7）六神曲（8）建神曲（9）炮山甲（10）制肉苁蓉（11）制黄精（12）制山茱萸（13）制女贞子（14）红参（15）厚朴（16）阿胶（17）龙血竭
9		082703J	中国珍贵濒危植物药用成分提取加工技术	紫杉醇及相关技术
10	非金属 矿物 制品业	083001J	非晶无机非金属材料生产技术	激光技术用大功率、大尺寸钕玻璃制备工艺技术
11		083002J	低维无机非金属材料生产技术	具有下列特征之一的硬质低密度、粘结着碳纤维或非纤维状碳的绝热材料生产技术 1. 可在2273K（2000℃）以上高温条件下使用 2. 密度在100～300kg/m^{3}之间 3. 压缩强度在0.1～1.0MPa之间 4. 挠曲强度≥1.0MPa 5.碳含量占总固体的99.9%以上
12	有色金属 冶炼和压 延加工业	083201J	稀土的提炼、加工、利用技术	1. 稀土萃取分离工艺技术 2. 稀土金属及合金材料的生产技术 3. 钐钴、钕铁硼、铈磁体制备技术 4. 稀土硼酸氧钙制备技术

序号	行业领域	编号	技术名称	控制要点
13	铁路、船舶、航空	083701J	航天器测控技术	我国使用的卫星及其运载无线电遥控遥测编码和加密技术，包括算法、码表等
14	航天和其他运输设备制造业	083702J	航空器设计与制造技术	航空燃气轮机核心机的设计技术和制造技术
15	计算机、通信和其他电子设备制造业	083901J	集成电路制造技术	抗辐照技术、工艺 （1）抗静电 ≥ 2,500V，抗瞬时剂量率 > 1×10^{11} rad（Si）/s 的 CMOS／SOS（蓝宝石上外延硅／互补型金属氧化物半导体）器件制造技术 （2）抗静电 ≥ 3,000V，抗瞬时剂量率 > 1×10^{11} rad（Si）/s 的双极器件制造技术
16		083902J	机器人制造技术	遥控核化侦察机器人制造技术
17	建筑装饰、装修和其他建筑业	085001J	中国传统建筑技术	1. 传统建筑材料的制作工艺 2. 传统建筑装饰工艺
18	电信、广播电视和卫星传输服务业	086301J	计算机网络技术	我国政府、金融、产业、科学研究等部门使用的涉及国家秘密的信息安全保密技术，包括信息隐蔽技术、安全威胁检测技术等
19		086302J	空间数据传输技术	涉及下列其中之一的卫星数据加密技术 1. 保密原理、方案及线路设计技术 2. 加密与解密的软件、硬件
20		086303J	卫星应用技术	北斗卫星导航系统信息传输加密技术，包括相应的软件
21	研究和试验发展	237301J	用于人的细胞克隆和基因编辑技术	具有伦理争议，且可产生重大危害，用于对含有遗传物质的人体生殖细胞（即胚胎细胞、卵子细胞、精子细胞）进行编辑的基因编辑技术
22	专业技术服务业	087401J	大地测量技术	1. 直接输出我国大地坐标的卫星定位技术 2. 我国大地、卫星、重力、高程数据库及其开发应用技术 3. 我国地球重力场模型
23		087402J	地图制图技术	直接输出比例尺 ≥ 1:10 万我国地形图要素的图像产品
24	卫生	088401J	中医医疗技术	针麻开颅手术的关键穴位

限制出口部分

序号	行业领域	编号	技术名称	控制要点
1	农业	080101X	农作物（含牧草）种质资源及其繁育技术	1. 粮、棉、油作物两系、三系杂交优势利用制种技术 2. 显性核不育油菜三系制种技术 3. 蔬菜自交不亲和系及雄性不育系选育和应用技术 4. 玉米花药培养基制备工艺 5. 发菜人工制种增殖技术 6. 对外提供农作物种质资源分类名录所列农作物（含牧草）种质资源及其繁育技术
2		080102X	经济作物栽培繁育技术	1. 烟草重要核心种质资源及育种素材创制、基因分析鉴定技术 （1）经鉴定属于重要抗源的种质资源，包括免疫或高抗病毒病、黑胫病、青枯病、赤星病、白粉病、烟蚜、烟青虫、根结线虫等主要病虫害的烟草种质资源 （2）特异性烟草种质资源，包括多叶型、特香型、特殊香型、高钾、高糖、高蛋白、白花等形态或生理遗传标记、优质、地方名优晾晒烟的主栽品种 （3）烟碱含量在6%以上的高烟碱种质资源 （4）属国际先进的雄性不育二系配套育种材料、种质资源，特殊育种用途的种质资源 （5）在我国收集发现的珍贵和稀有地方种质资源 2. 烟草介质花粉技术
3		200103X	农业野生植物人工繁育技术	1.《国家重点保护野生植物名录》所列农业部门主管的I级野生植物人工繁育技术 2. 列入《濒危野生动植物种国际贸易公约》的农业野生植物人工繁育技术
4		200104X	基因工程（基因及载体）	1. 新发现的植物雄性不育基因、恢复基因及载体 2. 新发现的抗病、抗虫基因及载体 3. 新发现的抗逆基因及载体 4. 新发现的品质基因及载体 5. 新发现的产量相关基因及载体 6. 新发现的其它重要基因及载体 7. 特有基因操作技术
5		230105X	农作物杂交优势利用技术	1. 我国濒危、珍稀、重要物种以及这些物种可用于再生传代的个体、器官、组织、细胞、基因或者可用于繁殖传代的种子、遗传信息等资源 2. 我国濒危、珍稀、重要物种的杂交育种技术

序号	行业领域	编号	技术名称	控制要点
6	林业	080201X	林木种质资源及其繁育技术	1.《国家重点保护野生植物名录》所列林草部门主管的一级野生植物及人工繁育技术 2. 杨树三倍体及其繁育技术 3. 列入《濒危野生动植物种国际贸易公约》附录的野生植物及人工繁育技术
7		080202X	园林植物、观赏植物繁育技术	《国家重点保护野生植物名录》所列观赏植物的人工繁育技术
8		080203X	野生动物人工繁育及保护技术	1. 列入《国家重点保护野生动物名录》野生陆生动物的人工繁育技术及幼子、幼雏半岁前关键哺育手段和饲料配方、添加剂 2. 珍稀鸟类朱鹮、丹顶鹤、绿孔雀饲料配方及加工技术 3. 珍稀哺乳类大熊猫的人工育幼技术
9	畜牧业	080301X	畜牧品种的繁育技术	1.《国家畜禽品种出口管理分级名录》列为 "二级" 类品种的繁育技术 2. 百色矮马繁育技术 3. 巴马（环江）香猪繁育技术 4.北京油鸡繁育技术
10		200302X	绒山羊繁育技术	杂交，人工授精，胚胎、基因克隆繁育技术
11		200303X	绒山羊品种的培育技术	内蒙古绒山羊、乌珠穆沁白绒山羊、罕山白绒山羊、辽宁绒山羊、晋岚绒山羊、河西绒山羊和西藏绒山羊母本、父本、杂交改良培育新品
12	渔业	080401X	水产种质繁育技术	1.《我国现阶段有条件对外交换的水产种质资源名录》所列种质的繁育技术 2. 淡水微藻的培养生产工艺（1）藻种纯化和杂藻抑控制技术（2）藻类培养工艺和浓缩技术（3）有关监测工艺（4）培养水体水质测控技术 3. 梭鱼人工繁殖技术（1）淡水培育亲鱼，药物诱导人工繁殖育苗技术 4. 鳜鱼人工育苗及人工饲料养殖技术（1）鳜鱼人工催产、育苗技术（2）稚鱼开口饵料及其同步培养技术 5. 河蟹人工繁殖技术（1）催产技术、设施、工艺（2）幼体培育、开口饵料（3）病害防治（4）河蟹亲体培育 6. 石斑鱼人工育苗技术（1）亲鱼培育（2）催熟、催产技术、药物（3）苗种培育，食性转换，过渡饵料 7. 乌塘鳢人工育苗技术（1）幼鱼培育、工艺（2）亲鱼培育、催产技术、工艺 8.合浦绒螯蟹人工繁殖技术

序号	行业领域	编号	技术名称	控制要点
13	农、林、牧、渔专业及辅助性活动	080501X	兽药生产技术	1. 马传贫弱毒毒种 2. 猪喘气病弱毒毒种 3. 牛肺疫弱毒毒种 4. 牛瘟弱毒疫苗毒种 5. 牛环形泰勒焦虫病细胞苗种 6. 猪瘟活疫苗毒种 7. 高致病性禽流感病毒毒株 8. 口蹄疫病毒毒株 9. 非洲猪瘟病毒毒株
14		080502X	兽医卫生检疫技术	1. 猪瘟强弱毒抗体检测技术 （1）单克隆抗体杂交瘤细胞株 2. 马传贫强弱毒抗体检测技术 （1）单克隆抗体杂交瘤细胞株
15	有色金属矿采选业	080901X	采矿工程技术	离子型稀土矿山浸取工艺
16	农副食品加工业	081301X	糖加工技术	夹心单晶冰糖生产工艺
17		081701X	莨香绸加工技术	莨香绸加工工艺
18	纺织业	081702X	纺织纤维制品及其加工技术	1. 独特传统处方的靛蓝染色工艺 （1）手织布的靛蓝染色工艺 2. 传统手工扎染工艺技术 （1）传统手工扎染工艺技术 3. 真丝绸制品的蜡染工艺 （1）真丝绸蜡染工艺 4. 真丝绸防缩抗皱加工技术 （1）真丝绸防缩抗皱加工工艺 （2）真丝绸防缩抗皱助剂配方
19	造纸和纸制品业	082201X	传统手工纸生产技术	竹纸、桑皮纸、构皮纸等传统手工生产技术

序号	行业领域	编号	技术名称	控制要点
20	文教、工美、体育和娱乐用品制造业	082401X	工艺品制造技术	1. 金属工艺品生产技术及工艺 （1）斑铜表面处理工艺 2. 漆器工艺品制造技术及工艺 （1）点螺漆器的原料加工及制作工艺 3. 刺绣品的制作技术及工艺 （1）双面三异绣、三异缂丝工艺及摘小针处理方法 （2）明代四团龙织金纱龙袍、花缎龙袍、孔雀羽织金妆花的技术诀窍 4. 其它工艺品的制作技术及工艺 （1）鼻烟壶等工艺品的内画技艺
21	化学原料和化学制品制造业	082601X	生物农药生产技术	1. 灭蝗微孢子虫制剂生产工艺 2. 多角体病毒毒种及制剂生产工艺 3. 井岗霉素菌种及生产技术 4. 华光霉素菌种及生产技术 5. 浏阳霉素菌种及生产技术 6. 金核霉素菌种及生产技术 7. 宁南霉素菌种及生产技术 8. 阿维菌素菌种及生产技术 9. Bt 菌株及生产技术 10. 枯草芽孢杆菌菌株及生产技术 11. 春雷霉素菌株及生产技术 12. 嘧啶核苷类抗菌素（农抗 120）菌株及生产技术 13. 白僵菌、绿僵菌菌种及生产技术 14. 多杀霉素菌种及生产技术
22		082602X	涂料生产技术	多色彩、多波长激光隐身涂料配方及生产技术
23		082603X	合成纤维生产技术	碳纤维加工技术
24	医药制造业	082701X	中药材资源及生产技术	1. 蛹虫草人工培植技术 2. 人工养麝（林麝、马麝）活体取香技术及繁育技术 3. 牛体培植牛黄的埋核技术 4. 人工牛黄、人工虎骨、人工麝香等品种配方技术 5.《中华人民共和国药典》中收录的大宗品种药材的植物种子（包括种子类生药）、种苗和动物种源及其繁育技术 6.《国家重点保护野生植物名录》《国家重点保护野生动物名录》中收录的我国药材种质和基因资源及其人工繁育技术

序号	行业领域	编号	技术名称	控制要点
25	医药制造业	082702X	生物技术药物生产技术	1. 通过分离、筛选得到的具有工业化生产条件的菌种、毒种及其选育技术 （1）流行性出血热灭活疫苗生产毒种（含野鼠型及家鼠型） （2）EV71 疫苗病毒 2. 用于活疫苗生产的减毒的菌种或毒种及其选育技术 （1）甲型肝炎减毒活疫苗生产毒种 （2）乙型脑炎减毒活疫苗生产毒种 （3）水痘减毒活疫苗生产毒种 3. 野生或用基因工程方法获得的具有生物危害的菌种、毒种及其选育技术 4. 口服轮状病毒生产毒种
26		082703X	中药的配方和生产技术	石斛夜光丸内重金属低于限量标准的技术
27		082704X	组织工程医疗器械产品的制备和加工技术	1. 组织细胞分离和培养技术 2. 组织细胞培养基的配方技术 3. 材料支架的加工技术 4. 组织工程产品的培养加工技术 5. 组织工程产品的保存技术
28	橡胶和塑料制品业	082901X	橡胶制品生产技术	1. 飞机轮胎制造技术 2. 橡胶负重轮胎制造技术（单个轮胎载重大于 20 吨）
29	非金属矿物制品业	083001X	无机非金属材料生产技术	1. 非金属纤维无石棉增强抗磨材料制备技术 （1）非金属纤维无石棉增强材料的配方和加工工艺 （2）抗磨剂生产技术 2. 连续 SiC（碳化硅）纤维生产技术 （1）聚碳硅烷分子量及分子量分布控制技术 （2）有机硅聚合物连续纺丝技术 （3）二步不熔化处理技术 （4）聚碳硅烷裂解合成工艺 3. 具有下列特征的碳纤维制品加工技术 （1）细编穿刺织物技术 （2）三向锥体织物技术 4. 氮化硼（BN）纤维防潮涂层制备技术 5. 氧化锆纤维隔热材料制备技术 6. 化学气相沉积法（CVD）制备碳化硅（SiC）纤维技术

序号	行业领域	编号	技术名称	控制要点
30	非金属矿物制品业	083002X	人工晶体生长与加工技术	1. 二氧化碲（TeO2）及钼酸铝〔Al2(MoO4)3〕单晶生长工艺及基片的精加工技术 2. 超长（＞250mm）铌酸锂晶片的制作方法（1）长度＞280mm，直径＞40mm铌酸锂晶的生长技术（2）长度＞250mm，铌酸锂单晶片精加工技术 3. 长度＞180mm的硅酸铋（BSO）、锗酸铋（BGO）单晶生长工艺及晶片加工技术 4.75-3 水溶性光致抗蚀掩孔干膜制备工艺 5. 制造自泵浦相位共轭器（SPPCM）用钨青铜光析变单晶生长工艺 6. 铌酸钾（KNbO3）晶体的原料处理技术和生长工艺 7. 磷酸氧钛钾（KTP）晶体生长控制技术 8. 具有下列性能的抗辐射人造水晶生长工艺 （1）品质因数（Q）值≥$3×10^6$ （2）包裹体级别不低于IECI（国际电工技术委员会）的A级 （3）铝（Al）含量≤1ppm （4）腐蚀隧道密度≤10条/cm^2 9. 稀土—铁（Tb–Dy–Fe系）超磁致伸缩单晶材料的制备技术 （1）提拉法无污染磁悬浮冷坩埚晶体生长工艺 （2）单晶成份及结构控制技术 10. 四硼酸锂、三硼酸锂（LBO）晶体的生长工艺 11. 掺钕硼酸铝钇（NYAB）晶体的生长工艺 12. 钛酸钡锶（SBT）晶体的生长工艺 13. 偏硼酸钡（BBO）晶体的生长工艺 14. 硼铍酸锶（SBBO）晶体的生长工艺 15.KBBF 晶体生长与棱镜耦合器件加工技术 16. 硅酸钇镥（LYSO）晶体生长工艺 17. 溴化镧（LaBr3:Ce）晶体生长工艺
31		083003X	聚合物基复合材料生产技术	1. 用于航天器壳体的纤维增强树脂基复合材料生产技术 2. 用于高压容器（压力≥25MPa）的纤维增强树脂基耐烧蚀、隔热、防热、复合材料生产技术 3. 容重1.5～1.7g/cm^2，烧蚀率≤0.22mm/s的纤维增强树脂基耐烧蚀复合材料生产技术 4. 热熔法工艺中树脂基体配方

序号	行业领域	编号	技术名称	控制要点
32	黑色金属冶炼和压延加工业	083101X	钢铁冶金技术	1. 耐温 ≥ 850℃高温合金生产技术 2. 军用隐身材料的配方及生产技术 3. 耐温 ≥ 2000℃的发散（汗）冷却材料的配方及生产技术
33	有色金属冶炼和压延加工业	083201X	有色金属冶金技术	1. 无毒（不含氰化物）堆浸提金技术及配方 2. 氧化铝生产中以种分母液回收原液中镓的"溶解法"工艺 3. 强度 ≥ 520MPa 铍材制备的制粉和固结工艺 4. 同时具有下列特性的高温超导线、带制造技术 （1）临界温度 > 77K，长度 > 100m，临界电流密度 > $1 \times 10^4 \text{A/cm}^2$（在 77K，自场强下） 5. 同时具有下列特性的高温超导薄膜制造技术 （1）临界温度 > 77K，面积 > 5cm^2，临界电流密度 > $1 \times 10^6 \text{A/cm}^2$（在 77K，零场强下） 6. 稀土的采矿、选矿、冶炼技术（已列入禁止出口的技术除外） 7. 稀土萃取剂的合成工艺及配方 8. 金属材料的稀土改性添加技术
34		083202X	非晶、微晶金属冶金技术	1. 非晶材料的卷取技术 2. 自蔓延高温合成与制备技术 （1）硬质耐冲击材料制备技术 （2）纳米级晶粒制备技术 3. 纳米级超细粉的制备技术
35	金属制	083301X	热处理技术	1. 模具热处理技术 （1）稀土—硼共渗剂配方 （2）稀土—硼共渗处理工艺 2. 稀土、碳、氮共渗和稀土、碳共渗的配方及工艺 3. 装载机斗齿材料的配方及热处理工艺
36	品业	083302X	金属基复合材料生产技术	1. 金属—陶瓷纳米级材料制备技术 （1）WC-Co（碳化钨—钴）亚微米级粉末制备技术 （2）WC-Co（碳化钨—钴）亚微米晶粒复合材料制备技术 2. 纤维增强铝基复合材料的制备技术 3. 超混杂铝基复合板的制备技术 （1）竹材改性工艺 （2）改性竹材增强铝复合工艺 （3）维尼纶增强铝复合工艺 4. 化学气相渗制备复合材料技术

序号	行业领域	编号	技术名称	控制要点
37	通用设备制造业	083401X	铸造技术	1. 耐高温覆膜砂添加剂的配方 2. 下列大中型薄壁变曲面铸件电渣熔铸技术 （1）非稳定状态下各种温度场的确定 （2）构造电渣熔铸变曲面构件的软件包
38		083402X	通用设备制造技术	1. 金属离心机转子成型技术 （1）波纹成型工艺 （2）转筒旋压工艺及表面处理工艺 （3）转子装配、调试工艺 2. 金属离心机上、下阻尼器制造技术 （1）上阻尼壳体成型工艺 （2）装配调整工艺 （3）上、下阻尼结构参数、性能参数检测原理、方法及所用实验测试装置
39		083403X	通用零部件制造技术	1. 钛合金球形高压容器整体成形工艺 2. 三环式减速（或增速）传动装置制造技术 （1）设计参数的选择 （2）制造工艺技术
40		083404X	燃气轮机制造技术	同时具有下列指标的燃气轮机高温叶片材料生产技术 1. 不含钽的镍基合金铸造与加工 2. 用于工作温度 ≥ 850℃的表面防高温腐蚀涂层，寿命 ≥ 10,000h
41		203405X	3D 打印技术	1. "铸锻铣一体化"金属 3D 打印关键技术 2. 3D 打印用耐高温纤维树脂材料及其同步固化工艺等
42		203406X	机床产业基础共性技术	高档数控机床的创新设计、基础工艺、试验验证、可靠性及功能安全等技术
43		233407X	散料装卸输送技术	四车翻车机、大型装船机（>10000t/h）、大型卸船机（>3600t/h）的设计和制造技术
44	专用设备制造业	083501X	制冷与低温工程技术	温度 < 6K 的杜瓦瓶设计技术
45		203502X	大型高速风洞设计建设技术	特殊功能结构设计、宽温域特种金属/复合材料性能分析、大型复杂装备智能制造与先进测试技术；大功率电弧加热器技术、大功率可控硅整流电源技术、高焓长时间运行技术等

序号	行业领域	编号	技术名称	控制要点
46	专用设备制造业	203503X	大型振动平台设计建设技术	双轴同步振动试验平台、50 吨电动振动试验系统
47		203504X	石油装备核心部件设计制造技术	石油装备中高端井下作业工具和软件,油气集输关键设备、顶驱、注入头、压裂痕、液氮泵、液氮蒸发器等核心钻完井部件的设计制造技术
48		203505X	大型石化设备基础工艺技术	大型石化和煤化工装置反应器、炉、热交换器、球罐等静设备的材料技术、焊接技术、热处理技术、加工技术和检测技术
49		203506X	重型机械行业战略性新产品设计技术	重型机械行业战略性新产品设计技术,如第三和第四代核电设备及材料技术、海工设备技术等
50	铁路、船舶、航空航天和其他运输设备制造业	083701X	船型设计与试验技术	1. 水下机器人浮体材料和密封材料的配方与结构 2. 浅吃水及超浅吃水肥大型船技术 （1）浅吃水肥大型：型宽与吃水深度比（B/T）≥ 3.5；方型系数（Cb）≥ 0.82 （2）超浅吃水肥大型：型宽与吃水深度比（B/T）≥ 4.0；方型系数（Cb）≥ 0.82 3. 气垫船的围裙技术 4. 冲翼艇船型设计与试验技术 5. 气翼艇船型的技术 6. 喷水推进动力设计技术与喷水推进快速性预报技术 7. 内河推轮、拖轮〔1.1 ≤（螺旋桨直径 / 吃水）≤ 1.4〕倒车舵、导管舵、襟翼舵推进操作系统技术 8. 内河船舶〔1.1 ≤（螺旋桨直径 / 吃水）≤ 1.4〕舭型流场技术 9. 船舶螺旋桨整流毂帽技术 （1）消除毂帽空泡技术 （2）毂形、小叶翼型剖面设计方法 10. 船舶油水分离技术
51		083702X	船用设备制造技术	船舶靠岸声纳 1. 软件 2. 换能器制造工艺 3. 信号处理模块
52		083703X	船舶建造工艺	1. 直径 >3m 的铜合金螺旋桨铸造反变形技术 （1）叶片压力面螺距和叶片倾角的变形 （2）叶片背面加工余量的减少的保证最佳几何形状 2. 柴油机双层隔振技术

序号	行业领域	编号	技术名称	控制要点
53		083704X	船用材料制造技术	系列高分子减振降噪材料的化学配方及制造工艺
54		083705X	航空器设计与制造技术	复杂组合体亚音速（<340m/s）气动力计算源程序
55		083706X	航空器零部件制造及试验技术	直升机旋翼动平衡试验台的调速和测试系统
56	铁路、船舶、航空航天和其他运输设备制造业	083707X	航空材料生产技术	1. 含稀土的铝锂合金的制备技术 （1）所含稀土元素的种类与含量及加入稀土元素的方法 2. 含钨（W）同时含铪（Hf）量1.5%～2.5%的定向凝固高温合金生产技术 （1）合金成分的选择与控制 （2）冶炼工艺和定向结晶工艺 （3）热处理工艺流程及规范 3. 多极各向异性铸造磁钢的生产技术 （1）制造工艺 （2）测磁技术 4. 单晶涡轮叶片连接用中间层合金的制备技术 （1）Ni-Co-Cr-W-Hf（镍-钴-铬-钨-铪）系合金的成分 （2）中间层合金的制备工艺
57		203708X	海上岛礁利用和安全保障装备技术	海上执法指挥调度系统、大型/超大型浮式保障基地、极大型海上浮式空海港、海上卫星发射平台、岛礁中型浮式平台、远海岛礁开发建设施工装置、远海通信网络系统支撑平台等装备技术
58		203709X	航空、航天轴承技术	火箭发动机轴承技术、卫星长寿命轴承技术
59	电气机械和器材制造业	083801X	电线、电缆制造技术	1. 同时满足下列条件的不燃烧电缆绝缘材料的配方及制备工艺 （1）使用温度＞250℃ （2）800℃明火≥1.5h不燃烧 （3）耐电压≥2,500V 2. 核电站用对称射频电缆的制造工艺 3. 导电用稀土铝导线的配方和制造工艺 4. 高速挤出聚氯乙烯电缆料的配方 5. 核电站用电力、控制和仪表电缆的制造工艺 6. 高温（120℃）铝护套潜油泵电缆的制造技术

序号	行业领域	编号	技术名称	控制要点
60	计算机、通信和其他电子设备制造业	083901X	电子器件制造技术	1. 宽带小型化隔离器制造技术 （1）超倍频程宽带（相对带宽≥70%）小型化隔离器设计及制造工艺 （2）极窄铁磁共振线宽△H＜2奥斯特的铁氧体材料配方及制备工艺 （3）超宽带（相对带宽≥70%）匹配技术及宽温（-55℃～+125℃）补偿技术 2. 宽带（2～8GHz）悬置带线频分器设计技术及制造工艺 3. 压电陀螺敏感器件制造技术 （1）支撑系统的设计与制造工艺 （2）压电换能器的贴接工艺 （3）金属振梁的结构设计、工艺及热处理技术 （4）校零系统结构设计及组装技术 （5）校零信号处理技术 4. 声表面波器件设计技术 （1）声表面波滤波器（频率＞2GHz，带外抑制＞70dB，插入衰耗＜1.5dB） （2）声表面波抽头延迟线（码位＞1023位，工作频率＞600MHz） （3）声表面波卷积器（码位＞1023位，工作频率＞600MHz） （4）声表面波固定延迟线（频率＞2GHz，延迟时间＞300μs） （5）声表面波色散延迟线（频率＞500MHz，时带积＞10000，旁瓣抑制＞32dB） （6）声表面波脉压线（旁瓣抑制＞32dB，二阶杂波信号模拟计算技术，副瓣抑制加权补偿方法，相位误差补偿技术） 5. 声表面波器件制造技术 （1）组合技术 （2）匹配技术 （3）大面积（220mm×20mm）光刻技术 6. 驻波加速管耐回轰电子枪设计及制造技术 7. 多注速调管设计及聚焦技术 8. 离子束处理改善栅网电子发射技术
61		083902X	半导体器件制造技术	中心锥形槽状光敏门极的大功率光控双向晶闸管 （1）Cr-Ni-Ag（铬-镍-银）金属阻挡层烧结技术 （2）SiO$_2$（二氧化硅）和Si$_3$N$_4$（氮化硅）绝缘膜门极形成工艺 2. 导电电阻＜2Ω的二极管制造技术 3. 单晶发光屏用原材料配备技术和外延技术

序号	行业领域	编号	技术名称	控制要点
62		083903X	传感器制造技术	1.电子对撞机谱仪用霍尔探头的设计制造与标定技术 2.远场涡流测试探头的设计与制造技术
63		083904X	微波技术	高功率（百兆瓦级）微波技术 1.脉冲功率技术与强流电子束加速技术 2.爆炸磁压缩技术
64		083905X	光纤制造及光纤通信技术	1.二氧化碳（CO_2）激光传输光纤制造技术 （1）10.6μm处光损耗 <1dB/m 的玻璃光纤的成份及制备技术 （2）10.6μm处光损耗 <0.5dB/m 的晶体光纤制备技术 （3）10.6μm处光损耗 <1dB/m 的空芯光纤制备技术 2.双坩埚的制造及 20 孔坩埚拉制光学玻璃纤维技术 3.光纤拉丝被覆流水线技术的工艺参数 4.可编程数字锁相频率合成技术；DDS+PLL 跳频信号源
65	计算机、通信和其他电子设备制造业	083906X	计算机核心硬件制造技术	1.巨型计算机（运算次数 ≥ 97 万亿次）制造技术 （1）总体设计技术 （2）主机、操作系统技术 （3）主机、辅机、外部设备的制造和开发技术 2.并行计算机多端口存储器高速通信机制的实现技术 3.并行计算机全对称多处理机的总线和中断控制的设计技术
66		083907X	无线通信技术	1.天线阵技术 （1）超过一个倍频程的宽带（中心频率 ≥ 100%）天线阵 （2）宽带（在 C 波段 >800MHz）馈源精密加工工艺 2.微波直接调制分频锁相固态源加工工艺技术 3.带宽 >100MHz、动态范围 >90dB 的集成声光外差接收技术 4.C/No 低于 46dB.Hz 的 CDMA 突发信号快速捕获技术
67		083908X	机器人制造技术	水下自治或半自治机器人制造技术及控制技术
68		083909X	计量基、标准制造及量值传递技术	1.准确度 ≤ 2×10-4，年稳定性 ≤ 10-4 的镯环形电感器的制造技术 （1）电感线圈的绕制、屏蔽技术 （2）镯环形电感线圈温度补偿技术 （3）防潮防震技术 2.射频电压标准射频座结构设计及薄膜辐条状热变电阻制造技术 3.标准时间的卫星传递技术

序号	行业领域	编号	技术名称	控制要点
68		083909X	计量基、标准制造及量值传递技术	4. 氦—氖稳频（波长相对变化量 △λ/λ = 10-10 ~ 10-11）光器碘室、激光管、谐振腔镜制造工艺及参数 5. 电替代辐射计接收腔制造技术 （1）吸收率 ≥ 0.998 的电替代辐射计中金属腔的制造工艺 （2）金属腔的电加热器制造技术
69		083910X	空间材料生产技术	1. 返回式卫星烧蚀材料的配方及生产工艺 2. 卫星姿态控制推力器催化剂的配方及生产工艺
70		083911X	空间仪器及设备制造技术	1. 通道数 >500 的遥感成像光谱仪制造技术 2. 空间环境专用器件设计和工艺、评价方法和设备、空间润滑方法和润滑件 3. 高分辨率合成孔径雷达技术的总体技术方案和主要技术指标 4. 高分辨率可见光、红外成像技术的总体方案及指标 5. 毫米波、亚毫米波天基空间目标探测技术的总体方案及指标
71	计算机、通信和其他电子设备制造业	203912X	无人机技术	1. 不同级别的固定翼和旋翼类无人机中的微型任务载荷，自主导航、自适应控制、感知与规避、高可靠通信及空域管理等关键技术 2. 无人机制造中所涉及的惯性测量单元、倾角传感器、大气监测传感器、电流传感器、磁传感器、发动机流量传感器等集中类型传感器的关键技术 3. 电磁干扰射线枪等反无人机技术 4. 无人机任务载荷关键技术（光电/红外传感器、合成孔径雷达及激光雷达的制造技术等） 5. 无人机飞行控制系统（自主导航、路径及避障规划等相关的算法及软件）
72		203913X	激光技术	利用自主研发的 KBBF 单晶体制造深紫外固体激光器的关键技术
73		233914X	激光雷达系统	符合以下任一条件的激光探测及测距系统技术：脉冲峰值功率（peak power）>30kW、脉冲宽度（pulse width）<1ns、探测距离（detection range）>2km、角准度（angular accuracy）<40μrad、角分辨率（angular resolution）<20μrad、测距精度（ranging accuracy）<2mm
74		083915X	计算机应用技术	1. 并行图归约智能工作站 2. CIMS（计算机集成制造）实验工程

序号	行业领域	编号	技术名称	控制要点
75		084001X	热工量测量仪器、仪表制造技术	同时具有下列指标的双涡街流量计制造技术 1. 用于管道直径 50 ~ 2,000mm 2. 测量精度高于 0.5% 3. 流速 ≥ 0.2m/s 4. 管道介质为水与温度 ≤ 300℃蒸汽
76		084002X	机械量测量仪器、仪表制造技术	高精度圆度仪 1. 大尺寸（Φ250 ~ Φ1,000）圆度与圆柱度在线测量技术 2. 为提高主轴回转精度和测量精度（±0.017μm）的误差分离与误差补偿技术
77		084003X	无损探伤技术	探伤用驻波电子直线加速器用加速管的制造技术
78		084004X	材料试验机与仪器制造技术	1. 贴片光弹性在线、动态、同步检测技术 2. 液氢高速（＞4万转／分）轴承试验机设计技术 （1）主轴低温（低于 −240℃）变形控制技术 （2）热传导及热隔离技术 （3）加载系统
79		084005X	计时仪器制造技术	1. CCD（光电耦合器件）终点摄象计时及判读专用设备中成象传感技术及控制方式 2. 游泳（蹼泳）成套计时记分专用设备中的触摸板传感方式及制作工艺
80	仪器仪表制造业	084006X	精密仪器制造技术	1. 高精度（在 5.1mm 处分辨率＞20μm）反射式声显微镜 （1）声镜制造技术 （2）声镜成象和 V（Z）曲线原理和阴影成象法 2. 柴油机振型现代激光光测研究 （1）非球面透镜设计和制造技术 （2）二路光路系统设计结构技术 3. 四坐标探针位移机构技术 （1）四坐标位移机构的设计及制造工艺 （2）高频率响应（≥20kHz）压力探针的设计制造工艺
81		084007X	地图制图技术	1. 我国地理信息系统的关键算法和系统中具有比例尺＞1:100 万的地形及地理坐标数据 2. 直接输出比例尺 ≥ 1:10 万地形要素的应用技术
82		084008X	地震观测仪器生产技术	1. 观测频带到直流，灵敏度 ≥ 1,000V·s／m 的地震计生产技术 2. 井孔径＜130mm，周期＞1s，灵敏度 ≥ 500V·s／m 的井下三向地震计生产技术
83		084009X	玻璃与非晶无机非金属材料生产技术	1. 镀膜机多头小离子源制造技术 （1）离子束辅助蒸发工艺 （2）离子束斑合成技术 2. 制作坩埚用 F1 强化铂的成份及其制作技术

序号	行业领域	编号	技术名称	控制要点
84	电力、热力生产和供应业	204401X	大型电力设备设计技术	煤炭清洁高效利用和灵活运用成套设备设计技术、大型水电机组设计技术、先进核电机组（三代压水堆、小型堆、高温气冷堆等）设计技术、特高压交直流输变电成套装备设计等关键技术
85	建筑装饰、装修和其他建筑业	085001X	中国传统建筑技术	油饰彩画颜料与绘制工艺
86		085002X	建筑环境控制技术	精度为 ±0.01℃的恒温控制技术
87	水上运输业	085501X	集装箱装卸关键技术	集装箱港口成套技术装备设计和制造技术，包括超大件海洋运输绑控技术、自动化码头设备控制系统技术、集装箱起重机全寿命周期一体化技术等
88	电信、广播电视和卫星传输服务	086301X	通信传输技术	1. 广电网、电信网保密技术 （1）密码设计技术 2. 我国自行研制并用于军事领域的信息传输、加、解密技术 3. 水下低频电磁通信技术 （1）应用低频电磁场进行水下通信的技术 （2）低噪声放大技术 （3）高灵敏度和抗干扰技术
89		086302X	计算机网络技术	巨型计算机（运算次数 ≥ 97 万亿次）网络系统、并行处理技术
90		086303X	空间数据传输技术	Ku 频段平面天线用的损耗小于 10–4 的介质材料生产技术
91		086304X	卫星应用技术	涉及下列内容之一的北斗卫星导航定位系统 1. 入站信号实时捕获单元的信号格式、器件结构和制造工艺 2. 出站信号快速捕获单元的信号捕获方法、电路结构和专用芯片 3. 系统的信息传输体制、调制方式、帧结构
92	互联网和相关服务	206401X	密码安全技术	1. 密码芯片设计和实现技术〔高速密码算法、并行加密技术、密码芯片的安全设计技术、片上密码芯片（SOC）设计与实现技术、基于高速算法标准的高速芯片实现技术〕 2. 量子密码技术。包括量子密码实现方法、传输技术、网络技术、工程实现技术等
93		206402X	高性能检测技术	1. 速率 ≥ 500Gbps 的高速网络环境下的深度包检测技术 2. 未知攻击行为的获取和分析技术 3. 基于大规模信息采集与分析的战略预警技术 4. 针对大规模网络的网络预警联动反应技术 5.APT 攻击检测技术

序号	行业领域	编号	技术名称	控制要点
93	互联网和相关服务	206402X	高性能检测技术	6. 威胁情报生成技术 7. 大流量网络安全处理专用设备相关技术 （1）接入线路带宽达到 500Gbps 以上 （2）规则容量达 10 万以上 （3）用户数量达到 4 个以上
94	互联网和相关服务	206403X	信息防御技术	1. 信息隐藏与发现技术 2. 信息分析与监测技术 3. 系统和数据快速恢复技术 4. 可信计算技术
95		206404X	信息对抗技术	1. 流量捕获和分析技术 2. 漏洞发现和挖掘技术 3. 恶意代码编制和植入技术 4. 信息伪装技术 5. 网络攻击追踪溯源技术
96	软件和信息技术服务业	086501X	信息处理技术	1. 智能汉字语音开发工具技术 2. 字符式汉字显示控制器的设计、制造工艺 3. 计算机中文系统的核心关键技术 4. 工程图纸计算机辅助设计（CAD）及档案管理系统光栅 / 矢量混合信息处理方法 5. 中文平台技术（中文处理核心技术） 6. 中译外翻译技术（机器翻译系统得分 >4.5 分, 满分为 5 分） 7. 少数民族语言处理技术 8. 专门用于汉语及少数民族语言的语音识别技术 9. 汉字压缩、还原技术 10. 印刷体汉字识别技术、程序结构、主要算法和源程序 11. Videotex（可视图文）系统的汉字处理技术及网间控制技术 12. 具有交互和自学习功能的脱机手写汉字识别系统及方法 13. 用于计算机汉字输入识别方法中的手写体样张、印刷体样张以及汉语语料库 14. 汉字识别的特征抽取方法和实现文本切分技术的源程序 15. 专门用于汉语及少数民族语言的语音合成技术 16. 专门用于汉语及少数民族语言的人工智能交互界面技术 17. 专门用于汉语及少数民族语言的智能阅卷技术 18. 基于数据分析的个性化信息推送服务技术（基于海量数据持续训练优化的用户个性化偏好学习技术、用户个性化偏好实时感知技术、信息内容特征建模技术、用户偏好与信息内容匹配分析技术、用于支撑推荐算法的大规模分布式实时计算技术等）

序号	行业领域	编号	技术名称	控制要点
97	软件和信息技术服务业	086502X	计算机通用软件编制技术	1.巨型计算机（运算次数 ≥ 97万亿次）软件技术 2.并行计算机的微内核和多线程的实现技术，程序并行性识别技术及并行优化编译源程序
98		206503X	基础软件安全增强技术	1.操作系统安全增加技术：《操作系统安全技术要求》（GB/T 20272–2006）四级（包含）以上技术要求 2.数据库系统安全增强技术：《数据库系统安全技术要求》（GB/T20273–2006）四级（包含）以上技术要求
99		087401X	海洋环境仿真技术	1.海洋环境仿真、背景干扰仿真 2.内插滤波技术和模拟通道时延误差的修正技术 3.建模
100		087402X	大地测量技术	我国大地控制网整体平差方法及软件技术
101		087403X	精密工程测量技术	我国重点工程精密测量的技术和方法
102		087404X	真空技术	真空度 < 10 — 9mPa 的超高真空获取技术
103	专业技术服务业	087405X	声学工程技术	1.专门设计用于航空、航天、船舶、火车的有源噪声控制的系统设计技术和算法软件 2.声功率 > 10,000W 的气动声源设计技术和制造工艺
104		087406X	计量测试技术	1.六氟化硫微量含水量测量技术 （1）检测限十万分之三（体积分数）的传感器制造技术 2.氯化钠温度定点技术 （1）相平衡态时氯化钠密度值 （2）密封腔改善热传导技术和防腐蚀技术 （3）定点黑体防泄漏技术
105		207407X	航天遥感影像获取技术	航天遥感器技术，包括航空遥感器仿真（地面、航空）技术、遥感数据编码技术
106		087408X	地球物理勘查技术	地磁场测定灵敏度 ≤ 0.01nT（包括单光系、多光系）氦光泵磁力仪探头制造技术
107	卫生	088401X	中医医疗技术	1.国家名老中医及获省部级以上科技进步一、二等奖的疾病诊疗系统的医理设计及有效方药 2.股骨颈重建术治疗股骨颈骨折颈吸收伴头缺血性坏死的技术

序号	行业领域	编号	技术名称	控制要点
108	文化艺术业	088801X	文物保护及修复技术	1. 古代饱水漆木器脱水定型技术的催化剂应用及配方 2. 古代字画揭裱技术
109		088802X	文物复制技术	1. 古代丝织品复制技术 2. 古代字画照相复制技术的乳剂配方工艺 3. 古铜镜表面处理工艺
110		088803X	大型青铜器复制技术	1. 成套古代编钟复制技术 2. 秦始皇帝陵出土铜车马复制技术等

参考文献

[1] ARNDT S W, KIERZKOWSKI H. Framework for fragmentation: new production patterns in world Economy[J].Oxford University Press, 2001, 12（4）: 17-34.

[2] ARVIND PARKHE. U.S. national security export controls: implications for global competitiveness of U.S. high-tech firms[J]. Strategic Management Journal. 1992, 13（1）: 47-66.

[3] BALISTRERI E J, HILLBERRY R H. 21st century trade wars[R]. Purdue University Working Paper, 2017.

[4] BOUET A, LABORDE D. US trade wars with emerging countries in the 21st century[R]. IFPRI Discussion Paper, 2017.

[5] COOPER R. Macroeconomic policy adjustments in interdependent economies[J]. Quarterly Journal of Economics, 1969.

[6] DICK A R. Explaining managed trade as rational cheating[J]. University of California Working Paper, 1995.

[7] ELWELL CRAIG K. Strategic trade controls: analysis of economic costs[D]. CRS Report, Congressional Research Service, 2000.

[8] Galbraith J K. America in the world economy: a strategy for the 1990[J]. Challenge, 1989, 32: 63-64.

[9] GUO M, LU L, SHENG L. The day after tomorrow: evaluating the burden of Trump's trade wa[J]. Asian Economic Papers, 2018, 17（1）: 101-120.

[10] HANS J MORGENTHAU. Politics among nations: the struggle for power and peace[M]. 3rd ed. New York: Alfred A. Knop f, 1961: 118- 121.

[11] HAROLD L, MARQUIS. Control of the export of technology[J]. California Western Law Review, 1983, 20: 392.

[12] HERTEL T. Global trade analysis using the GTAP model [M]. New York:

Cambridge University Press，1997.

[13] HUMMELS D，ISHII J，YI K. The nature and growth of vertical specialization in world trade[J]. Journal of International Economics，2001.

[14] J. DAVID RICHARDSON，ASHA SUNDARAM. Sizing up US export disincentives for a new generation of national-security export controls[J]. Policy briefs，2013，67：173-175.

[15] JAMES B. BURNHAM. The heavy hand of export controls[J]. Society，1996，34：283.

[16] JAMES HARDING. Commercial imperialism? Political influence and trade during the cold war[M]. New York University Working Paper，1997.

[17] KOOPMAN R，WANG Z，WEI S J. Tracing value-added and double counting in gross exports[J].The American Economic Review，2014，104（2）：459-494.

[18] KRAUSE L B. Managed trade：the regime of today and tomorrow[J]. Journal of Asian Economics，1992，3（2）：301-313.

[19] KUTTNER R. Managed trade and economic sovereignty[M]. Washington，D. C.：Economic Policy Institute，1989.

[20] LAWRENCE，ROBERTZ. SCHULTZE EDS C. An American trade strategy：options for the 1990s[M]. Washing ton D. C.：Brookings Institution，1990.

[21] MANPREET SETHI. Export controls in India：essential confidence building measures for trade and security[J/OL]. Sage journals Online，2007，2（14）（2007-12-01）. http：//sas.sagepub.com/content/14/2/231. full. pdf.

[22] MAR'IA DEL CARMEN GARC'IA-ALONSO. The role of technology security in a model of trade with horizontal differentiation[J]. International Journal of Industrial，2000：277-282.

[23] GARCIAALONSO M D C. National-security export-quality restrictions in segmented and non-segmented markets[J]. European Journal of Political Economy，2003（19）：37-390.

[24] MICHAEL BECK, RICHARD CUPITT, SEEMA GAHLAUT, et al. To Supply or to deny: comparing nonproliferation export controls in five key countries[M]. Alphen: Kluwer Law International, 2003.

[25] NATIONAL ACADEMY OF ENGINEERING, POLICY AND GLOBAL AFFAIRS, et al. Finding common ground: U.S. export controls in a changed global environment[M] Washing D. C.: National Academies Press, 1991: 1-198.

[26] NATIONAL ACADEMY OF SCIENCES, NATIONAL ACADEMY OF ENGINEERING, INSTITUTE OF MEDICINE. Balancing the national interests: U.S. national security export controls and global economic competition[M] Washing ton D. C.: National Academic Press, 1987: 1-178.

[27] NATIONAL SECURITY EXPORT CONTROLS, NATIONAL ACADEMIES OF SCIENCES AND ENGINEERING. Finding common ground: U.S. export control in a changed global environment[J]. Washington, D.C.: National Academy Press, 1993.

[28] NATIONAL ACADEMY OF SCIENCES, NATIONAL ACADEMY OF ENGINEERING, INSTITUTE OF MEDICINE. Balancing the national interest: U.S. national security export controls and global economic competition[M].Washington D.C.:National Academy Press,1987.

[29] PRUSA T J, SHEATH S. Modern commercial policy: managed trade or retaliation[J]. Wellesley College Working Paper, 2002.

[30] CUPITT R T. Reluctant champions: U.S. presidential policy and strategic export controls, Truman, Eisenhower, Bush and Clinton[M]. London: Routledge, 2002.

[31] ROBERT GREENSPOON. U.S. government control over the export of scientific research and other thechnical data: holes in the sieve[J]. Mich. J. Int' L, 1995(16): 583.

[32] ROSYADI S A，WIDODO T. Impact of Donald Trump's tariff increase against China on global economy：global trade analysis project model[R].MPRA Paper，2017.

[33] SUMNER BENSON. Defence-Related export controls and US foreign trade[J]. International Marketing Review，1987（4）1：65-72.

[34] TREVOR HIESTAND. Swords into polwshare：considering for 21st century export controls in the United States[M]. Emory Intll，1995（9）：679.

[35] TYSON L，D'ANDREA. Managed trade：making the best of the second best[J]. In An American，1990.

[36] VANELKAN R. Catching up and slowing down：learning and growth patterns in an open economy[J]. Journal of International Economics，1996（41）.

[37] VLADIMIR A. ORLOV. Export controls in Russia：policies and practices[J]. The Nonprohf-ration Revien，1999：139-151.

[38] WALDMANN R J. Managed trade：the new competition between nations，harper information[J]. Organization，1999（18）：747-772.

[39] WALLY T，FARZAD T. study：soybean production，exports would Fall If China imposes tariffs [EB/OL]. https：//www.purdue.edu/newsroom/releases/2018/Q1.

[40] ZHANG J L. Sino-US trade issues after the WTO deal：a Chinese perspective[J]. Journal of Contemporary China，2000，9（24）.

[41] 刘世强.半月谈 | 大变局下的世界力量格局走势[EB/OL].（2019-08-29）.[2025-05-20]. https：//baijiahao.baidu.com/s?id=1643185669327188518&wfr=spider&for=pc，2020年7月3日.

[42] 克鲁格曼.战略性贸易政策与新国际经济学[M].北京：中国人民大学出版社，2000.

[43] 陈友骏，赵磊，王星澳.日本出口管制政策及其对华影响[J].现代国际关系，2021（6）：11.

[44] 程慧. 我国优势战略矿产资源出口管制问题研究[D].武汉：中国地质大学，2012.

[45] 程晓光. 美国的技术出口管制体系，影响及对我国建议[J]. 全球科技经济瞭望，2021，36（11）：1-8, 13.

[46] 揣莉坤. 美国对华技术出口管制制度研究[D].重庆：西南政法大学，2009.

[47] 崔丕. 艾森豪威尔政府的东西方贸易管制政策[J].东北师大学报（哲学社会科学版），1999（2）.

[48] 邓峰. 美国对华贸易管制政策与日中贸易关系（1948—1958年）[J].东北亚论坛，2001（8）.

[49] 邓俊荣，陈学芬. 美国对华高技术出口管制对制造业技术创新的影响分析[J].西安电子科技大学学报（社会科学版），2022，32（1）：9.

[50] 杜莉，谢皓. 美国对华高技术产品出口限制的理论与实证研究[J].国际贸易问题，2010（10）.

[51] 杜奇华. 国际技术贸易（21世纪国际经济与贸易系列）[M].上海：复旦大学出版社，2008.

[52] 樊纲. 瓦尔拉斯一般均衡理论研究[J].中国社会科学院研究院学报，1985（8）：23-30.

[53] 樊勇明. 西方国际政治经济学（第2版）[M].上海：上海人民出版社，2006.

[54] 冯伟杰. 美国高技术中间品出口管制对中国出口贸易的影响[D].2019.

[55] 高海会. 美国投资安全审查的新趋势及中国的应对策略[J].中国外资，2020，451（4）：16-17.

[56] 高荣伟. 溯源即将启动的英国《国家安全与投资法》[J].环球财经，2022（1）：1.

[57] 宫旭平. 约翰逊政府时期美国的东西方贸易管制政策[J].吉林师范大学学报（人文社会科学版），2005，33（4）：3.

[58] 宫旭平. 约翰逊政府时期美国的东西方贸易管制政策[J].吉林师范大学学

报（人文社会科学版），2005（8）.

[59] 郭又新.杜鲁门政府的中日贸易管制政策[J].东北师大学报（哲学社会科学版）2003（3）：7.

[60] 国务院办公厅.关于推进贸易高质量发展的指导意见[EB/OL].（2019-11-29）http：//www.mofcom.gov.cn/article/i/jyjl/e/201911/20191102917905.shtml.

[61] 韩露.法国出口管制与中法高技术合作展望[J].经济，2013（2）：3.

[62] 韩爽，韩露.平衡安全与发展：中国出口管制的发展路径[J].经济体制改革，2021.

[63] 韩爽.美国出口管制从关键技术到新兴和基础技术的演变分析[J].情报杂志，2020，39（12）：7.

[64] 韩爽.中国企业出口管制合规建设与要点分析[J].企业经济，2020，9（7）：154-160.

[65] 韩爽，程慧.欧盟出口管制回顾与展望[J].对外经贸实务，2024（4）.

[66] 贺立龙.美国对华投资并购安全审查的最新进展，未来趋势与应对策略[J].对外经贸实务，2021（4）：4.

[67] 黄汉权.美对华技术封锁阻挡不了中国发展[N].经济日报，2019-06-23.

[68] 黄明海.出口管制制度国际比较及中国立法完善研究[D].北京：对外经济贸易大学，2018.

[69] 纪顺洪，陈兴淋.美国出口管制影响中国产业技术创新机理研究[J].上海经济研究，2017（1）.

[70] 姜辉.出口管制对中美贸易失衡的影响研究[J].工业技术经济，2016（5）.

[71] 姜辉.美国生物产业出口管制的贸易竞争力效应[J].价格月刊，2017，000（9）：43-48.

[72] 姜辉.我国出口管制体系的演进历程及完善对策[J].理论月刊，2019（8）：7.

[73] 靳风.美国出口管制体系概览[J].当代美国评论，2018，2（2）：4.

[74] 靳风.美国出口管制体系概览[J].当代美国评论，2018（2）：117-120.

[75] 李安方. 美国对华技术出口管制的效果评判与前景分析[J].国际贸易问题，2004（7）.

[76] 李彬. 军备控制理论与分析[M].北京：国防工业出版社，2006.

[77] 李广建，张庆芝.国外技术出口管制及其特点[J].国际贸易，2021（10）：10.

[78] 李恒阳. 美国不扩散出口管制政策分析[D].北京：外交学院，2006.

[79] 李剑刚. 美国对华航天产品出口控制制度改革评析（上）[J].中国航天，2013（11）.

[80] 李俊久. 美国特朗普政府对华贸易冲突的权力逻辑[J].东北亚论坛，2019（2）：65-81.

[81] 李鹏，美国对华技术出口管制及其原因[D]，外交学院，2004

[82] 李鹏. 美国的对华技术出口管制及其原因[D].外交学院硕士学位论文，2004.

[83] 李平，姜丽.贸易自由化、中间品进口与中国技术创新—1998-2012 年省级面板数据的实证研究[J].国际贸易问题，2015（7）.

[84] 李伟. 战略性贸易理论研究述评[J].决策与信息（下半月刊），2008（12）.

[85] 李玉峰，张志明.中国服务贸易国际竞争力分析：基于增加值贸易视角[J].当代经济研究，2015，233（2）：67-73.

[86] 李媛媛. 美国高技术产品出口管制对中美贸易的影响[D].沈阳：辽宁大学，2012.

[87] 李峥，张磊.美国《2019 财年国防授权法案》主要特点及影响[J].国际研究参考，2018（9）：22-24.

[88] 李志军，李邢西.美国对华技术出口管制及我们应采取的对策[J].中国对外贸易，1998（10）：3.

[89] 李志军. 美国对华出口管制与美对华贸易逆差：实质与对策[J].国际技术经济研究，1999（4）.

[90] 李志军. 敏感地带：美国对华技术出口管制及影响[J].国际贸易，1999

（4）：2.

[91] 廖凡.欧盟外资安全审查制度的新发展及我国的应对[J].法商研究，2019，36（4）：11.

[92] 刘凡.美国贸易管制措施及我国应采取的对策[J].四川经济管理学院学报，2003（3）.

[93] 刘威.中美贸易摩擦中的高技术限制之"谜"[J].东北亚论坛，2019（2）：82-96.

[94] 刘瑛.与外资安审联动的美国技术出口管制制度及中国应对[J].国际贸易，202006

[95] 刘元春.中美贸易摩擦的现实影响与前景探究：基于可计算一般均衡方法的经验分析[J].学术前沿，2018（8）：6-18.

[96] 刘跃进.安全领域"传统""非传统"相关概念与理论辨析[J].学术论坛，2021，44（1）：27-48.

[97] 娄峰.中美贸易摩擦政策模拟分析：基于动态 GTAP 模型[J].重庆理工大学学报（社会科学版），2019（1）：20-26.

[98] 美国国家科学院报告.超越"美国堡垒"：全球化时代科技相关的国家安全管制[D].2009.

[99] 彭爽，张晓东.论美国的出口管制体制[J].经济资料译丛，2015（2）：18.

[100] 彭爽.出口管制研究[D].武汉：武汉大学，2012.

[101] 祁欣.德国出口管制及中德高科技合作走向[J].经济，2012（7）：56-58.

[102] 全国人民代表大会.中华人民共和国出口管制法[EB/OL].（2020-10-17），http：//www.npc.gov.cn/npc/c30834/202010/cf4e0455f6424a38b5aecf8001712c43.shtml.

[103] 商务部产业安全与进出口管制局.中国出口管制法律法规[EB/OL].（2014-05-22），http：//aqygzj.mofcom.gov.cn/article/zcgz/?2.

[104] 上海市科学学研究所团队.美国发布新一版《关键和新兴技术清单》[J].世界科学，2022（4）：36-39.

[105] 石其宝.日本政府对华出口管制政策评析[J].东北亚论坛，2010（2）：9.

[106] 孙渤.武器禁运与出口管制[J].时事：时事报告大学生版，2005（2）：3.

[107] 孙海泳.美国对华科技施压战略：发展态势、战略逻辑与影响因素[J].现代国际关系，2019（1）：38-45.

[108] 滕建群，李根信.2008：国际军备控制与裁军[M].北京：世界知识出版社，2008.

[109] 佟家栋.战略性贸易政策适用于中国对外贸易[N].国际商报，2003-06-30.

[110] 童书兴.出口管制与高技术国际转让[J].国际技术经济研究，2003（10）.

[111] 王达，白大范.美国的出口管制政策及其对美中贸易的影响[J].东北亚论坛，2012（5）.

[112] 王岚，盛斌.全球价值链分工背景下的中美增加值贸易与双边贸易利益[J].财经研究，2014，40（9）：97-108.

[113] 王孝松，刘元春.出口管制与贸易逆差：以美国高新技术产品对华出口管制为例[J].国际经贸探索，2017（1）：92-105.

[114] 卫平，张朝瑞.美国对华高技术产品出口管制及其对两国贸易影响[J].工业技术经济，2018（1）.

[115] 魏浩.产品内分工与发展中国家的经济发展战略[J].中国国情国力，2008，8：4.

[116] 魏简康凯.美国出口管制改革对中国的影响及应对[J].国际经济合作2018（11）：33-36.

[117] 吴桂凤.美国对华技术出口管制以及对中美贸易的影响[D].北京：对外经济贸易大学，2007.

[118] 吴鹏杰.国际技术转让与美国政府管制有何玄机?[J].中国经济周刊，2019（14）：3.

[119] 吴兴佐，徐飞彪.国际出口管制体系的实质及前景[J].现代国际关系，2005（9）.

[120] 徐程锦.欧盟及其成员国外资安全审查制度改革与中国的应对策略[J].区

域与全球发展，2019，3（6）：21.

[121] 徐秋.亚历山大·汉密尔顿经济政策和思想[J].世界历史，1984（6）：42-45.

[122] 许晔，孟弘.瓦森纳安排对我国高技术的出口限制[J].科技管理研究，2012，32（24）：4.

[123] 杨宁，耿燕.英国技术出口管制体系对我国开展国际科技合作的启示[J].中国高校科技，2016（1）：4.

[124] 杨溢民.美国对华出口管制与中美贸易不平衡问题[J].今日科技，2004（2）.

[125] 杨长湧.美国外国投资国家安全审查制度的启示及我国的应对策略[J].宏观经济研究，2014.

[126] 殷杏玲.美国技术出口管制制度研究[D].重庆：西南政法大学，2009.

[127] 由军强.欧盟外商直接投资审查条例改革对中国的影响及政策选择[J].对外经贸实务，2020（5）：4.

[128] 于阳，韩玉雄，李怀祖.出口管制政策能保持美国的技术领先优势吗?[J].世界经济，2006，29（4）：7.

[129] 余万里.美国对华技术出口：管制及其限制[J].国际经济评论，2000（4）：5.

[130] 张波，刘枕岳.基于美国出口管制视角的中美贸易失衡问题研究[J].黑龙江对外经贸，2009（3）.

[131] 张继民.美国对华贸易政策的决定—政治经济视角下的均衡[M].上海：复旦大学出版社，2009.

[132] 张群卉，江海潮.高新技术产品出口管制与贸易顺差的协整分析[J].对外经贸，2013（3）：3.

[133] 张文宗.美放松出口管制的虚实[J].瞭望，2010（37）：60-60.

[134] 郑丹青，于津平.增加值贸易视角下双边贸易利益再分解：以中美贸易为例[J].世界经济研究，2016（5）：52-63.

[135] 郑莹.我国的增加值贸易与全球价值链竞争力研究[D].厦门：厦门大学，

2014.

[136] 周宝根. 规模经济效应影响出口管制政策的理论分析[J]. 国际经贸探索，2009，25（9）：19-23.

[137] 周密. 美国出口管制改革的进展与趋势[J]. 国际经济合作，2012（7）.

[138] 朱启荣，王玉平. 特朗普政府强化对中国技术出口管制的经济影响：基于全球贸易分析模型的评估[J]. 东北亚论坛，2020（1）：54-68.

[139] 朱士兰. 不菲的代价：美国的出口管制[J].北京第二外国语学院学报，1999